TOM STONE
Meine griechische Taverne

Buch

Beinahe zufällig verschlägt es den jungen Autor Tom Stone auf die kleine griechische Insel Patmos: Er hatte blind mit dem Finger auf die Landkarte getippt und so eine Wahl getroffen, die sich bald als schicksalhaft erweisen sollte. Denn auf Patmos lernt er die große Liebe seines Lebens, die französische Malerin Danielle, kennen. Aus den wenigen Wochen, die er eigentlich in Griechenland bleiben wollte, werden Jahre, die eine Ehe, zwei Kinder und eine völlig neue Lebenserfahrung mit sich bringen. Aber manche Zwänge des Alltags machen auch vor der Idylle nicht Halt, und so entschließen sich Tom und Danielle widerstrebend zum Umzug nach Kreta, das gute Schulen für die Kinder und ein gesichertes Einkommen für die junge Familie verheißt. Doch Toms Herz hängt an Patmos und dem Traum vom freien, nahezu paradiesischen Leben auf dieser winzigen Insel. Da erscheint es ihm wie ein weiterer Wink des Schicksals, als er eines Tages einen Anruf aus Patmos erhält: Sein alter Bekannter Theológos schlägt Tom vor, während der Sommersaison als sein Partner eine Taverne zu führen. Toms größter Wunsch geht in Erfüllung – und er stürzt sich mit Feuereifer in das größte Abenteuer seines Lebens ...

Autor

Tom Stone arbeitete zehn Jahre am Broadway, bevor er das hektische New York verließ, um in der Abgeschiedenheit und Ruhe der ägäischen Insel Patmos seinen ersten Roman zu vollenden. Was als zeitlich eng umrissener Arbeitsurlaub gedacht war, sollte sich über zweiundzwanzig Jahre erstrecken und dem Autor eine einzigartige zweite Heimat bescheren. Neben seinen griechischen Memoiren verfasste Tom Stone einen Roman, zahlreiche Bücher über Griechenland und mehrere Drehbücher. Heute lebt er in Venice, Kalifornien.

Tom Stone

Meine griechische Taverne

Ein Sommer auf Patmos

Aus dem Amerikanischen
von Renate Reinhold

GOLDMANN

Die Originalausgabe erschien 2002 unter dem Titel
»The Summer of my Greek Tavérna«
bei Simon & Schuster, New York

Der Abdruck der Gedichte »Im gleichen Raum« und »Ithaka«
von Konstantin Kavafis geschieht mit freundlicher Genehmigung
des Suhrkamp Verlags.
Konstantin Kavafis, *Gedichte*. Übersetzt von Helmut von den Steinen.
© Suhrkamp Verlag, Frankfurt, 1953.

Umwelthinweis:
Alle bedruckten Materialien dieses Taschenbuches
sind chlorfrei und umweltschonend.

1. Auflage
Deutsche Erstausgabe Mai 2004
Copyright © der Originalausgabe 2002 by Tom Stone.
All rights reserved. Published by arrangement
with the original publisher, Simon & Schuster, Inc.
German Translation Copyright © 2004
by Wilhelm Goldmann Verlag, München.
Copyright © der deutschsprachigen Ausgabe 2004
by Wilhelm Goldmann Verlag, München,
in der Verlagsgruppe Random House GmbH
Umschlaggestaltung: Design Team München
Umschlagfoto: Corbis/Steve Lupton
Satz: deutsch-türkischer fotosatz, Berlin
Druck: GGP Media, Pößneck
Titelnummer: 45589
Redaktion: Kristina Lake-Zapp
An · Herstellung: Sebastian Strohmaier
Made in Germany
ISBN 3-442-45589-8
www.goldmann-verlag.de

*Für
Robert Lax
(1915–2000)
und die Bewohner von Patmos*

Anmerkung des Autors

Die Kochrezepte für fast alle in der Geschichte erwähnten Speisen sind in dem Kapitel »Nachschlag« (Seite 237) zu finden.

Inhalt

Vorwort	11
Vorspeise	13
Hauptgericht	77
Verdienter Nachtisch	203
Nachschlag	237
Die Rezepte	243
Alphabetisches Rezeptverzeichnis	285
Dank	286
Über den Autor	287

Im gleichen Raum

Hauses Umgebung, Menschengewimmels, Stadtteils,
Was ich sehe und wo ich umwandle Jahre um Jahre.

Dich erschuf ich mitten in Freude und mitten in
　　Schmerzen:
Aus so vielem Geschehn, aus so vielen Dingen.

Und du versinnlichtest dich, ein Ganzes, für mich.

Konstantin Kavafis

Helena: Ich reiste nicht nach Troja, 's war mein Ebenbild!
Bote: Was? Um ein Luftbild waren unsre eitlen Mühn?

Euripides, »Helena«

Vorwort

Wenn Sie heute die Insel Patmos besuchen, werden Sie weder ein Restaurant mit dem Namen »Die schöne Helena« noch ein landwirtschaftlich genutztes Tal und einen Strand mit dem Namen Livádi finden. Neben den geographischen Bezeichnungen habe ich auch die Namen der in meiner Geschichte vorkommenden Personen geändert, weil viele von ihnen entweder noch auf der Insel leben oder sie regelmäßig besuchen und ich ihre Privatsphäre nicht verletzen will.

Die einzelnen Details und die Geschichten, die sich um die Insel Patmos ranken, entsprechen hingegen der Wahrheit, ebenso die Schilderung meines Versuchs, in einem Sommer vor nicht allzu langer Zeit an diesem Ort eine Taverne zu betreiben. Sollten Sie dieses Fleckchen Erde irgendwann einmal besuchen und sich dort in irgendein beliebiges kleines Restaurant setzen, werden Sie feststellen, dass es – ebenso wie alle anderen Restaurants in Griechenland – der Schönen Helena sehr ähnlich ist. Ich zweifle nicht im Mindesten daran, dass bereits 95 nach Christus, dem Jahr, in dem der heilige Johannes nach Patmos kam, ein Gastbetrieb dieser Art existierte, eine Taverne, wo die Einheimischen – neugierig auf Nachrichten aus der Welt jenseits ihrer Insel – Reisende mit offenen Armen willkommen hießen und sie mit einem Becher Wein und einem schmackhaften Mahl bewirteten.

Und wer weiß, vielleicht saß auch damals an einem Tisch in der Ecke jemand wie der Mann, den ich in meiner Geschichte Theológos genannt habe, und wartete nur darauf, den Fremden eine Lektion zu erteilen.

Vorspeise

Das Wort Gottes

Das Telefon klingelte, gerade als ich mich in den unfreundlichen kretischen Winter hinauswagen und zu meiner Arbeit trotten wollte. Die Schule, an der ich unterrichtete, lag knapp einen Kilometer von meiner Wohnung entfernt in einem grauen Betonblock im modernen Teil von Rethymnon, direkt an der Autobahn, die an den Toren der Altstadt vorbeiführt. Diese private Schule bestand aus ein paar schäbigen Räumen im ersten Stockwerk des Gebäudes, wo meine griechischen Kollegen und ich spätnachmittags und abends Englisch als Fremdsprache unterrichteten. Unsere Kursteilnehmer waren meist lustlose städtische Angestellte, die sich eine Beförderung und ein besseres Gehalt erhofften, und Oberschüler, die eine Laufbahn als Fremdenführer, Bankangestellte oder bei der Touristenpolizei anstrebten. Mein Gehalt war lächerlich niedrig, und die Wandtafeln in den Klassenzimmern waren im Lauf der Jahre mit so vielen Schichten blassgrüner Farbe versehen worden, dass man beim Schreiben das Gefühl hatte, man würde den Rumpf eines alten Frachters mit Kreide beschriften.

Danielle, meine Frau, nahm den Telefonhörer ab und rief mich aus dem Regen zurück in die Wohnung. Als ich ins Wohnzimmer trat, hielt sie den Hörer in der einen Hand und einen Bogen hauchdünnes, glänzendes Blattgold in der anderen. Das Blattgold war für eine byzantinische Ikone bestimmt, an der sie gerade arbeitete, ein Exemplar einer Reihe von Kopien antiker Vorlagen, die sie an die örtlichen Souvenirläden zu verkaufen hoffte. Auch damals vor achteinhalb Jahren, als wir uns auf der Insel Patmos kennen gelernt hatten, hatte sie Ikonen kopiert, aber zu jener Zeit hatte sie diese Arbeit als Intermezzo verstanden und gehofft, in absehbarer Zeit ihren Traum verwirklichen und eigenständig schöpferisch tätig sein zu können. Jetzt aber hatten wir zwei Kinder, für die wir sorgen mussten, und so kopierte sie wieder Ikonen, um Geld zu verdienen, und ich, ich musste Englischkurse geben, statt an einem neuen Roman zu arbeiten. Danielle hatte sich mit typischer französischer Gelassenheit mit diesen Gegebenheiten abgefunden. Ich hingegen, Amerikaner und inzwischen in meinem zweiundvierzigsten Lebensjahr, hatte immer noch meine Zweifel, ob es wirklich etwas Gutes war, wenn man seine Träume aufgab und einer geregelten Arbeit nachging.

Danielle hielt den Hörer gegen ihren Oberarm gepresst und sagte: »Es ist Theológos.«

In einer Ecke des Wohnzimmers spielten unsere beiden flachsköpfigen Kinder – die sechsjährige Sara und Matt, der bald zwei wurde – mit der Katze. Sie saßen vor dem gusseisernen Ofen, um den wir uns nachmittags und abends versammelten und darauf warteten, dass sich der Raum mit der hohen schimmeligen Zimmerdecke über uns endlich erwärmte. Als wir diese Wohnung in der Altstadt gemietet hatten – vier höhlenartige Zimmer in der ersten Etage eines heruntergekommenen, mit einem marmornen Portikus geschmückten venezianischen Stadthauses aus dem siebzehnten Jahrhundert –, hatten wir geglaubt, ein Schnäppchen gemacht zu haben. Inzwischen – wir verbrachten bereits den zweiten Winter in Rethymnon – wussten wir nur allzu gut, wer hier das Schnäppchen gemacht hatte – nämlich unser Vermieter.

»Theológos?«, fragte ich ungläubig.

»Von Patmos. Livádi.«

Ich warf Danielle einen überraschten Blick zu. Obwohl wir auf Patmos in dem Tal von Livádi über sieben Jahre sommers wie winters gelebt und dort ein Haus gekauft und renoviert hatten, rechneten wir nicht damit, je wieder etwas von unseren früheren Nachbarn dort zu hören. Die Bewohner dieses Tals waren noch reservierter als die übrigen Inselbewohner und bezeichneten sogar die Einwohner des acht Kilometer entfernten Hafenstädtchens als *xéni*, Fremde. Und das Telefon war in ihren Augen zwar eine nützliche, aber gleichzeitig auch gefährlich extravagante Einrichtung, die sie nur selten nutzten, schon gar nicht für Ferngespräche.

»*O Ladós?*«, sagte ich, seinen Spitznamen gebrauchend – eine unbedingte Notwendigkeit auf Patmos, denn dort schien die Hälfte der männlichen Bevölkerung entweder auf den Namen Theológos getauft worden zu sein oder auf Ioánnis (Kurzform »Yánnis«), zu Ehren des heiligen Johannes Theológos, dem Verkünder des Wort Gottes, *Ágios Ioánnis O Theológos*. Auf der Insel Patmos war es, wo Johannes die Visionen empfing, die in der Offenbarung – auf Griechisch *Apokálypsi* – niedergeschrieben wurden. *Theós* heißt Gott und *lógos* Wort oder Lehre; folglich bedeutet *theológos* Verkünder von Gottes Wort.

Danielle nickte.

Theológos war der Besitzer eines einfachen, aber florierenden Restaurants am Strand von Livádi. Eigentlich war es kein richtiges Restaurant, eher das, was die Griechen eine *táverna* nennen – kleiner und preiswerter als ein Restaurant (*estiatórion*) und meist ein Familienbetrieb. Als ich das erste Mal nach Patmos kam, hatte das Lokal noch *I Oréa Eléni* (Die schöne Helena) geheißen, aber im Jahr darauf hatte sich Eléni, Theológos' Frau, von ihrem Mann getrennt und war mit der gemeinsamen Tochter fortgezogen, woraufhin der erzürnte Ehemann den Baum vor der Taverne fällte und den Namen des Restaurants in *I Oréa Théa*, Die schöne Aussicht, änderte – ein Name, den es in der Tat verdiente. Die Taverne lag an der parallel zum Strand verlaufenden Straße, und von der Terrasse aus konnte man hinter Tamarisken den Sand- und Kiesstrand sehen und hatte einen herrlichen Blick auf die weite geschwungene Bucht, in der bunte Fischerboote – *kaíkia* – auf den glitzernden Wellen tanzten. In der Ferne erhoben sich anmutig die Hänge von Chiliomódi, eine kleine Insel vor der Küste von

Patmos, auf der man Ziegenherden weiden ließ. Im Hintergrund konnte man im Dunst weitere kleine Inseln des Dodekanes erkennen, und an klaren Wintertagen war sogar die dunkelpurpurne Wellenlinie der etwa sechzig Kilometer entfernten türkischen Küste zu sehen.

Danielle reichte mir den Telefonhörer und ging zurück zu ihrem Arbeitstisch, wo sie mit geschickten Fingern das Blattgold auf die Ikone auftrug, an der sie gerade arbeitete. Sie war zweiunddreißig Jahre alt, aber selbst in ihrem unförmigen Pullover und nach zwei Kindern sah sie immer noch schlank und grazil wie eine Zwanzigjährige aus. Während sie sich über ihre Ikone beugte, fiel ihr eine Strähne ihres kastanienbraunen Haars ins Gesicht, und ihre aparten hoch stehenden Wangenknochen, die mandelförmigen Augen und ihre leicht gebogene Nase waren angespannt vor Konzentration. Unsere Kinder hatten ihr helles Haar von der skandinavischen Seite meiner Familie geerbt, aber die fein geschnittenen Gesichtszüge waren eindeutig ein Vermächtnis ihrer französischen Mutter.

»Theológo!«, rief ich in den Hörer und gebrauchte dabei die griechische Anredeform, bei der das *s* am Ende des Namens wegfällt. »Wie geht es dir?«

Theológos redete nicht gerne um den heißen Brei herum. Als ehemaliger Seemann der Handelsmarine, *capitánios*, wie er behauptete, der alle Weltmeere befahren hatte, kam er gleich zur Sache. Besonders bei Ferngesprächen. Sobald er nun meine Stimme hörte, lichtete er den Anker, setzte die Segel und ließ mir kaum die Gelegenheit, ihn zu begrüßen.

»Thomá!«, bellte er ins Telefon, die griechische Version meines Namens, dass es von Patmos bis Kreta schallte. »Hör zu! Willst du im Sommer meine Taverne pachten?«

Theológos. Das Wort Gottes.

Die schöne Helena

»Thomá, bist du noch dran?« Er wartete auf meine Antwort, während es im Hörer knisterte und krachte. Im Winter bei schlechtem Wetter musste man stets damit rechnen, unterbrochen zu werden, besonders, wenn man von Insel zu Insel telefonierte. »Thomá! Hör mir gut zu. Dieser Mann aus Athen – der, der sie vor zwei Jahren schon mal gepachtet hat –, der möchte sie wiederhaben, aber ich hab an dich gedacht. Du hast doch immer gesagt, du hättest gern meine Taverne. Weißt du noch?«

Natürlich wusste ich es noch. Bei seinem Angebot stieg augenblicklich das Bild der Schönen Helena vor meinem geistigen Auge auf (ich konnte mir die Taverne einfach nicht unter einem anderen Namen vorstellen) wie Aphrodite aus dem glitzernden Schaum. Ich erinnerte mich deutlich an jene Sommermorgen, an denen ich an meinem Tisch beim Strand genüsslich einen griechischen Kaffee schlürfte, mir der Duft der Tamarisken in die Nase stieg und ich dem friedlichen Plätschern lauschte, wenn die Wellen leise gegen ein Fischerboot schlugen. Nur allzu gern dachte ich auch an die nach Oregano duftenden gemächlichen Mittagessen mit Danielle zurück, an unser Haus auf dem Hügel, wo es dank der dicken Steinmauern wunderbar kühl war und wo wir entweder Siesta hielten oder – wenn die Kinder schliefen – uns liebten; und ich dachte wehmütig an die Abende, wenn die Welt draußen bedeutungslos wurde und nur noch der kleine, von den Lichtern der Taverne beleuchtete Fleck zählte, wenn sich jene verrückte Ausgelassenheit, von den Griechen *kéfi* genannt, auf die Gäste senkte wie Feuerzungen vom Himmel …

Die Schöne Helena war eines jener typischen Restaurants, wie man sie überall in Griechenland findet; wo man Platz nimmt und genau weiß, dass man, wäre man der Besitzer, mit ein paar kleinen Veränderungen sofort einiges verbessern könnte. Man bräuchte nur hier und da ein paar Bambusmatten anzubringen, für weicheres Licht zu sorgen, anständige Toiletten einzubauen, ein paar Kellner zu engagieren, die für ihre Arbeit wenigstens ein Mindestmaß an Interesse aufbrachten, ein paar interessante Gerichte anzubieten und vor allem das Essen *heiß* zu servieren. Für den Rest würde die schöne Lage sorgen.

Als sich Theológos, statt sich dem immer größer werdenden Ansturm der Touristen zu stellen, vor ein paar Jahren darauf verlegte, sein Lokal den Sommer über zu verpachten, hatte ich ihn des Öfteren gefragt, warum er es nicht mir überließ.

Eine Frage, die nicht ernst gemeint war. Obwohl ich ein passionierter Hobbykoch war und auch bereits in einem Restaurant gearbeitet hatte, war ich bei meinem Angebot von einem Übermaß an Retsina und *kéfi* beflügelt gewesen. Auch Theológos wusste das und hatte mit mir zusammen über meine Offerte gelacht. Jetzt aber nahm er mich anscheinend beim Wort.

Ich schaute auf meine Armbanduhr. Ich konnte mich diesem Gespräch noch etwa weitere fünf Minuten widmen, ohne dass aus meinem gemächlichen Gang zur Sprachenschule ein Gehetze werden würde.

Aus purer Neugier fragte ich: »Wie viel?«

Sofort wurde Danielle hellhörig.

Theológos ließ eine kleine Weile verstreichen, ehe er antwortete: »Der Athener hat mir dreihundertfünfzigtausend geboten. Dir würde ich sie für dreihunderttausend geben. Aber keine Drachme weniger.«

Ungefähr siebentausend Dollar.

»Theológo, selbst wenn ich wollte, aber so viel Geld habe ich einfach nicht.«

Danielle bedachte mich mit einem langen Blick.

»Ich dachte, du hast dein Haus verkauft«, erwiderte Theológos.

Darauf war ich nicht vorbereitet. »Wer hat dir denn das erzählt?«

»*Ime Patmiótis!* Ich bin schließlich aus Patmos. Jeder hier weiß über die anderen Bescheid. Du hast doch dein Haus verkauft, stimmt's? An diesen holländischen Arzt, dessen Tochter es als Mitgift haben will?«

Es war erstaunlich, was er alles wusste.

»Ja. Aber«, log ich, »wir haben das Geld noch nicht bekommen. Und außerdem wollen wir es für die Kinder anlegen. Für ihre Zukunft. Das College …«

Jetzt spitzten auch meine Kinder die Ohren. Zumindest Sara, während Matt noch immer ganz versunken damit beschäftigt war, der Katze das Fell vom Rücken zu ziehen.

»Ach! Na ja, wenn das so ist …« Theológos schob seine Karten wieder zusammen.

Freunde von mir, die Restaurants auf Mykonos besaßen, hatten mir erzählt, dass sie in einem einzigen Sommer so viel verdienten, dass es für das ganze Jahr reichte. Und jetzt verbrachten sie wahrscheinlich gerade den Winter in Paris oder New York, gingen ins Theater, speisten in den besten Restaurants, wohingegen ich …

»Theológo, warte doch. Ich muss erst darüber nachdenken.«

Danielle sah mich alarmiert an. Ich konnte es ihr nicht verdenken. Sie kannte meine Veranlagung – ein Vermächtnis meines verstorbenen Vaters, Architekt und Immobilienhändler aus Washington, D. C. –, mich in grandiose Projekte zu versteigen. Eben dieser Hang hatte mich ursprünglich überhaupt nach Griechenland geführt und uns unser Bauernhaus auf Patmos ermöglicht. Doch Danielle wusste auch, dass mein Vater über siebzigtausend Dollar Schulden hinterlassen hatte, und zwar zum größten Teil bei seinem Buchmacher.

»Thomá!«, trompete Theológos in den Hörer. »*Élla!* Komm zurück! Alle vermissen dich! Du bist einer von uns – *Patmiótis!*«

Dann brach die Verbindung ab.

Patmiótis

Das Erste, was die Leute wissen wollen, ist immer, wie man das überhaupt schafft – wie man seine berufliche Karriere einfach hinwerfen (ich war Bühneninspizient und Regieassistent an einem Broadway-Theater gewesen), alle Zelte abbrechen kann, um fortan auf einer griechischen Insel zu leben. Nun, natürlich plant man so etwas nicht. Praktisch alle mir bekannten Ausländer, die für längere Zeit in Griechenland gelebt haben, sagen das Gleiche: »Ich wollte eigentlich nur ein paar Wochen (Tage/Stunden) bleiben. Aber dann ...«

Aber dann passiert etwas. Zum Beispiel verliebt man sich.

Auch ich hatte nur einen Sommer dort bleiben wollen, vier, fünf Monate höchstens, um mir den Traum zu erfüllen, irgendwo in der Fremde einen Roman zu schreiben. Kurz zuvor war meine Mutter an einem Schlaganfall verstorben und hatte mir eine kleine Erbschaft hinterlassen. Ich legte zehntausend Dollar ziemlich planlos in irgendwelchen Aktien an, und mit dem Rest, etwa zweitausend Dollar, zog ich los und reiste nach Griechenland, wo ein befreundeter Maler lebte, Dick Evans, ein ehemaliger Kollege von mir am Broadway, der mir helfen wollte, mich einzugewöhnen. Ich war vierunddreißig und wollte meinen Traum endlich Wirklichkeit werden lassen, ehe es zu spät dafür war, ehe ich heiratete und eine Familie gründete – und die »schwere Katastrophe« über mich hereinbrach, um es mit Alexis Sorbas' Worten auszudrücken.

»Wenn der Herbst kommt, bin ich wieder da«, verabschiedete ich mich bei meinen Freunden.

An einem strahlenden, windigen Märztag kam ich in Griechenland an. Nach kurzen Aufenthalten in Athen und auf der Insel Mykonos, wo ich mich mehr in der Kunst des *chasápiko* (Sorbas' Tanz) übte als in der Kunst des Schreibens, kam ich zu dem

Schluss, wenn ich meinen Roman wirklich fertig bringen wollte, müsste ich mich irgendwohin zurückziehen, weit weg von den Verlockungen, die entlang der ausgetretenen Touristenpfade auf mich warteten.

Meine Wahl fiel auf Patmos, was einfach daran lag, dass ich die Augen schloss und mit dem Finger auf eine Karte der Ägäis tippte, erfüllt von dem seligen Vertrauen, dass nun, da ich in Griechenland war, meine Zukunft in den Händen gütiger Mächte lag, die schon dafür sorgen würden, dass sich alles zu meinen Gunsten entwickelte, ganz egal, wo mein Finger schließlich landete. »Aber warum ausgerechnet Patmos?«, fragte ich meinen Freund Dick. Der hatte auch noch nicht von dieser Insel gehört.

Ein alter Reiseführer, *Fodor's Guide to Greece,* den ich auf dem Flohmarkt in Athen aufgestöbert hatte, hatte nicht viel über diese Insel zu berichten. Nur so viel, dass sie, etwa elf Kilometer lang, fünf Kilometer breit, am Rand der östlichen Ägäis liegt, zum Dodekanes gehört, einer Inselgruppe, die dem türkischen Festland vorgelagert ist, und dass man mit dem Schiff von Piräus aus zehn Stunden dorthin unterwegs ist, die gleiche Zeit, die man braucht, die Insel von dem südlich von Patmos gelegenen Rhodos aus zu erreichen. Es legten jedoch nur wenige Schiffe dort an, weil die Kaianlage von Patmos zu klein für große Fährschiffe sei. Der Reiseführer enthielt auch einige spärliche Informationen über den heiligen Johannes und seine Offenbarung, ferner ein grobkörniges Schwarzweißfoto des Hafens mit ein paar grauweißen Gebäuden und grauen Felsen, die sich in der Ferne unter einem grauen Himmel mit der milchig-grauen See vermischten. Nun ja, dachte ich, ansehen kann ich es mir ja mal. Wenn es mir nicht gefällt, fahre ich eben weiter zur nächsten Insel.

Und so stolperte ich an einem klaren Maimorgen früh um sechs Uhr an Deck eines schäbigen alten Fährschiffes, der inzwischen legendären *Miméka,* um einen ersten Blick auf Patmos zu werfen, gänzlich unvorbereitet auf das, was sich meinen Augen offenbaren sollte. Verschwunden war das graue Einerlei von Himmel, Felsen,

Meer. Stattdessen tauchte die Morgensonne die hohen zerklüfteten Sandsteinfelsen der Küste in ein warmes Goldbraun, und die Hänge und Niederungen waren dank der Winterregen überzogen von üppigem Grün. Vom Hafen aus glitten winzige Fischerboote durch das glitzernde tiefblaue Wasser auf unsere Fähre zu. Die meisten Passagiere sahen in diese Richtung oder bestaunten die mächtige, dunkle, mit Zinnen versehene Anlage des Klosters zum heiligen Johannes, die sich auf einem Hügel südlich des Hafens erstreckte. Doch irgendetwas zog meine Aufmerksamkeit Richtung Norden, wo sich in der Ferne ein paar schneeweiße kleine Bauernhäuser in ein sattgrünes Tal schmiegten. »Dort!«, flüsterte mir eine Stimme zu. »Genau dort möchtest du hin!« »Dort« war, wie ich später erfuhr, Livádi.

Der Kai, an dem unsere *kaíkia* anlegten, war kaum mehr als die dürftig mit Steinen befestigte Sandstraße, die parallel zum Hafen verlief, etwa eine Treppenstufe über der Wasseroberfläche. Skála – so hieß das Hafenstädtchen – bedeutet auf Griechisch »Treppe«, und wahrscheinlich rührte der Name dieses Orts ganz einfach davon her. In der Tat sah die Hafenanlage aus, als hätte sie sich nicht wesentlich verändert seit den Tagen, als Johannes vor fast zweitausend Jahren, von Ephesus kommend, von Bord seines kleinen Schiffes ging.

Das heißt, mit Ausnahme der riesigen Betonblöcke, die sich am Rand des Hafenbeckens auftürmten. Vor kurzem erst hatte die griechische Regierung beschlossen, den Türken zu demonstrieren, wie deutlich der griechische Anspruch auf den Dodekanes war, und mit dem Bau einer neuen Kaianlage auf Patmos begonnen, dem später Militärlager und Unterstände an der dem türkischen Festland zugewandten Inselseite folgen sollten.

Im Hafenbecken lag noch untätig ein rostiger Baggerkahn, der den Meeresboden für die Betonblöcke vorbereiten sollte, und wartete darauf, zu geziemender Zeit seinen geräuschvollen, den ganzen Tag andauernden Betrieb aufzunehmen.

Inmitten der Wellen tanzte eine signalrote Boje, gut hundert

Meter vom westlichen Ufer entfernt. Wie ich später erfuhr, markierte sie die Stelle, wo ein gefährlich spitzer Felsen, der leicht den Rumpf eines großen Schiffes aufschlitzen konnte, bis dicht unter die Wasseroberfläche ragte. Die Leute sahen – und sehen noch heute – in ihm die versteinerte Gestalt von Yénoupas, ein böser *mágus*, den der heilige Johannes in einen Stein verwandelte, als er mit ihm um die Herzen, den Geist und die Seelen der Einwohner von Patmos kämpfte.

Dieser Kampf ist noch nicht zu Ende – woran ich immer wieder während meines Aufenthalts auf dieser Insel erinnert wurde –, und die Geschichte von dem Konflikt zwischen Johannes und Yénoupas, wie man sie hier auf Patmos erzählt, enthüllt so viel über diese Insel, dass es sich lohnt, sie an dieser Stelle zu erzählen.

Der heilige Johannes und der mágus

Im Jahre 95 nach Christus lebte Johannes in Ephesus bei Maria, der Mutter Jesu, als ihn der Befehl Kaiser Domitians erreichte und ihn nach Patmos in die Verbannung schickte.

In seiner Offenbarung schrieb Johannes*: »Ich, euer Bruder Johannes [...], ich war auf der Insel Patmos um des Wortes Gottes willen und des Zeugnisses für Jesus.«*

Eine der Legenden, die sich um diesen Aufenthalt ranken, aber auch die Fresken im Kloster des heiligen Johannes erzählen, dass während der Seereise von Ephesus (heutzutage eine sechsstündige Fahrt mit dem *kaíki* beziehungsweise eine zwanzigminütige Überfahrt mit dem Tragflächenboot, damals jedoch wahrscheinlich mindestens eine Tagesreise) ein plötzlicher Sturm einen der Passagiere über Bord schwemmte. Er schien bereits verloren, doch da reckte Johannes seine gefesselten Hände zum Himmel und machte das Zeichen des Kreuzes. Augenblicklich beförderte eine zweite Welle den ertrinkenden Mann zurück ins Boot. Im weiteren Verlauf der Reise predigte Johannes gemäß seiner Berufung seinen Mitreisenden die Botschaft Jesu, und als man schließlich in Skála landete, hatte dieser, noch immer in Fesseln, sie bereits allesamt zu Christen bekehrt.

Als der römische Gouverneur der Insel von den magischen Kräften des Johannes erfuhr, bat er ihn, ihm zu helfen, seinen von einem Dämon besessenen Schwager zu heilen. Unverzüglich trieb Johannes den Dämon aus und fügte so den Gouverneur mitsamt seiner Familie in die Liste seiner Bekehrten ein, ja, er durfte sogar in die Villa des Schwiegervaters des Gouverneurs einziehen und richtete, quasi als freier Mann, das erste christliche Haus auf Patmos ein.

Diese Ereignisse beunruhigten die Priester des auf der Insel verehrten Gottes Apollo so sehr, dass sie einen Zauberer namens Yénoupas um Hilfe baten, der in einer Schwefelgrotte an der unwirtlichen Südwestecke der Insel hauste.*

Sofort machte sich Yénoupas auf in die Stadt, um den Eindringling aus Ephesus in Misskredit zu bringen. In Skála forderte er den Johannes auf, vor aller Augen ihre Zauberkräfte zu messen. Als Johannes dies ablehnte, zeigte Yénoupas seine Verachtung, indem er ins Hafenbecken hinabtauchte und mit den Abbildern dreier toter Bewohner von Patmos wieder an die Oberfläche kam. Die zahlreichen Zuschauer, die natürlich höchst beeindruckt von dieser Vorstellung waren, wandten sich nun gegen Johannes, beschimpften ihn und schlugen auf ihn ein, sodass er wie tot liegen blieb.

Doch wie durch ein Wunder überlebte Johannes. Sobald Yé-

---

* Diese Höhle gibt es noch, sie ist von übel riechenden Schwefeldämpfen erfüllt und so warm, dass ein Einsiedler angeblich fünfundvierzig Jahre dort lebte, nur von einer niedrigen Mauer vor den Winterstürmen geschützt. Ein steiler Pfad führte früher dorthin, und ich kenne Inselbewohner, die in ihrer Jugend den Aufstieg wagten. Aber an dem Berg wird Kies abgetragen, sodass in einigen Jahren nichts mehr von der Höhle zu sehen sein wird – es sei denn die Öffentlichkeit würde wachgerüttelt, zum Beispiel durch dieses Buch.

noupas davon Kunde bekam, kehrte er zurück, um seinen Widersacher vollends zu vernichten. Erneut versammelte sich am Hafen eine Menschenmenge, und abermals sprang Yénoupas ins Hafenbecken. Diesmal aber wandte sich Johannes an Gott mit der Bitte, ihm beizustehen – so wie er Moses im Kampf gegen den heidnischen Gott Amalek geholfen habe – und Yénoupas in Stein zu verwandeln, ehe dieser zurück an die Wasseroberfläche kam.

Augenblicklich bildeten sich Strudel und Wirbel mit donnerndem Getöse über der Stelle, an der sein Gegner hinabgetaucht war. Yénoupas wurde zu einem Felsen und war so auf ewige Zeiten im Wasser des Hafens gefangen.

Johannes aber verbrachte ein weiteres Jahr auf der Insel und führte ein friedliches, ruhiges Leben, ohne dass man seine Freiheiten wesentlich einschränkte. Im September 96 wurde Kaiser Domitian getötet und sein Befehl für nichtig erklärt; Johannes konnte nach Ephesus zurückkehren. Vor seiner Abreise baten ihn die Bewohner von Patmos, seine Predigten über Jesus niederzuschreiben. Johannes und sein Schüler Próchoros zogen sich in eine abgelegene Höhle in den Bergen zurück, von der aus man den Hafen überblicken konnte. Dort, so lautet die Legende, schrieb Johannes nicht nur seine Predigten nieder, sondern empfing auch die düsteren Visionen, die in dem Buch der Offenbarung aufgezeichnet sind. Als er und Próchoros in der Höhle saßen, tat sich plötzlich die Decke auf und er vernahm eine Stimme, laut wie eine Posaune. Sie sprach: »Schreib das, was du siehst, in ein Buch [...]. [...] Ich bin der Erste und der Letzte und der Lebendige.«

Nachdem Próchoros die Visionen des Johannes niedergeschrieben hatte, kehrte dieser nach Ephesus zurück, wo er später auch angeblich seine letzte Ruhe fand.

Tausend Jahre danach wurde ihm zu Ehren auf Patmos das Kloster des heiligen Johannes gegründet, das im Lauf der Jahrhunderte zu einer wahren Schatzkammer für wertvolle sakrale Kunstgegenstände, zahlreiche unschätzbar kostbare alte Schriften, Ikonen und wundertätige Reliquien wurde, einschließlich einer Ikone des heiligen Johannes, der wiederholt die Insel vor natürlichen und von Menschenhand verursachten Katastrophen bewahrt haben soll.

Doch trotz alledem scheint noch immer der dunkle, bedrohliche Schatten von Yénoupas über der Insel zu liegen, der, auch wenn er zu Stein geworden ist, seine Macht noch längst nicht verloren hat.

Während der italienischen Besatzung des Dodekanes von 1912 bis 1948 versuchte man, den Felsen im Hafenbecken mit einem Baggerkahn zu entfernen, aber während der Arbeiten wurde nicht der Felsen, sondern der Kahn aus dem Wasser gedrückt. Jahre später versuchte ein rühriger Geschäftsmann aus Patmos vergeblich, den Felsen zu sprengen. Am Tag darauf bekam er die Quittung für sein tollkühnes Wagnis – er starb an einem Herzanfall.

Selbst wenn man heute eine neue Hafenanlage baut und sich dabei moderner Technik bedient, so macht man dennoch weiterhin einen großen Bogen um Yénoupas' Felsen, und auch dem ahnungslosen Besucher entgeht nicht, dass unter der scheinbar heiligen Atmosphäre der Insel etwas Bedrohliches verborgen liegt.

Die Ruinen von Chóra

Als ich zum ersten Mal auf die Insel kam, teilte die Route des altertümlichen quietschenden Inselbusses Patmos in drei Bereiche: in der Mitte den auf Meereshöhe liegenden Hafenort Skála mit seinen geschäftigen Außenbezirken, dem Zentrum des Geschäftslebens; im hügeligen Süden die Hauptstadt Chóra, Sitz der Inselverwaltung; und im Norden, wo auch Livádi liegt, die landwirtschaftlich genutzten Küstenniederungen und Ebenen und die Buchten mit den zahlreichen Fischerdörfern.

Nach Skála, dem lebendigen Mittelpunkt, kam man, um Waren auf dem Markt anzubieten oder einzukaufen, wenn ein Arzt- oder

Zahnarztbesuch anstand oder man zur Post oder zum Telegrafenamt wollte. Skála bestand damals aus einer Ansammlung bescheidener, weiß gekalkter Gebäude am Hafen, einem schmalen Sandstrand mit Tamarisken auf der einen Seite und einer weißen Kirche mit blauer Kuppel auf der anderen. Im Zentrum lag das im italienischen Stil erbaute, architektonisch etwas deplatziert wirkende Zollgebäude, letztes Überbleibsel aus der italienischen Besatzungszeit, die während des Zerfalls des Osmanischen Reiches begonnen und bis nach dem Zweiten Weltkrieg gedauert hatte.

Es gab eine Anzahl kleiner Gemischtwarenläden, ein paar Bäckereien und Metzgereien, einen Gemüsemarkt, wo die traurigen Feldfrüchte einer Insel feilgeboten wurden, deren Wasservorräte jeweils bis Ende August zu dürftigen Rinnsalen verkümmert waren. Ein paar Fischerboote lagen an der Mole in dem Teil des alten Hafens, der noch benutzbar war, und drei alte klapprige Taxis standen im Schatten vor dem Zollgebäude und warteten auf die spärliche Kundschaft.

Ich machte einen Mann ausfindig, der Englisch sprach. Sein Name war Chrístos, und er war der Besitzer eines Reisebüros, das im Süßwarenladen seines verstorbenen Vaters untergebracht war. Ich erkundigte mich nach einem Zimmer und nach dem Tal im Norden, das mir vom Schiff aus in die Augen gestochen war. »Nein, nein!«, wehrte Chrístos ab, »dort vermieten die Leute nicht. Gehen Sie nach Chóra. Das ist ein wunderbarer Ort! Alle Touristen zieht es dort hin! Sie kaufen sogar Häuser dort! Der Bus fährt gleich ab. Beeilen Sie sich! Ich garantiere Ihnen, es wird Ihnen dort gefallen!« Während ich meine Reisetasche schnappte und zum Bus hetzte, rief er mir nach: »Die Aussicht ist herrlich!«

Sie war nicht nur herrlich, sie war atemberaubend. Als ich oben, etwa dreihundert Höhenmeter über dem Meer, aus dem Bus stieg, wurde ich mit einem großartigen Panoramablick auf die ganze Insel belohnt. Richtung Norden erstreckten sich sanfte Hügel und Täler, und die Küstenlinie war gesäumt von einer Vielzahl von Buchten, von denen manche mit blendend weißen Häuschen gesprenkelt waren. Auf der östlichen Seite entdeckte ich das Tal, das mir bereits an Bord der *Miméka* aufgefallen war. Weiter im Norden, hinter einem breiten Streifen silbrigen Wassers, tauchte die Insel Samos aus dem Meer auf und zu meiner Rechten die Küste des türkischen Festlandes, von der aus Johannes nach Patmos ins Exil gesegelt war, um dort das Wort Gottes zu vernehmen.

Hinter mir erhob sich das Kloster zum heiligen Johannes aus dem Wirrwarr weiß gekalkter, würfelförmiger Häuser, aus dem der Ort Chóra bestand. Ich schlug den steilen, gepflasterten Weg in die Stadt ein, ignorierte die Tafeln, die den Weg zum Kloster auswiesen, und machte mich stattdessen auf, das Labyrinth der Innenstadt zu erkunden. Bald erhoben sich links und rechts von mir massive Steinwände, unterbrochen nur von wenigen Fenstern, die entweder vergittert oder mit Läden verschlossen, und von Haustüren, die üppig mit Zierleisten und Schmiedeeisen verziert waren. Das waren keine einfachen Häuser, sondern Herrschaftshäuser, meist mit zwei bis drei Stockwerken, einige mit Loggien in den obersten Etagen. Viele waren offensichtlich verlassen, denn ihre Mauern waren rissig, zerbröckelter Putz lag auf der Straße, und in den vernachlässigten Gärten wuchsen meterhoch Unkraut und Brombeerdickicht.

Lange Zeit war nirgends ein Mensch zu sehen, obwohl ein gelegentliches Flattern eines Spitzenvorhangs vor einem Fenster mir verriet, dass dort jemand wohnte. In dem Durcheinander von Straßen und Gässchen und verwinkelten Laubengängen verlor ich bald jegliche Orientierung, und so kam ich mir nach einiger Zeit wie der Landvermesser K. vor, auf seiner kafkaesken Suche nach dem geheimnisvollen unerreichbaren Schloss. Wie hatte eine offensichtlich ehemals reiche Stadt wie diese auf einer kargen Mönchsinsel wie Patmos entstehen können?

Später erfuhr ich, dass die Ursache für den Reichtum dieser Insel, aber auch für die spätere Zerstörung und den Verfall das Gewinnstreben sowohl der Mönche als auch der Laienbevölkerung war, Nachfahren jener Kreter, die man als Bauarbeiter für das Kloster auf die Insel geholt hatte. Im sechzehnten Jahrhundert – Patmos war als heilige Insel von der Steuerpflicht befreit – schlossen sich die damaligen Inselbewohner zusammen und begründeten, für Gott und zu ihrem eigenen Wohl, eine der mächtigsten und reichsten Handelsflotten des Mittelmeers. Die herrschaftlichen Häuser waren sichtbare Zeugen dieses wachsenden Reichtums, genau wie die Straßen, die man absichtlich als Labyrinth angelegt hatte, um Eindringlinge zu verwirren. Und die Kostbarkeiten, die man innerhalb der Klostermauern hortete, wurden immer zahlreicher.

Natürlich zog dieser Reichtum unweigerlich arabische Piraten an, außerdem die Kriegsschiffe des Balkan und europäischer Mächte. Bald schon wurde die Insel wiederholt angegriffen und schließlich geplündert. Vollendet wurde diese Zerstörung durch zwei schwere Erdbeben, das letzte gefolgt von monatelangen Nachbeben. Im neunzehnten Jahrhundert, als sich Griechenland erfolgreich gegen die türkische Besatzung erhob und die Unabhängigkeit erkämpfte, kam Patmos mit seinen veralteten Segelschiffen unter das Joch des sterbenden Osmanischen Reichs. In der Folge wurden viele der Häuser einfach verlassen und dem Verfall preisgegeben.

Als ich schließlich dem Labyrinth der Straßen von Chóra entkommen war und auf einen kleinen Platz mit einem Straßencafé stieß, wusste ich, dass dieser Ort nichts für mich war. Abgesehen von der geradezu gespenstischen Leere lag er zu weit vom Meer entfernt. Außerdem war Chóra für meinen Geschmack zu städtisch. Und dann waren da noch diese anderen Touristen, die Chrístos erwähnt hatte. Sie mussten irgendwo da oben in der Altstadt sein, lebten luxuriös in Häusern, die sie für einen Pfifferling gekauft und renoviert hatten. Ich hatte keine Lust, ihnen zu begegnen, wollte mir den Neid ersparen, den ich angesichts ihrer schönen Häuser zweifellos verspüren würde. Außerdem fehlte mir die Zeit, Bekanntschaften zu schließen. Schließlich hatte ich nur einen Sommer, um meinen Roman zu schreiben, und in diesem Sommer wollte ich leben wie ein Mönch.

Vor allem aber war da noch diese innere Stimme, die mir zuflüsterte, das eine, bestimmte Tal zu suchen.

Livadiótis

Wieder zurück in Skála fand ich einen Taxifahrer, der mich nach Livádi bringen wollte. Er hieß Euripides und war der stolze Besitzer eines chromverzierten, pastellgrünen Buicks aus den Fünfzigerjahren, dessen sattes Dröhnen ihn veranlasst hatte, seinen Wagen liebevoll »*to aeropláno mu*« zu nennen, »mein Flugzeug«. Euripides stammte aus Livádi – er war ein *Livadiótis* – wie er stolz erklärte, und er meinte, vielleicht gäbe es eine kleine Chance, dort jemanden zu finden, der mir etwas vermieten würde. Außerdem müsse ich dieses Tal einfach sehen. Es sei das schönste von ganz Patmos!

Die staubige ungeteerte Straße folgte etwa acht Kilometer der geschwungenen Küstenlinie und gestattete Ausblicke auf weitere Buchten im Osten und Westen, ehe sie das kleine Dörfchen Livádi erreichte, das aus einer Ansammlung ebenerdiger Steinhäuser bestand, einem Gemischtwarenladen, zwei sehr einfachen Cafés und einer großen Kirche. Von hier aus führte eine steile Straße hinunter in das Tal, die von den Winterregen so ausgespült war, dass Euripides mehrere Male nur noch im Schneckentempo dahinkroch, um sein geliebtes *aeropláno* sicher durch die Turbulenzen der unzähligen Schlaglöcher zu steuern.

Das Tal war wirklich wunderschön – es lag vor uns wie ein Amphitheater, fiel steil zu einer breiten Küstenniederung ab, durch die sich im Zickzack niedrige Steinwälle, Eselspfade und fast gänzlich ausgetrocknete Bachbetten zogen. Auf den steinigen Hängen wuchsen üppige Feigenkakteen, und blühende Feigenbäume, Zitronen- und Olivenbäume vervollständigten das paradiesische Bild. Bauernhäuser und einfache Unterstände für Tiere, die man hier und da an den Hängen, unter Felsvorsprüngen, in Grüppchen in der Ebene sah, fügten sich harmonisch in diese Landschaft ein, und an den Pfaden zwischen den Steinwällen, die sich zwischen den Feldern hindurchschlängelten, standen vereinzelt winzige weiß gekalkte Kirchlein.

Im Osten, wo das Tal sich zum Meer hin öffnete, erstreckte sich eine weite hufeisenförmige Bucht mit einem Strand, der sich fast über die ganze Bucht hinzog. In der Mitte ragte eine kleine, aus Steinen gebaute Mole ins Meer, und ein paar Fischerboote lagen zwischen ihr und dem südlichen Ufer vor Anker. An der schmalen Straße, die an der Bucht entlangführte, standen verstreut zwischen Tamariskenbäumen kleine, ebenerdige Sommerhäuschen.

»Dort vielleicht«, meinte Euripides.

Mir war, als hätte ich, ohne es zu merken, lange Zeit die Luft angehalten. Und erst jetzt, beim Anblick dieses Tals, spürte ich, wie allmählich die Anspannung wich und ich wieder atmen konnte.

Vielleicht ist es so, dass es Orte irgendwo auf der Welt gibt, die anscheinend für einen bestimmt sind, die nur darauf warten, dass man zu ihnen kommt, ähnlich wie zwei Menschen, die nach langer Zeit zueinander finden. Wenn (und falls) man dann tatsächlich aufeinander trifft, weiß man sofort und ohne den geringsten Zweifel, dass man sich gefunden hat, als hätte es in einem früheren Leben eine enge Verbindung zu diesem Ort oder zu dieser Person gegeben. Genau so erging es mir mit Livádi. Bereits vom Deck der *Miméka* aus hatte ich mich in dieses Tal verliebt. Tief im Inneren wusste ich genau, ich würde dort nicht nur ein Haus zur Miete finden, sondern ein richtiges Zuhause. Wie Odysseus auf der Fahrt nach Ithaka hatte ich das Gefühl, nach Hause zu kommen, nach einer langen Reise durch die stürmischen Gewässer fremder Länder (mein Geburtsland inbegriffen), deren Sprache ich nie ganz verstanden hatte.

Und selbst heute noch kann ich nur staunen bei der Vorstellung, dass genau zur selben Zeit, in einem anderen Teil von Patmos, in einem kleinen Haus an einer Bucht, an der ich auf meinem Weg nach Livádi vorbeigefahren war, die zukünftige Mutter meiner Kinder auf ihrer Terrasse saß und darüber nachgrübelte, was sie mit ihrem Leben anstellen wollte, jetzt, wo sie endlich auf diese Insel gefunden hatte, genau wie ich.

Danielle

Ich legte den Hörer auf. »Die Verbindung ist abgebrochen.«
»Was wollte Theológos von dir?«, fragte Danielle.
»Ach, nichts«, antwortete ich ausweichend. »Der verrückte Kerl will mir seine Taverne für den Sommer verpachten.«
Schnell machte ich mich auf den Weg zu meiner Arbeit.
Als ich am Abend heimkam, spürte ich dieses gewisse Kribbeln im Magen, das ich immer bekomme, wenn ich im Begriff bin etwas zu tun, das wider alle Vernunft ist, die ich noch besitze.
Theológos' Angebot ließ mich nicht mehr los. Doch Danielle dafür zu begeistern, stellte mich vor ein Problem.
Ihr Vater war, im Gegensatz zu meinem, ein Beispiel an Klugheit und Besonnenheit. Als Professor für Wirtschaftswissenschaften an der Universität in Aix-en-Provence trug er selbst am Wochenende einen korrekten Anzug, fuhr einen vernünftigen Mittelklassewagen und zog sich am Steuer Autohandschuhe an. Überschüssiges Geld legte er in Regierungsanleihen und todsicheren Blue-Chip-Aktien an. Danielles Mutter besaß einen Universitätsabschluss in Anthropologie. Sie hatte Portugiesisch gelernt und stand soeben im Begriff, nach Brasilien zu reisen, um die eingeborenen Indianer zu studieren, als sie diesen attraktiven jungen Juristen kennen lernte und in der Folge ihre Karrierepläne den seinen unterordnete. Ihre Tochter Danielle wiederum hatte pflichtschuldigst an der Sorbonne ein Jurastudium begonnen, doch eines Tages verkündete sie ihren verblüfften Eltern und fünf Geschwistern, dass sie eigentlich schon immer Malerin hatte wer-

den wollen. Ohne die Antwort ihrer fassungslosen Eltern abzuwarten, warf sie ihr Jurastudium hin und schrieb sich an der École des Beaux Arts ein.

Dort faszinierten sie die alten russischen Meister der Ikonenmalerei. Einen Sommer lang studierte sie ihre Techniken in einem russisch-orthodoxen Kloster in Südfrankreich. Um dem immer stärker werdenden Druck der Familie auszuweichen, die von ihr etwas Vernünftiges erwartete, reiste sie über Kreta, wo sie eine Zeit lang am Strand kampierte, nach Patmos, und zwar aus den gleichen Gründen wie ich – um herauszufinden, ob sie tatsächlich eine echte künstlerische Begabung hatte oder nur ein Dilettant war.

Als ich sie in jenem Sommer auf Patmos zum ersten Mal sah, saß sie gerade in einem Café am Hafen, in einer Seitenstraße. Sie war damals dreiundzwanzig Jahre alt, braun gebrannt, gertenschlank, trug natürlich keinen BH, hatte langes, mit goldenen Strähnen durchzogenes, kastanienbraunes Haar und grüne, fast mandelförmige Augen. Mit ihren Fingern, die vom Malen mit Farbe bekleckst waren, pickte sie sich Tabakkrümel von den Lippen und starrte gedankenverloren ins Leere. Es war Vormittag, und vor ihr auf dem Kaffeehaustischchen stand ein Glas Ouzo vermischt mit Wasser, weiß wie Milch. Sie war Französin, sie war geheimnisvoll, und mit ihrem offensichtlichen Wunsch, in Ruhe gelassen zu werden, hatte sie alle Männer der Insel in ihren Bann geschlagen. Nachdem ich sie nun gesehen hatte, durfte auch ich mich zu ihren Bewunderern zählen. Jedes Mal, wenn ich nun zum Hafen kam, suchte ich nach ihr, in der Hoffnung, mit ihr ins Gespräch zu kommen. Aber darauf musste ich warten, bis der Sommer schon fast vorüber war – und als sich dann tatsächlich die Gelegenheit ergab, war es der reine Zufall, der uns zusammenführte, oder, wenn man so will, das Schicksal. Typisch für diese unbeschwerte, ausgelassene Zeit, fand unsere Begegnung bei einem Fest in Theológos' Taverne statt, wo wir den aberwitzigen Versuch unternahmen, auf dem Wasser zu gehen. Aber davon erzähle ich später.

Danielle jedoch hatte sich seit damals ziemlich verändert. Der Wandel hatte während ihrer ersten Schwangerschaft begonnen. Sobald Sarah unterwegs war, hatte es ein Ende mit dem gelegentlichen morgendlichen Glas Ouzo. Auch die Zigaretten wurden gestrichen, zumindest solange sie schwanger war. Und das Wort »Pflicht« schlich sich immer häufiger in ihr Vokabular ein, wie in: »Wir wollten die Kinder ja schließlich haben, und jetzt ist es unsere Pflicht, für sie zu sorgen.«

Als ich ihr nun gestand, wie verlockend Theológos' Angebot für mich war, redete sie nicht lange um den heißen Brei herum.

»Du spinnst ja.«

Ich hatte jedoch meine Argumente parat, die ich mir zurechtgelegt hatte, seit ich am Nachmittag zur Arbeit gegangen war.

Der mögliche finanzielle Gewinn könnte traumhaft sein, erklärte ich ihr. Ich erzählte ihr von meinen Freunden auf Mykonos, die in einem einzigen Sommer so viel verdient hatten, dass es für das ganze restliche Jahr reichte, und die ihr Anfangskapital mindestens verdreifacht hatten. Wenn wir im Sommer drei Monate hart arbeiten würden, könnten wir die restlichen neun Monate malen oder schreiben, ganz wie es uns gefiele. Es schien die perfekte Lösung für uns zu sein. Zumindest war es viel besser, als in dieser öden Sprachenschule zu schuften oder serienweise Ikonen für Touristen zu fabrizieren.

Sie sah mich lange an. »Patmos ist aber nicht Mykonos.«

»Mit dem neuen Hafen könnte es aber vielleicht so werden.« Ich erinnerte sie an unseren letzten Sommer dort, als die Touristen die Insel förmlich überschwemmt hatten und man in Theológos' Taverne nur mit Mühe einen freien Tisch bekam.

»Im Juli und August vielleicht«, warf sie ein, »aber nicht in den restlichen Sommermonaten. Und auch nur tagsüber. Was willst du an den Abenden machen? Es gibt keine Busverbindung, und zum Hafen sind es acht Kilometer. Ich kenne Mykonos. Das große Geschäft machen die dort abends.«

»Wenn wir die Taverne zum besten Restaurant der Insel machen«, entgegnete ich, »– und das dürfte nicht weiter schwierig sein –, dann werden die Leute schon zu uns kommen.«

Wir hätten praktisch keine Konkurrenz zu fürchten. Alle anderen Restaurants in Skála und Chóra waren typisch griechische Lokale, die tagaus, tagein die gleichen langweiligen Gerichte servierten, lauwarme *moussaká*, *pastítsio* und *tomátes jemistés*, die vor Öl oder billigem Speisefett trieften, das schon auf dem Weg zum Mund auf der Gabel erstarrte. Im Geist stellte ich bereits meine Speisekarte zusammen: Ich würde natürlich meine Renner servieren, mit denen ich bei meinen privaten Einladungen stets Eindruck bei meinen Gästen gemacht hatte – Spaghetti alla carbonara (Seite 250), Pfeffersteak (Seite 258), Chinesisches Huhn mit Gurken (Seite 264), Muschel-Paella (Seite 248) …

»Und unsere Schweizer Franken?«, entgegnete Danielle.

Die waren ihre größte Sorge: Um die Schöne Helena zu pachten, würden wir kostbare ausländische Währung aus dem Verkaufserlös unseres Hauses in griechische Drachmen umwechseln müssen. Wollten wir das wirklich? Und was würden wir mit unserem Gewinn anstellen, falls wir tatsächlich welchen machten? Griechische Drachmen waren in der übrigen Welt nahezu wertlos, und innerhalb Griechenlands konnte man sie nur für einen Bruchteil ihres Wertes umtauschen.

Draußen vor dem Fenster fiel ohne Unterlass der Regen, und das Prasseln der dicken Tropfen hallte in den engen, nassen Straßen von Rethymnon wider. All die bitterkalten Winternächte in unserem Bauernhaus in Livádi, in denen wir fröstelnd zwischen klammen Laken und Bettdecken gelegen hatten, waren vergessen. In meiner Erinnerung war auf Patmos ewig Sommer.

»Wir brauchen nur ein einziges Mal zu investieren«, argumentierte ich. »Danach können wir die Pacht für das nächste Jahr mit den Drachmen bezahlen, die wir im Sommer zuvor eingenommen haben. Und von dem Rest leben wir im Winter. Wenn wir einigermaßen vernünftig wirtschaften, könnte es klappen. Auf Jahre hinaus!«

Neben meiner imaginären Speisekarte sah ich auch schon die zahlreichen Artikel vor mir, die man über uns in Magazinen wie *Travel & Leisure* und *Gourmet* schreiben würde, und stellte mir die teuren Yachten vor, die in der Bucht vor unserem Restaurant vor Anker gehen würden. »Ja«, hörte ich den einen oder anderen Besitzer sagen, »wir haben viel von Ihnen gehört und sind eigens wegen Ihres Restaurants von Mykonos hierher gesegelt.«

Ich deutete auf den primitiven Arbeitsplatz, den Danielle sich an einer Wand unseres Schlafzimmers eingerichtet hatte. Eine Spanplatte auf zwei Sägeböcken, die kaum Platz bot für das Sammelsurium an Farbdosen, Fläschchen und Tuben, die Pinsel, Lösungen und diversen Farbpuder, die sie für ihre Arbeit brauchte. Auf dem Fußboden stapelten sich wurmstichige Holzbretter, vom Meer angespültes Treibgut, neben alten Holzstücken, die sie in irgendeinem Hinterhof aufgestöbert hatte, alte Bodendielen aus Abbruchhäusern, aus denen krumme rostige Nägel schauten, die erst mühsam herausgezogen werden mussten, bevor sie mit dem Bemalen beginnen konnte. Auf dem Wandbord über dem Tisch stand eine Reihe von Ikonen, an denen Danielle gerade arbeitete – der heilige Georg mit dem Drachen, der Erzengel Michael, der thronende Christus Pantokrator, die Jungfrau mit dem Kind, der heilige Johannes – und warteten auf die letzte Lackschicht, die ihnen ein antikes Aussehen verleihen würde, ehe Danielle sie in die Souvenirläden tragen konnte, wo das stets unangenehme, bisweilen sogar hässliche Feilschen über den Preis und den Zeitpunkt der Bezahlung begann. In einer anderen Ecke des Schlafzimmers stand die elegante tragbare Staffelei, die ich meiner Frau von einem extravaganten Kurztrip nach New York mitgebracht hatte, den ich mir in der freudvollen Erwartung des Verkaufs meines zweiten Romans geleistet hatte. Sie war noch nie benutzt worden.

»Möchtest du auf die Dauer so weitermachen?«, fragte ich.

»Es stört mich nicht.«

»Und was ist mit eigenen Bildern?«

Sie zuckte die Achseln. »Wir müssen schließlich für die Kinder sorgen.«

Die letzten zweieinhalb Jahre waren wir durch einen wahren Sumpf enttäuschter Hoffnungen gewandert, hatten uns sogar des Öfteren bang gefragt, woher wir das Geld für die Miete nehmen sollten. Ursprünglich waren wir nach Rethymnon auf Kreta gezogen, damit Danielle dort unser zweites Kind zur Welt bringen konnte. Doch einen Tag nach seiner Geburt bekam ich einen Brief meiner Agentin aus New York, in dem sie mir mitteilte, dass sie für meinen zweiten Roman keinen Verlag finden könne. Mit dieser Hiobsbotschaft fiel unser gesamtes finanzielles Gerüst wie ein Kartenhaus zusammen.

Um den restlichen Sommer überleben zu können, nahm ich einen Job als Kellner und Gelegenheitskoch in einem winzigen Restaurant mit gerade sechs Tischen an. Der Besitzer, Socrátes, zahlte mir fünf Dollar am Tag aus den Trinkgeldeinnahmen plus freie Mahlzeiten für die Familie. Eines Tages bot mir einer unserer kretischen Gäste einen Job als Englischlehrer in seiner privaten Sprachenschule an. Wir kehrten noch einmal nach Patmos zurück, um unsere Habseligkeiten zusammenzupacken. Als wir unser letztes Geld zusammenkratzen mussten, damit wir überhaupt nach Rethymnon zurückreisen konnten, wurde uns schlagartig bewusst, dass es nun aus und vorbei war mit unserem siebenjährigen Idyll auf Patmos, dass wir, jetzt, da wir zwei Kinder zu versorgen hatten (eines war überdies bereits schulpflichtig), nicht auf dieser Insel bleiben sollten, ja, nicht einmal bleiben konnten, selbst wenn wir genug Geld gehabt hätten. Kurze Zeit später boten wir unser Bauernhaus zum Verkauf an. Wir hatten fast zwei Jahre lang gearbeitet, um es zu renovieren, und gerade mal neun Monate darin gewohnt.

Aber der Abschied war zu abrupt gekommen, der Faden, den das Schicksal für uns auf Patmos gesponnen hatte, schien noch nicht ganz zu Ende. Ich jedenfalls brauchte einen deutlichen Abschluss. Wenn wir die Taverne pachteten, wäre ich in der Lage, meinen speziellen Traum, sozusagen in einer letzten großen Geste, doch noch in Erfüllung gehen zu lassen. Der Sommer dort würde uns – würde mir – die Gelegenheit geben, mich gleichsam in einer gigantischen sommerlangen Abschiedsparty in der Schönen Helena von der Insel zu verabschieden.

Und außerdem waren da noch diese fünfundzwanzigtausend Dollar aus dem Verkauf unseres Hauses, die auf einem Schweizer Bankkonto lagen. Vor einem Monat war das Geld dort eingezahlt worden, und seitdem zerbrach ich mir den Kopf darüber, wie ich es am sinnvollsten anlegen sollte.

»Geld muss man arbeiten lassen«, sagte ich zu Danielle. »Wenn es auf der Bank liegt, brauchen wir es nach und nach auf, bis nichts mehr davon übrig ist. Wir müssen risikobereit sein, dann machen wir auch Gewinn.«

»Aber siebentausend Dollar!«

»Ich werde Theológos sagen, dass ich die Taverne für diese Summe nicht pachten kann. Ich werde ihn runterhandeln.«

Danielle schaute aus dem Fenster auf den Regen, auf die regennasse Straße, auf der sich das Licht der Straßenlaternen widerspiegelte, schaute auf ihre farbbefleckten Finger und wandte sich schließlich mir zu. Matt und Sara schliefen im Zimmer nebenan.

»Nun ja«, seufzte sie, »es ist schließlich dein Geld.« Dann huschte plötzlich ein Lächeln über ihr Gesicht. »Aber denk immer daran, warum sie ihn ›*O Ladós*‹ nennen.«

Ich hatte es nicht vergessen.

Ladó ist der Wortstamm des griechischen Wortes für Öl. *Ladí* heißt Öl, ganz egal, ob es sich um Motorenöl, Olivenöl oder sonst ein Öl handelt. In Livádi erzählte man sich, dass Theológos im zarten Alter von fünf Jahren Olivenöl von seiner Mutter klaute und versuchte, es im Kramladen des Ortes in Süßigkeiten einzutauschen. Bis zum heutigen Tag, gut fünfundfünfzig Jahre später, hieß er bei den anderen Inselbewohnern immer noch »*O Ladós*«, »der Ölige«.

O Ladós

Ich erinnere mich genau an den Tag, an dem ich Theológos zum ersten Mal begegnet war, jenen Nachmittag vor neun Jahren, als Euripides mich mit dem Taxi nach Livádi gefahren hatte.

Theológos pinselte gerade die letzte Schicht Farbe auf sein blau-weißes *kaíki*, die *Pandora*, das er auf dem Strand vor seiner Taverne aufgebockt hatte. Ein zerbeulter Panamahut saß verwegen auf seinem Kopf, und zu beiden Seiten seines grau melierten Clark-Gable-Schnurrbärtchens wucherten wilde Bartstoppeln. Er hatte die Hose bis zu den Knien hochgerollt, und ein schmutziges, schweißnasses Unterhemd bedeckte seinen haarigen, etwas plumpen Oberkörper. Gesicht, Hals und Oberarme waren sonnengebräunt, während sein übriger Körper und die dünnen Beine in jungfräulichem Weiß erstrahlten.

Als Euripides mit seinem *aeropláno* zu einer staubigen Landung neben der Taverne ansetzte, drehte sich Theológos zu uns um, blickte auf und taxierte mich, während ich ausstieg, mit einem einzigen Blick seiner flinken braunen Augen. Es ist nicht schwer, sich vorzustellen, was er damals von mir gedacht haben muss: so ein Relikt aus den Sechzigerjahren, ein Spät-Hippie mit längeren blonden Haaren, ausgebleichten Levis-Jeans und nagelneuen Sandalen aus Mykonos. Andererseits konnte ich so abgerissen wiederum nicht sein, denn immerhin hatte ich das nötige Kleingeld, um mir ein Taxi leisten zu können. Als erster Tourist, der in diesem Sommer den Weg zum Strand von Livádi gefunden hatte, war ich außerdem eine willkommene Abwechslung und verdiente allein schon deswegen seine Aufmerksamkeit.

In Windeseile hatten seine beiden Söhne Sávas, sechs Jahre alt, und Lámbros, fünf, beide mit auffallend blanken Augen, einen Tisch und Stühle unter dem riesigen Tamariskenbaum für uns aufgestellt, der damals der Terrasse vor der Taverne Schatten spendete. Seine Tochter, die elfjährige Theodóra, wischte scheu den Tisch ab und beobachtete uns dabei verstohlen aus den Augenwinkeln. Theológos verschwand im Innern der Taverne, und die drei Kinder brachten eine Karaffe mit Ouzo, Gläser und Tellerchen mit verschiedenen *mezédes* – Weißbrot, harte Eier, Oliven, *dolmádes* (gefüllte Weinblätter) aus der Dose und in Salz eingelegte Tunfischstückchen, *lakérda* genannt. Theológos' Frau Eléni blieb in ihrer Küche und war nur verschwommen hinter den vergilbten Plexiglasscheiben zu erkennen, die die Terrasse außerhalb der Touristensaison vor den Winterstürmen schützten. Dann kam Theológos zurück, diesmal in einem sauberen weißen Hemd, gesellte sich zu uns und trank mit uns Ouzo. Seine Hände hatte er zwar gewaschen, aber sie waren noch voller blauer Farbspritzer.

Auf den ersten Blick war klar, dass Theológos kein simples Landei war. Wenn er auch nicht unbedingt sehr weltmännisch wirkte, so war er doch offensichtlich herumgekommen. Er sei Kapitän gewesen, erzählte er in seinem primitiven Englisch, auf einem Frachter, der die sieben Weltmeere durchfahren habe, von Amsterdam nach Macao bis Südamerika und zurück. Und in den Vereinigten Staaten sei er auch gewesen. »Hooston«, verkündete er stolz. »Galveston.«

Euripides warf mir einen fragenden Blick zu, sagte »pardon«, und dann begann er auf Griechisch eine wortgewaltige Unterhaltung mit Theológos, die mich an das Rattern eines Maschinengewehrs erinnerte. Anschließend betrachtete Theológos mich mit neu erwachtem Interesse.

»Häuser nicht«, sagte er. »Zimmer, okay. Ich kann dir ein Zimmer vermieten, aber ein Haus, nein.«

In einer fragenden Geste breitete ich meine Arme weit aus. Zu meiner Rechten und Linken standen entlang der Straße kleine Häuser, die Fenster mit Läden verschlossen, die Gärten mit Unkraut überwuchert, der ehemals strahlend weiße Kalkanstrich fleckig und grau. Sie sahen aus, als hätte seit dem Zweiten Weltkrieg niemand mehr darin gewohnt. »Viele Häuser«, sagte ich. »Aber sie sind leer.«

Theológos lächelte. Dann führte er uns hinunter an den Strand, von wo aus wir die gesamte Straße überblicken und durch die Bäume nach hinten ins Tal sehen konnten. All diese leer stehenden Häuser, so erklärte er, gehörten Familien von Einheimischen, die immer im Sommer aus Chóra, aus Athen, ja sogar Australien anreisten, um den Sommer in Livádi zu verbringen, seit Jahren, Jahrzehnten schon. Und selbst wenn sie einmal verhindert wären, würden sie ihr Haus niemals an Fremde vermieten. Wie etwa die Familie Comnénus, Nachfahren einer Linie oströmischer Kaiser. Nur zwei Angehörige dieser Familie lebten noch in Chóra, ein betagtes Geschwisterpaar. Seit dem neunzehnten Jahrhundert besaß die Familie hier in Livádi ein Sommerhaus, aber die Nachkommen nutzten es nicht mehr und hatten es trotzdem noch nie vermietet.

Hatte denn die innere Stimme, die mir so eindringlich »Dort!« zugeflüstert hatte, Unrecht gehabt?

Ich blickte weiter zurück landeinwärts, und auf einmal entdeckte ich mitten im Tal auf einem Felsvorsprung, kurz bevor der Hügel zum Dorf anstieg, ein kleines, ebenerdiges Haus, das wohl nur aus zwei Zimmern bestand. Es hatte an der Vorderfront eine Terrasse, und seine Fensterläden waren geschlossen. Ich hörte es förmlich rufen: »Ich gehöre dir.«

Sogleich machte ich Theológos auf das Haus aufmerksam, das so unübersehbar auf seinem kleinen Hügel thronte, von beiden Seiten von üppigen Feigenkakteen begrenzt.

»Und dieses Haus dort?«, fragte ich.

»Nein«, sagte Theológos mit Entschiedenheit. »Das ist eine *príka*, eine Mitgift, und die Tochter kommt mit Mann und Kindern jedes Jahr aus Athen für zwei Monate hierher. Unmöglich.«

Euripides nickte zustimmend.

Ich muss wohl sehr enttäuscht dreingeblickt haben, denn Theológos schlug mir herzhaft auf die Schulter und lud mich zu einem weiteren Ouzo auf Kosten des Hauses ein. »Ich vermiete dir ein Zimmer für nur elfhundert Drachmen im Monat.« Er wies auf die Stelle, wo die Straße hinauf zum Dorf eine Kehre machte. »Dort oben. Nicht weit zum Strand. Na, was sagst du dazu?«

Ich schaute Euripides an. Sein eben noch so lebendiges Gesicht wirkte nun wie versteinert.

Rasch rechnete ich die Summe im Kopf um, immerhin zweiunddreißig Dollar im Monat! Und außerdem wollte ich ein Haus. Und zwar dieses bestimmte Haus auf dem kleinen Hügel. Ich sagte Theológos, ich würde ihm am nächsten Tag Bescheid geben.

Als Euripides und ich später zusammen zum Dorf hinauffuhren, meinte dieser, Theológos wolle mich übers Ohr hauen, tausend Drachmen seien viel zu teuer. Er, Euripides, habe ein Zimmer in Skála, das er mir für nur siebenhundertfünfzig im Monat vermieten würde. Ich entgegnete, ich wolle unbedingt hier in Livádi wohnen, würde mich morgen weiter umsehen, und dann könnten wir noch einmal darüber reden.

Von der Straße aus sah ich noch einmal zu meinem Haus zurück, aber jetzt stand es verschlossen und einsam auf seinem Hügel, kehrte mir den Rücken zu und blickte zum Meer hinaus, auf das sich die Abenddämmerung senkte.

Feilschen

Für die Griechen ist das Feilschen so natürlich wie das Atmen. Sie brauchen es zum Leben. Es ist wie Sauerstoff für ihre Selbstachtung, und sie scheinen von Geburt an darin versiert zu sein. Das Erbe, auf das sie sich in dieser Hinsicht berufen können, ist wahrlich Respekt einflößend. Denken wir doch nur an Sokrates und seine Dialoge. Wenn auch seine Themen einem philosophischen Anliegen entspringen, so ist es doch eigentlich das Feilschen, was ihm am Herzen liegt. Er und sein Gesprächspartner beginnen mit einer anscheinend vernünftigen These, der beide zustimmen können, aber wenn Sokrates dann endlich mit seinem Kontrahenten fertig ist, hat er dem armen Mann gründlich das Fell über die Ohren gezogen, und damit nicht genug, denn der arme Kerl *bedankt* sich auch noch dafür. Füge man dieser Kunst noch die geistige Beweglichkeit und Überlebensinstinkte hinzu, die vierhundert Jahre Besatzung durch die osmanischen Türken geschärft und vervollkommnet haben (von den gerissenen levantinischen Geschäftspraktiken *dieser* Gruppe ganz zu schweigen), dann hat man ein Volk vor sich, mit dessen Söhnen (und Töchtern) man sich auf keinen Fall auf einen Disput einlassen sollte, auch wenn es dabei nur um den Preis einer Ansichtskarte geht.

Uns Amerikaner hingegen – jedenfalls die solide amerikanische Unter- und Mittelschicht, die unserer Fahne die Treue geschworen hat und sich an das *Cherry Tree Principle of Conduct* hält, jenen auf George Washington zurückgehenden Ehrenkodex »Ich kann nicht lügen« – versetzt das Feilschen in Angst und Schrecken. Wir möchten, dass alles von Anfang an offen und ehrlich auf dem Tisch liegt. Wie viel wollen Sie dafür haben? Nennen Sie den Preis, und bringen wir das Geschäft hinter uns. Ich kaufe es, oder ich lasse es sein. Ich habe keine Zeit für Spielchen. Ich habe noch viel zu tun.

Wenn die Griechen hingegen ein Geschäft tätigen, dann setzen sich die beiden Partner erst einmal hin, rauchen eine Zigarette und trinken ein Tässchen Kaffee. Sie zelebrieren das Geschäft. Sie wollen jede Sekunde davon *auskosten*. Es ist, als wäre man in einem Hinterzimmer mit einer Kobra eingesperrt. Man darf sich nur ganz langsam und vorsichtig bewegen.

Am nächsten Morgen, nachdem Theológos mir telefonisch sein Angebot gemacht hatte, schlug Danielle vor, ich solle unsere Freundin Melyá in Athen anrufen und sie um Rat fragen.

»Vielleicht will sie sich sogar an dem Geschäft beteiligen«, meinte Danielle.

Diese Idee war so großartig, dass ich sie sogleich als die meine betrachtete. Melyá hatte viel Geld zur Verfügung. Ihr Exehemann besaß riesige Weinfelder in der Nähe von Athen und war einer der renommiertesten Wein- und Ouzo-Erzeuger des Landes. Obwohl er ihr nur höchst ungern mehr Geld gab, als im Scheidungsvertrag vereinbart, hatte er ihr doch mehrmals bei Investitionen geholfen, die, so hoffte er, sie eines Tages auf Dauer finanziell unabhängig von ihm machen würden.

Melyá und ich waren befreundet, seit ich zum ersten Mal nach Griechenland gekommen war. Als Mitglied der griechischen Oberschicht hatte sie es doch geschafft, völlig frei von jener grenzenlosen Arroganz zu sein, die dieser Gruppe normalerweise anhaftet. Sie verkehrte gern in Künstlerkreisen, und ich hatte sie durch Dick, meinen Maler-Freund, kennen gelernt. Später hatte sie mir geholfen, mich in dem zunehmenden Wirrwarr um den Erwerb unseres Bauernhauses zurechtzufinden. Um das Gesetz zu umgehen, das Ausländer von jeglichem Grunderwerb in Griechenland ausschloss, hatte sie uns gestattet, ihren Namen auf der Übertragungsurkunde zu verwenden, und hatte im Verlauf dieser Transaktion ein Grundstück für sich selbst und ihre Söhne von derselben Familie gekauft.

Melyá war eine zierliche, attraktive, blonde Mittvierzigerin, trug nur selten Make-up und zog den schicken Jeeps, die ihre Söhne nach Patmos brachten, ein billiges Motorrad vor, mit dem sie wie die Einheimischen auf der Insel herumkurvte.

Im Verlauf unserer Bekanntschaft hatten Melyá und ich immer wieder davon geträumt, irgendwo auf der Insel ein Restaurant oder eine Bar zu eröffnen. Beide liebten wir es, den Großteil eines jeden Tages mit der detaillierten Planung, sorgsamen Vorbereitung und liebevollen Zubereitung des Abendessens zu verbringen, und wenn wir beide uns zusammentaten, so würde bestimmt etwas Himmlisches dabei herauskommen. Sie war auf der Insel als Respektsperson anerkannt und konnte daher mit Theológos auf einer Ebene verkehren, die mir verschlossen blieb, ja deren Ausmaß ich nicht einmal ahnte.

Als ich ihr nun von seinem Pachtangebot erzählte und ihr vorschlug, meine Geschäftspartnerin zu werden, war Melyá sofort Feuer und Flamme.

»Oh, *Thomáki*, das ist ja fantastisch! Du kannst deine wunderbaren Gerichte kochen, und wir beide sind die Gastgeber und veranstalten Partys mit Musik und Tanz! Ich hole Leute aus Athen her und unsere Freunde aus London und Paris und der Schweiz und München und Wien. Wir werden berühmt werden, und wir werden ein *Vermögen* machen, das garantiere ich dir! *Thomáki*, ich danke dir! Küsschen! Und grüß Danielle und die Kinder!«

Ich versprach ihr, gleich am nächsten Morgen Theológos anzurufen und die Sache perfekt zu machen. Wir beide würden zusammen seine Taverne pachten.

»Okay, Thomá«, sagte sie, »aber lass dich nicht übers Ohr hauen. Er ist sehr *ponirós*, schlau und gerissen, wie eine Schlange. Soll ich nicht lieber mit ihm telefonieren?«

»Nein, nein, ich mache das schon.«

»Okay. Wenn du meinst ...«

Am nächsten Tag rief ich Theológos an, der keine Sekunde zögerte, als ich Melyá als Partnerin vorschlug.

»Nein«, erklärte er kurz und bündig. »An Melyá verpachte ich nicht.«

Den eigentlichen Grund dafür wollte er mir nicht nennen. Sie sei eben nicht die richtige Person, meinte er. Dann ließ er durchblicken, dass eine Menge gegen sie spräche. Erstens sei sie eine Frau, zweitens eine reiche, ahnungslose Dilettantin, und drittens eine *xéni*, eine Fremde aus Athen. Aber er sprach diese Dinge nicht deutlich aus. Er überließ es mir, sie zu erraten.

Ich entgegnete, Melyá sei eine Freundin, der ich vertraute und die mir helfen würde.

»Gut«, antwortete Theológos, »dann sucht ihr beide euch doch ein anderes Lokal. Meins bekommt ihr nicht.«

Seine eisige Sturheit überraschte mich. Über die Jahre hinweg hatten Melyá und ich unzählige Nachmittage und Abende in seiner Taverne verbracht, hatten lachend und trinkend mit ihm zusammen an einem Tisch gesessen, sie, die Societylady aus Athen, er, der Bauer aus Livádi, ich, der amerikanische Schriftsteller, hatten uns verbunden gefühlt in diesem zwanglosen, unbeschwerten Freiraum, den die Ägäis gewährt, in diesem wunderbaren, intensiven griechischen Licht, das alle gleich macht.

Funkstille auf beiden Seiten. Ich wusste nicht, was ich sagen sollte.

»Hör zu«, brach Theológos schließlich das Schweigen. »Wenn du nicht genug Geld hast, wenn du unbedingt einen Partner brauchst, finden wir schon eine Lösung.«

»Wie –?«

»*Ich* könnte dein Partner sein.«

»Aber ich dachte, du willst nicht –«

»Stimmt. Es ist zu viel Arbeit, jedenfalls für jemanden in meinem Alter.«

Er war Ende fünfzig, sah aber jünger aus, denn er besaß die Gabe vieler griechischer Männer, wesentlich langsamer zu altern als ihre Frauen.

»Aber ich könnte die Einkäufe erledigen«, fuhr er fort. »Ich kann mit meinem Boot sogar bis nach Athen fahren, wenn du willst. Uns wird nicht passieren, dass das Bier oder der Wein ausgeht, wie das in anderen Tavernen so oft der Fall ist. Weißt du noch?«

Natürlich wusste ich noch, nur allzu gut. Die Panik, die uns regelmäßig während der letzten geschäftigen Sommerwochen befallen hatte, trieb sogar gelegentlich Touristen unter den Gästen, mich eingeschlossen, dazu, ein Boot zu mieten und zu anderen, nahe gelegenen Inseln zu fahren, um etwas Trinkbares, natürlich Alkoholisches, aufzutreiben. Wie das restliche Griechenland hatte auch Patmos sich nie ausreichend selbst versorgen können. In dem Erlass, in dem der byzantinische Kaiser die Insel einst dem Kloster geschenkt hatte, wurde sie beschrieben als »zerstörtes Eiland, mit Dornen und Gestrüpp überwuchert, unbewohnt und so trocken, dass kein Grashalm auf ihr wächst«. Trotz der modernen

Fassade hatte sich Patmos, selbst mit dem neuen Hafen, seit damals im Grunde kaum verändert. Während der deutschen Besatzung im Zweiten Weltkrieg, als die Insel für fast zwei Jahre von der äußeren Versorgung abgeschnitten war, waren viele Inselbewohner den Hungertod gestorben, und die wenigen Überlebenden hatten sich von tierischen Produkten und verschiedenen Sorten *chórta* (Seite 273) ernährt, wild wachsenden, oft bitter schmeckenden Kräutern, die heute als Besonderheit auf der Speisekarte stehen. Diese Jahre hatten sich der Bevölkerung von Patmos als *megáli píena*, der große Hunger, ins Gedächtnis eingebrannt, und die Art und Weise, in der mancher Überlebende von damals immer noch alles irgendwie Brauchbare hortete, war für einen Außenstehenden oft peinlich und schwer zu begreifen.

»Aber bei uns wird nie etwas knapp werden«, fuhr Theológos fort, »weil ich selbst alles, was wir brauchen, vom Festland hole. Du musst dich nur um die Taverne kümmern, zusammen mit Démetra und meinen Söhnen. Sie werden dir beim Kochen und Bedienen helfen. Und du zahlst mir nur die Hälfte der Pacht – einhundertfünfzigtausend Drachmen. Einverstanden?«

Es war erstaunlich, wie schnell er diese Lösung aus dem Ärmel geschüttelt hatte. Als hätte er sie vor seinem ersten Angebot, mir die Taverne allein zu verpachten, schon parat gehabt.

Nichtsdestotrotz war dies für mich keine leichte Entscheidung. Wie sollte ich es Melyá beibringen? Andererseits hatte ich mich bereits an den Gedanken gewöhnt, eine Taverne zu führen, sah mich schon in der Küche mit der Küchenmaschine von Cuisinart hantieren, die ich mir zulegen wollte, schnitt bereits Gurken in hauchdünne Scheiben für mein chinesisches Hühnergericht. Dies alles aufzugeben, nur um Melyá nicht zu enttäuschen, war zu viel verlangt. Schließlich war sie meine Freundin. Sie würde mich schon verstehen.

Melyás Reaktion darauf war sogar noch eisiger als Theológos' Unbeugsamkeit. Sie habe das Gefühl, ich hätte sie verraten, warf sie mir vor. Ich versuchte ihr zu erklären, wie sehr mir dieses Angebot gelegen kam und wie unnachgiebig Theológos sie als Partner abgelehnt hatte. »Er ließ sich um nichts auf der Welt umstimmen. Ich glaube, er hat Angst vor dir.«

»Klar hat er das.«

»Es tut mir Leid. Aber ich kann diese Gelegenheit nicht einfach sausen lassen.«

Es entstand eine lange Pause.

»Okay, *Thomáki*«, sagte sie schließlich, und ihre Stimme wurde etwas weicher. »Aber sei vorsichtig. Denk daran, was man über die Griechen sagt, die einem ein Geschenk machen.«

»Du und Danielle, ihr beide seid zwei richtige Kassandras.«

»Das war Laokoon, der das über die Griechen gesagt hat. Aber das ist egal; Kassandra hat auch gewarnt. Entscheidend ist, Thomá, dass man weder ihr noch ihm geglaubt hat.«

»Ich werde deine Warnung nicht vergessen.«

»Das hoffe ich.«

Die Griechen hegen seit alten Zeiten ein tiefes Misstrauen gegenüber ihren Mitbürgern, das sich im rücksichtslosen Überlebenskampf während der türkischen Besatzung noch weiter verfestigte. Es ist eine Art Gefängnismentalität, bei der man nur den allerbesten Freunden und der Familie traut – und wenn es brenzlig wird, vielleicht nicht einmal ihnen. Zudem sind die Griechen aufgrund ihrer Erfahrungen in der Vergangenheit zutiefst davon überzeugt, dass sie mit höchster Wahrscheinlichkeit dazu verdammt sind, diese zu wiederholen. So erhebt zum Beispiel der Trojanische Krieg seit dem zweiten Jahrtausend vor Christus immer wieder sein hässliches Haupt. Dies war unlängst erst wieder im Kosovo zu sehen, wo die griechische Unterstützung für die Serben nur diejenigen überraschte, die nicht erkannten, dass es den Griechen in Wirklichkeit darum ging, den Islam und die Türken (die ehemaligen Trojaner) daran zu hindern, in Europa weiter Fuß zu fassen.

Die Paranoia des Misstrauens ist demnach nichts anderes als eine jahrhundertelang gehegte und gepflegte Überlebensstrategie;

fest verankert in der griechischen Mentalität lässt sie böse Vorzeichen und Ränkespiele selbst in den unschuldigsten Handlungen argwöhnen, überzeugt, dass das Verhängnis – sei es eine Fügung des Schicksals, sei es ausgelöst durch internationale Verschwörungen und/oder die Barbaren aus dem Osten – jeden Moment über einen hereinbrechen kann.

Aus diesen Gründen würde sich Melyá niemals restlos davon überzeugen lassen, dass ich nicht hinter ihrem Rücken mit *O Ladós* gegen sie intrigiert hatte, und das verhieß für unsere Freundschaft in der Zukunft wahrhaft nichts Gutes.

Andererseits wollte ich mich nicht von irgendwelchen abstrusen Verdächtigungen beeinträchtigen lassen, noch ehe ich überhaupt in dieses Geschäft eingestiegen war.

Daher nahm ich zwar pflichtschuldig alles zur Kenntnis, was Laokoon und Kassandra über die Griechen, die einem Geschenke machen, je gesagt hatten und konnte doch nicht die wunderbaren ausgelassenen Zeiten mit Theológos in der Schönen Helena vergessen, die ich in den vergangenen neun Jahren erlebt hatte.

Am liebsten erinnerte ich mich natürlich an das Dorffest, auf dem Danielle und ich uns endlich näher gekommen waren, nachdem wir uns einen Sommer lang vorsichtig beäugt hatten. Seit damals hatte Theológos bei jeder sich bietenden Gelegenheit allen stolz erzählt, inwiefern er zu unserer Verbindung beigetragen hatte; als wäre er eine Art *kumbáros*, unser Trauzeuge, nur weil er zufällig das Lokal besaß, wo vor aller Augen unsere Liebesbeziehung begonnen hatte.

Nicht zuletzt verband Theológos und mich natürlich noch das Schwein, das wir jedes Jahr im Oktober geschlachtet und miteinander geteilt hatten. Dieser Akt hatte, einem Ritus gleich, unsere Bande (mit richtigem Blut) besiegelt. Zudem hatte dieses Schwein es mir endlich ermöglicht, meine ganz speziellen Spaghetti alla carbonara zuzubereiten, ein Gericht, das ich Danielle gleich zu Beginn unserer Liebesbeziehung versprochen hatte. Jene unter Ihnen, die wie ich gerne kochen, werden verstehen, wie bedeutungsvoll dieses Versprechen war. Besonders, da ich es der Frau gegeben hatte, die ich liebte.

Theológos' Schwein

Wenn das Kochen eine Art Vorspiel ist (und in meinen Augen ist es das), dann sollte man zum Auftakt einer neuen Liebesbeziehung am besten Spaghetti alla carbonara servieren, eine Speise, die mit ihrem pikanten Raucharoma und ihrer cremig-samtigen Üppigkeit für ein Liebesmahl geradezu prädestiniert ist – nur Lychees in Zuckersirup können da eventuell mithalten.

Wenigstens handhabte ich das so zu Hause in den Vereinigten Staaten, wo alles, was ich für dieses Gericht brauchte, immer zur Hand war. In Griechenland sah die Sache anders aus. Und das galt besonders für Patmos, wo wegen der jahrelangen Armut, Wasserknappheit und der traditionsgemäßen strengen Einhaltung kirchlicher Fastenzeiten die Ladenbesitzer ihrem Warenangebot mit ziemlicher Gleichgültigkeit gegenüberstanden.

Wenn zum Beispiel die langen vorösterlichen Passionswochen näher rückten, fingen die Metzger bereits kurz nach Neujahr und dem sehr verhalten gefeierten Karneval damit an, ihre Kühlräume nach und nach leer zu räumen und sie bis Ostern in diesem desolaten Zustand zu belassen. Mit dem Fleisch verschwanden auch all die anderen tierischen Produkte – Eier, Milch, Käse – sowie sämtliche Meeresfrüchte, die Blut enthielten: alle Fische mit Ausnahme von Tintenfischen, Kraken, Krabben und (Gott sei's gedankt) Hummer. Selbst die Gefriertruhen wurden während der Fastenzeit geräumt. Dafür kasteite sich ein Großteil der patmischen Bevölkerung damit, am Karfreitag nur Essig, manchmal sogar mit Spinnweben vermischt, zu sich zu nehmen, um so das Leiden Christi besser nachvollziehen zu können.

Ein Ort für kulinarische Schatzsuche war Patmos also gewiss nicht.

Doch selbst in Athen war es in jenen Tagen schwierig, Zutaten, die Sie und ich als selbstverständlich betrachten, aufzutreiben, so zum Beispiel Butter, geräucherten Speck und Brühwürfel, ganz zu schweigen von Sojasoße und Currypulver.

Doch gerade wegen der Bemühungen, die man auf sich nahm, um einen Ersatz für diese Zutaten zu finden oder zu erfinden, erhob man sich oft in ungekannte Höhen kulinarischer Kreativität, oder aber man stürzte in einen tiefen Abgrund der Verzweiflung, den man in der zivilisierten Welt gemeinhin mit einem zusammengefallenen Soufflé oder dem plötzlichen Gerinnen einer bis dahin perfekt anmutenden Sauce hollandaise in Verbindung bringt.

Meine Spaghetti alla carbonara waren eine Kombination der verschiedensten Versionen dieses Gerichts, wie man sie in Nord- und Süditalien zubereitet.

In Rom vermischt man die sehr heiße Pasta mit Butterstückchen, gebratenen Speckwürfeln, verquirlten, kräftig mit schwarzem Pfeffer gewürzten Eiern und einer großzügigen Portion frisch geriebenem Parmesankäse. In Harry's Bar in Mailand verwendet man statt des Eiweißes Sahne, eine Abwandlung, die man im restlichen Italien als einen schnöden Akt der Feigheit betrachtet, da dadurch ein unerwünschtes Stocken der Eier viel einfacher zu verhindern ist. Die Speise jedoch bekommt dadurch die gleiche üppige Konsistenz, wie man sie in der Butter-Sahne-Sauce von Fettucini Alfredo findet. Nichtsdestotrotz ist die Mailänder Variante in der Tat etwas schwer, und deshalb kombiniere ich für meine Spaghetti alla carbonara beide oben genannten Versionen und ersetze nur die Hälfte der Eiweißmenge durch Sahne.

Wegen des Mangels an saftigem Weideland gab es in Griechenland zu meiner Zeit keine Sahne zu kaufen, und auch Frischmilch war nur schwer aufzutreiben. Und von geräuchertem Speck hatte man noch nie etwas gehört.

Kondensmilch erwies sich mit der Zeit als akzeptabler (und schließlich sogar bevorzugter) Ersatz für Sahne, weil sie beim Kochen leicht dicklich wird. Doch den richtigen Speck aufzutreiben, schien ein unüberwindbares Problem darzustellen. Eine europäische Version, wie sie gelegentlich zu finden war, kam aus der Büchse, war mit einer dicken Fettschicht überzogen, verbrutzelte in der Bratpfanne zischend und spritzend zu einem Nichts und hatte das anregende Aroma von Talg.

Gerade als ich mich damit abfand, dass meine Spaghetti in Griechenland wohl nie das pikante rauchige Aroma haben würden, das ich in Rom und Mailand kennen gelernt und in meiner Wohnung in Manhattan mit amerikanischem Räucherspeck zustande gebracht hatte, fragte mich Theológos, ob ich von dem Schwein, das er jedes Jahr schlachtete, die Hälfte haben wollte.

»Schwein?«, fragte ich.

»Ja, das Schwein auf meinem Acker. Du weißt schon, dort oben beim Eselspfad.«

Ich erinnerte mich, auf meinem Weg zum Strand hinter einer Mauer gelegentlich ein Grunzen gehört zu haben.

»Ein lebendiges Schwein?«, fragte ich.

Er lächelte. »Zumindest jetzt noch.«

Vor kurzem hatten Danielle und ich uns einen Kühlschrank mit relativ großem Gefrierfach angeschafft, und der Gedanke, dort eine Schweinehälfte zu lagern, um immer Koteletts vorrätig zu haben oder selbst Wurst machen zu können, war sehr verlockend. Außerdem betrachtete ich es als große Ehre, gefragt worden zu sein. Ein Schwein mit einem Einheimischen zu teilen, kam dem Überschreiten einer Schwelle gleich, die das Leben der Touristen von dem ursprünglichen, um nicht zu sagen archaischen Leben der Griechen, insbesondere der Inselgriechen, trennte.

»Wir bringen es runter an den Strand und schlachten es dort«, fuhr Theológos fort. »Du kriegst die eine Hälfte, ich die andere. Was meinst du?«

Das Problem jedoch war, dass ich kein Blut sehen kann.

Vor einigen Jahren hatte mir der Arzt einmal Blut abgenommen, und ich war auf der Stelle ohnmächtig geworden. Ich erzählte Theológos davon und erklärte ihm auch, dass das Fleisch bei uns stets ordentlich zerteilt und gut verpackt in den Handel käme, sodass man gar nicht mehr auf die Idee verfiele, es könnte einmal ein lebendiges Tier gewesen sein. Damit er meine Hemmungen auch tatsächlich begriff, erzählte ich ihm auch noch aus meiner Zeit als Krankenpfleger in einem Krankenhaus in New Haven. Ich hatte mich in einen Kurs eingeschrieben, der auf das Medizinstudium vorbereitete, aber die Operationen, bei denen ich zuschauen, und die Leichen, die ich in die Leichenhalle im Keller transportieren musste, hatten mich, zart besaitet, wie ich bin, schließlich überzeugt, dass ich, wenn auch sehr zur Enttäuschung meines Vaters, lieber auf englische Literatur umsatteln sollte.

Endlich kapierte Theológos mein Problem und erklärte sich bereit, das Schwein allein zu schlachten und quasi als Belohnung dafür den Kopf und das Herz zu behalten.

Ich hielt mich vom Strand fern, bis alles vorüber war, wagte mich dann am frühen Abend hinunter in die Taverne, um meinen Teil an mich zu nehmen und zum Haus zu tragen. Als ich eintraf, standen Theológos, Eléni und die Kinder hinter dem Küchentisch und zeigten mir grinsend und voller Stolz, was sie für mich vorbereitet hatten. Überall war Blut – auf dem Fußboden, dem Hackblock –, Blut, das im grellen Neonlicht glitzerte. Auf dem Tisch lag meine Schweinehälfte, unzerteilt und noch immer als das Tier zu erkennen, das ohne ehrenvolles Ritual für mich geopfert worden war, damit ich es aufessen konnte.

Mein Gesichtsausdruck musste wohl Bände gesprochen haben, denn augenblicklich half mir Eléni voller Mitleid, die Schweinehälfte in handliche, anonyme Portionen zu zerteilen, während Theológos sich zurücklehnte und sich einen Ouzo genehmigte. Ich steckte die Fleischportionen in Plastiktüten und diese in zwei Baumwollsäcke, die ich mir über die Schulter hängte, um so den Rückweg nach Hause anzutreten. Theológos prostete mir zu, und Eléni lächelte mich mit ihren sanften braunen Augen an, während ich in die Dunkelheit hinaustrottete und ihnen mit einer resignierten Handbewegung zu verstehen gab, dass ich auf meinen Anteil an den Schweinefüßen gerne verzichtete.

Als ich mich noch am selben Abend anschickte, das Fleisch zu pökeln, klein zu hacken, durchzudrehen, einzufrieren und meine Beute sonstwie für den Winter einzulagern, war ich entzückt, in meiner altgedienten, mit Fettflecken übersäten Ausgabe von *The Joy of Cooking* ein eigenes Kapitel über das Räuchern zu finden, nebst genauer Anleitung.

Zwei Tage später, nachdem wir alle fast eine Rauchvergiftung bekommen hatten, holte ich die Ergebnisse meiner ersten Bemühungen aus meiner behelfsmäßigen Räuchervorrichtung, einem Olivenölkanister, den ich in den Küchenkamin gehängt hatte, und erlebte kurz darauf das unbeschreibliche Vergnügen, meinen ersten selbst geräucherten Speck zu essen.

Damit endete meine einjährige Odyssee nach dem richtigen Räucherspeck, die begonnen hatte, als ich Danielle mit meiner meisterhaften Zubereitung von Spaghetti alla carbonara beeindrucken wollte.

Schmeckten sie so gut wie diejenigen, die ich zu Hause in New York gekocht hatte? Nicht ganz. Aber wie schon Konstantin Kavafis, der große griechische Dichter aus Alexandria in dem Gedicht *Ithaka* sagt, seinem berühmten Werk über eine andere Odyssee, liegt die wahre Befriedigung in der Erfahrung, die man auf dem Weg dorthin macht. Außerdem war Danielle zu dieser Zeit – nun, noch nicht gerade die meine, aber zumindest lag sie bereits in meinem Bett und in meinen Armen.

Doch zurück zu Theológos.

Vielleicht war er raffiniert und gerissen, wie Melyá behauptete, wie eine Schlange und so ölig wie *O Ladós*, aber ich wusste, wenn man hinter diese Schale blickte und an das Gute in seinem Charakter appellierte, kam eine ganz andere Person zum Vorschein – ruppig, aber nicht heimtückisch, ein Bär, manchmal ein Sorbas und ein anderes Mal wieder wie ein kleiner Junge, der Zustimmung und Anerkennung sucht.

Ich hatte auch nicht vergessen, dass er mich einst gewarnt hatte, damals, als wir unser Bauernhaus kauften. Ich solle nicht so vertrauensselig sein, hatte er gemeint, besonders nicht Griechen gegenüber, denn die würden einen übers Ohr hauen, sobald sie einen nur anblickten.

»Ach?«, erwiderte ich. »Und was ist mit dir? Du bist doch auch Grieche.«

»Ich? Mir kannst du vertrauen«, sagte er und reckte stolz die Brust. Dann drohte er mit dem Finger. »Aber sonst niemandem.«

Wie sollte ich so einem Menschen nicht vertrauen?

Außerdem war ich mir absolut sicher, dass er einen Amerikaner, dessen Land er bereist hatte und dem er so große Bewunderung zollte, mit seinen Tricks verschonen würde.

Sollten doch die anderen – die zynischen Franzosen, die misstrauischen Griechen – sich vor Theológos hüten! Ich würde ihnen schon beweisen, was für ein guter Kerl er im Grunde war, und außerdem würden wir beide in dieser Zeit ein hübsches Sümmchen verdienen.

Neun Jahre zuvor war ich nach Griechenland gekommen, dreiunddreißig Jahre alt, mit wenig Geld und einem unfertigen Roman im Gepäck. Seit dieser Zeit hatte ich das getan, was die meisten für unmöglich halten: Ich hatte meinen Traum gelebt.

Ich würde mir nicht einmal die Mühe machen, weiter um die Pachtsumme für die Schöne Helena zu feilschen. Und obwohl mich diesmal keine innere Stimme ermutigte wie damals bei meiner Suche nach einem Haus in Livádi, so wusste ich doch, dass ich das Richtige tat. Zumindest war es das, was ich mir einredete.

Eine letzte Bestätigung dafür – ein Zeichen, wenn man so will – erhielt ich ein paar Tage später, als Theológos erneut anrief und mir mitteilte, er habe für uns nicht nur irgendein Haus gefunden, wo wir den Sommer über wohnen konnten, sondern ein ganz bestimmtes, nämlich jenes Haus auf dem Hügel, das mich damals bei meinem ersten Besuch im Tal von Livádi so bezaubert hatte.

Nun würden wir wahrhaftig wieder dahin zurückkehren, wo alles auf so wunderbare Weise begonnen hatte.

Das Haus auf dem Hügel

Damals, am Ende jenes ersten Tages auf Patmos, wollte mir das Haus auf dem Hügel nicht mehr aus dem Sinn gehen, obwohl sowohl Theológos als auch Euripides mir versichert hatten, es sei nicht zu vermieten. Deshalb bat ich Letzteren am nächsten Morgen erneut, mich nach Livádi zu fahren.

Auf halbem Weg an der Straße, die hinunter zum Strand führte, hielten wir an, genau gegenüber dem besagten Haus. Es lag nicht einmal hundert Meter Luftlinie entfernt von uns da, und doch trennten uns mehrere Felder, ein trockenes Bachbett und zahlreiche Steinwälle. Euripides meinte, am leichtesten könnten wir zu dem Haus gelangen, wenn wir zum Strand hinunterliefen und dann das trockene Bachbett wieder hinaufwanderten. Doch ich scheute eine Begegnung mit Theológos, denn dann hätte ich ihm wohl oder übel erklären müssen, warum ich schon wieder hier war, wo er mir doch bereits klar gemacht hatte, dass das Haus nicht zu mieten sei.

Euripides zuckte die Achseln und deutete mit der Hand auf ein kleines Gehöft, etwas unterhalb von »meinem« Haus. Dies, erklärte er mir, gehöre den Eltern der Frau, die das Haus auf dem Hügel als Mitgift bekommen hatte. Sie würden mir eventuell weiterhelfen können. Dann lächelte er, wünschte mir Glück und ging zurück zu seinem Wagen, um sein *aeropláno* zurück nach Skála zu steuern.

Der Weg zum Haus, oder wenigstens in seine Nähe, erwies sich als weitaus schwieriger, als es von der Straße aus erschienen war. Das Problem waren die Steinmauern, die die einzelnen Felder voneinander trennten und keinerlei Durchgang erlaubten.

Einige der Mauern waren brusthoch und an der Krone mit dornigen Brombeerranken und Disteln bestückt, so abweisend wie Stacheldraht. Außerdem waren die Steine nur lose aufeinander geschichtet und gaben nach, wenn man versuchte, darüber zu klettern, sodass man auf der Suche nach Halt oft unweigerlich in die stacheligen Disteln griff. Es mag zwar Öffnungen und Steige gegeben haben, aber die meisten waren überwuchert und kaum zu erkennen, und so wurde ich immer verzweifelter bei meinem Versuch, das Haus über und um die sich zwischen den Feldern schlängelnden Mauern herum zu erreichen. Ich kraxelte, stolperte, fluchte, schwitzte, blutete, heulte laut auf und sah niemanden, den ich nach dem richtigen Weg hätte fragen können.

Endlich erreichte ich eine Stelle, wo man über eine steile Böschung zu dem steinigen Bachbett gelangen konnte. Ich hangelte mich an dem Ast eines Feigenbaumes hinunter, der seine weit ausladenden Zweige über das Bachbett breitete und sich dort mit dem Buschwerk auf der anderen Seite vereinigte und so einen wunderbar kühlen Tunnel bildete. Ihm folgte ich landeinwärts, bis ich auf einen Pfad stieß, der das Bachbett kreuzte. Dieser Pfad führte mich, Gott sei Dank, hinauf zu meinem Ziel.

Als ich näher kam, hörte ich Hühner gackern und passierte eine offene Steinhütte, in der ein Esel stand und seinen Schweif von einer Seite auf die andere warf. Daneben, in einem mit rostigem Maschendraht begrenzten Auslauf, kollerten ein paar Truthähne. Ein schwerer süßlicher Geruch nach Stroh und warmem Dung stieg mir in die Nase. Zu meiner Linken lagen ein paar Kühe, die träge wiederkäuten, eingehüllt in Wolken summender Mücken. Über mir, auf dem Felsvorsprung, der eine Seite des Gehöfts begrenzte, stand das Haus, in das ich mich vernarrt hatte und in dessen beiden vorderen Fenstern sich die Sonne spiegelte.

Zwischen den Fenstern führten zwei ockerbraune, mit dunkelbraunen Holzleisten verzierte Türen hinaus auf die Terrasse. Am hinteren Rand der Terrasse befand sich ein kleiner Anbau, wahrscheinlich die Toilette, dessen winziges Fenster auf das Meer hinausging. Um die Terrasse herum verlief ein niedriges Steinmäuerchen, in das Eisenstangen eingelassen waren, die eine hölzerne Pergola trugen. Ein Weinstock rankte sich an ihr entlang, der seine ersten zartgrünen Blättchen zeigte. Von der Stelle aus, wo ich stehen geblieben war, führte ein steiler Zickzack-Pfad über den felsigen Untergrund hinauf. Rechts von mir, etwas weiter vorne, stand ein anderes Gebäude, wohl das Wohnhaus des Bauern. Während ich dastand und mich umblickte, trat aus der dunklen Haustür eine Frau, deren weißer Haarknoten in der Morgensonne wie Schnee schimmerte.

Sie wirkte wie eine Sechzigjährige, war aber sicher jünger. Auf dem Land alterten griechische Männer und Frauen rasch, sobald sie die zwanzig überschritten hatten. Einseitige Ernährung, der ständige Aufenthalt in Sonne und Wind und mangelnde Zahnhygiene hatten zur Folge, dass die Menschen schon frühzeitig Zähne verloren und ihre Haut braun und knittrig wurde. Das Gesicht der Frau war von einem Netz feiner Fältchen überzogen, und ihre eingesunkenen Wangen verrieten, dass ihr bereits auf beiden Seiten Backenzähne fehlten. Sie hatte die schönsten strahlenden himmelblauen Augen, die ich je gesehen hatte, und bei ihrem gütigen Lächeln ging mir das Herz auf.

Sie fragte mich, ob ich etwas brauche.

Ich deutete auf das Haus auf dem Felsvorsprung und fragte sie in meinem äußerst primitiven Griechisch, ob es zu mieten sei.

Das Blau ihrer Augen verdunkelte sich um eine winzige Nuance. »Sie müssen meinen Mann fragen«, beschied sie mich und rief seinen Namen, so laut, dass sogar die Tiere zusammenzuckten: »Stélios!«

Stélios erschien, ein stämmiger, braunhaariger Mann mit dickem Schnurrbart und muskulösen Unterarmen, der, seinen Strohhut keck nach hinten geschoben, gut zehn Jahre jünger wirkte als seine Frau. Er nahm aufmerksam meine Erscheinung zur Kenntnis – zerzaustes blondes Haar, Levis-Jeans, Touristensandalen – und nickte reserviert und etwas mürrisch, obgleich in seinen haselnussbraunen Augen ein Fünkchen Neugier aufblitzte.

Das Blitzen wurde zu einem Lächeln, als ich versuchte, mich auf Griechisch auszudrücken. Er hörte mir aufmerksam zu, während ich mich abmühte, ihm zu erklären, wie ich das Haus vom Strand aus entdeckt hatte, wie sehr es mir gefiel und dass ich Schriftsteller war und für den Sommer ein ruhiges Plätzchen suchte, wo ich ungestört mein Buch zu Ende schreiben konnte.

Als ich geendet hatte, meinte er: »*Wewéos*, natürlich. Warum nicht? Wir könnten es Ihnen vermieten.«

Dann erzählte er mir, dass ihre Tochter, die gewöhnlich den Sommer hier verbrachte, dieses Jahr in Athen bleiben würde, da sie schwanger sei. Es gab also überhaupt kein Problem – wie meine innere Stimme mir versprochen hatte!

Stélios und seine Frau Warwára führten mich hinauf zu dem Haus und schlossen mit einem langen Schlüssel eine der Türen auf.

Wir traten in eine kleine Küche, von deren kleinem Fenster aus man auf den Hof unterhalb sah. Die Wände waren weiß gekalkt und die Fensterrahmen und die Tür in einem Türkis lackiert, das schon etwas verblasst war. Es gab kein fließendes Wasser, nur einen Plastikkanister mit einem kleinen Wasserhahn, der an einem der Fensterläden hing. Von der mit Holzbalken durchzogenen Zimmerdecke baumelte eine nackte Glühbirne. An der Wand gegenüber der Tür befand sich ein großer offener Kamin, auf dessen hüfthohem Absatz ein zweiflammiger Gaskocher stand. Dahinter gab es eine zweite, kleinere Öffnung, die zu einem riesigen kuppelförmigen Backofen gehörte, ein gähnendes Loch, das von der Morgensonne erhellt wurde, die von den blanken Holzdielen widerspiegelte. Allein wegen dieser Kochgelegenheit hätte ich das Haus mieten wollen. Eine Tür zur Rechten führte in den mittleren Raum. Er war etwas kleiner als die Küche, ausgestattet mit einem Tisch und einem Wandregal. Durch das Fenster sah man hinaus auf die Terrasse, auf das Tal und das Meer dahinter. Ein perfekter Platz zum Schreiben.

Eine weitere Tür führte in das größte Zimmer des Hauses, das

Wohn-Schlaf-Zimmer. Die beiden Fenster, eines ging nach vorne, eines auf die Rückseite des Hauses, waren mit Läden verschlossen, aber im Halbdunkel entdeckte ich in einer Ecke ein großes eisernes Himmelbett, dessen Kopfteil mit einem Medaillon pastellfarbener Blüten verziert war.

Die Miete, verkündete Stélios und plusterte sich dabei ein wenig auf, beliefe sich auf fünfhundert Drachmen im Monat; die Hälfte dessen, was Theológos für ein einziges Zimmer verlangt hatte. Umgerechnet etwa sechzehn Dollar. Es war fast peinlich. Der Gedanke zu feilschen kam mir nicht einmal in den Sinn. Wie konnte man einen so niedrigen Preis überhaupt noch drücken wollen?

Auf der Terrasse stand eine bauchige Amphore aus unglasiertem Ton. An ihrer engen Öffnung befanden sich seitlich zwei Henkel, gerade groß genug, um einen Finger durchzustecken. Stélios tat genau dies und hievte sich die Amphore auf die Schulter, wobei die bauchige Form verhinderte, dass das Gefäß abrutschte. »*Neró*«, sagte er grinsend.

Ich grinste ebenfalls und nickte dabei verständnislos.

Warwára berührte mich leicht an der Schulter und deutete mit der Hand den Hügel hinunter, auf einen Acker, knapp fünfzig Meter hinter ihrem Haus. Mitten auf dem Feld sah ich eine kreisrunde betonierte Fläche, es musste die Abdeckung eines Brunnens sein. »*Neró*«, sagte sie lächelnd.

»Ah!« Endlich verstand ich. »Wasser!«

Dies war meine Wasserversorgung. Die Amphore fasste gut zehn Liter, und ich würde sie jeden Tag zu meinem Haus hinauftragen müssen, um Wasser zum Trinken, Abspülen, Wäschewaschen und für die Toilette zur Verfügung zu haben. Durch meine rosarote Brille gesehen, die ich damals trug, kam mir das gerade recht, denn diese Tätigkeit würde mich gesund und fit halten, und Kalorien würde ich dabei auch verbrennen. Zwei Jahre später jedoch, als Danielle und ich mit Windeln bepackt und Sara im Arm aus unserer Entbindungsklinik in Athen zurückkehrten, sahen wir das Ganze nicht mehr so rosig.

Stélios und Warwára luden mich anschließend auf ihre Terrasse ein, um unser Geschäft mit einer Tasse Kaffee und einem Tellerchen hausgemachter eingelegter Quitten zu besiegeln. Der Sirup, in dem die Früchte konserviert waren, war fürchterlich süß, aber die Quitten selbst schmeckten leicht rauchig und wunderbar exotisch. In Griechenland bereitet man diese Süßspeise mit den verschiedensten Früchten zu – mit Birnen, Pfirsichen, Kirschen, Melonen, Feigen, ja sogar mit Auberginen. Man nennt sie *gliká to koutaliá*, Löffelsüßigkeiten, weil sie nicht wie Konfitüre mit dem Messer aufs Brot gestrichen, sondern mit einem kleinen Löffel gegessen werden. Oft reicht man dazu einen gleichermaßen unerträglich süßen Likör mit Minze- oder Bananengeschmack. Zum Glück bot mir Warwára ein Glas Wasser dazu an. »Unser« Wasser. Es war kühl und klar und erfrischend wie eine Frühlingsbrise.

Wir schrieben unseren Vertrag auf ein liniertes Blatt, das Stélios aus einem Notizblock riss. Ich zahlte großzügig zwei Monatsmieten im Voraus – zweiunddreißig Dollar – und erklärte meinen Vermietern, ich würde in ein paar Tagen einziehen, wenn ich meine Bücher und Aufzeichnungen aus Mykonos geholt hätte.

Stélios zeigte mir den Weg hinunter zum Strand, einen schmalen Pfad zwischen niedrigen Steinmauern, der nach einiger Zeit das Bachbett kreuzte, sich dann in vielen Windungen zum Meer hinunterschlängelte und genau bei der Schönen Helena endete. Ich spazierte zwischen grünen Feldern, auf denen im Winter Tomaten, Zucchini, Auberginen und Zwiebeln gepflanzt worden waren. Gelegentlich wieherte mich ein Esel an oder ertönte hinter einer Wand aus grünem Bambusdickicht das nervöse Schnauben eines Maultiers, das meine plötzlichen unerwarteten Schritte erschreckt hatten.

Als ich um die Ecke der Taverne bog und es kaum erwarten konnte, Theológos triumphierend von meinem erfolgreichen Geschäft zu erzählen, war das *kaíki*, das er am Vortag neu gestrichen hatte, nirgends zu sehen.

Ich spähte durch die trüben Plexiglasscheiben der Taverne.

Theodóra, die Tochter, fegte gerade den Boden. Sie öffnete mir die Tür und winkte mich herein. Ich fragte nach ihrem Vater. Er sei mit ihren Brüdern in dem *kaíki* in die Hafenstadt gefahren, erklärte sie.

Eine Stimme aus der Küche im Hintergrund wünschte mir einen guten Morgen.

»*Kaliméra!*«

Dann kam Eléni, Theológos' Frau, aus der Küche. Sie war eine drahtige kleine Person, etwa Mitte dreißig, hatte blitzende braune Augen und glänzendes rabenschwarzes Haar. Sie wischte sich die Hände an ihrer Schürze ab, und ihre Haltung drückte eine Autorität aus, die keinen Zweifel daran ließ, wer in der Küche das Regiment führte.

Ich stellte mich vor und erzählte ihr begeistert von dem Haus, das ich gemietet hatte. Mutter und Tochter zeigten sich entzückt. Dann aber fragte Eléni, wie hoch die Miete sei. Ich sagte es ihr. Traurig schüttelte sie den Kopf.

»Zu viel!«

»Zu viel?«

»*Neró?*«, fragte sie, streckte die Hand aus und hielt dabei die leere Handfläche nach oben.

Später lernte ich, dass ihr Verhalten die in Griechenland übliche Reaktion war, wenn irgendjemand irgendeinen Preis nannte. Der Preis war immer zu hoch, der Käufer immer betrogen worden. Das ist auch der Grund, weswegen in diesem Land niemand – mit Ausnahme naiver Ausländer wie ich – preisgibt, wie viel er für etwas bezahlt hat. Stattdessen gibt man seinem Gegenüber mit einem Augenzwinkern, einem leichten Stoß in die Seite und einem viel sagenden, zufriedenen Lächeln zu verstehen, dass man seinerseits den Verkäufer gehörig über den Tisch gezogen hat.

Aber wie dem auch sei – in diesem Moment hätte sich der heilige Johannes selbst nicht gesegneter fühlen können als ich, wie ich draußen vor der Schönen Helena in der Sonne saß und umsorgt von Eléni und Theodóra das erste köstliche Mittagessen meines Aufenthalts auf Patmos genoss, der, wie ich damals fälschlicherweise annahm, sich auf einen einzigen herrlichen Sommer beschränken würde, den ich in der wunderbaren Abgeschiedenheit meines einfachen Steinhauses oben auf dem Hügel verbringen wollte ...

Und nun, fast ein Jahrzehnt später, würde ich erneut auf diese Insel zurückkehren und wieder in ebendiesem Haus auf dem Hügel wohnen, doch diesmal als Wirt der Schönen Helena. Ich war der Meinung, die Dinge hätten sich nicht besser entwickeln können, der Kreis würde sich nun endlich schließen.

Ein weiterer Bonus war, dass Stélios in der Zwischenzeit mit dem Geld, das ich ihm in den zwei Jahren für die Miete bezahlt hatte, direkt vor dem Haus eine Zisterne hatte bauen lassen. Wir würden fließendes Wasser haben.

Gebende und Nehmende

»Wann kannst du mir das Geld geben?«

Dies war nun nicht gerade die Antwort, die ich von Theológos erwartet hatte, als ich ihm schließlich die Zusage für unsere Partnerschaft gab. Ich hatte mir wohl eher etwas vorgestellt, das dem Öffnen einer Flasche Champagner und einem Prost auf die Schöne Helena gleichkam – auf keinen Fall jedoch eine so unverblümte postwendende Aufforderung, das Geld auf den Tisch zu legen. Wie die meisten meiner amerikanischen Mitbürger fühle ich mich nicht nur beim Feilschen unwohl, sondern auch bei fast allen anderen knallharten Tatsachen einer geschäftlichen Transaktion. Ich habe es lieber, wenn ich mein bloßes Eigeninteresse in das Gewand eines höheren Zwecks hüllen kann, sei es Familie oder das Allgemeinwohl.

Wenn hingegen ein Grieche ein Geschäft wittert, ist er unschlagbar herzlich und liebenswürdig und versichert einem seine Freundschaft. Doch sobald die Sache unter Dach und Fach ist, kühlt sich diese freundliche Art meist sehr rasch ab und er beschränkt sich im Umgangston auf das Notwendigste. Als ich nun Theológos' Geldforderung vernahm, bemerkte ich gleichzeitig eine hauchfeine, aber dennoch einschneidende Veränderung in unserer Beziehung. In seinen Augen war ich nun ein anderer geworden. Ich hatte die Schwelle überschritten, die den Touristen vom Einheimischen trennt. Ich war nicht mehr ein Gebender; ich war nun ein Nehmender.

Später merkte ich, dass Theológos nicht der Einzige war, dessen Einstellung mir gegenüber sich verändert hatte. Sobald sich mein neuer Status auf Patmos herumgesprochen hatte, spürte ich, dass sich auch meine Freunde, sowohl unter den Einheimischen als auch unter den Touristen, anders verhielten, selbst wenn dieser Wandel anfangs nur unmerklich vonstatten ging.

Doch einstweilen nahm ich diese Veränderung nur bei Theológos wahr. Und ich tat sie als Hirngespinst ab, als Folge meiner überreichen Fantasie.

Ich gab Theológos zur Antwort, es würde wohl eine Weile dauern, bis das Geld von meiner Schweizer Bank eingetroffen wäre, und versprach, es ihm dann umgehend zu schicken.

»Nein«, erwiderte er. »Ich komme zu dir und hole es ab.«

»Hierher? Nach Kreta?«

Es war eine beschwerliche Reise – zwölf Stunden mit dem Schiff von Patmos nach Piräus, dann weitere neun Stunden von Piräus nach Heraklion, der größten Hafenstadt auf Kreta, anschließend eineinhalb Stunden Busfahrt nach Rethymnon. Und wenn man dritter Klasse reiste und sich keine Kabine leistete, wie vermutlich Theológos, war diese Reise die reinste Qual.

Er behauptete, es mache ihm nichts aus, außerdem wolle er eine so große Summe lieber nicht der Post oder den Banken oder dem Telegrafenamt anvertrauen.

Damit hatte er wohl Recht. Schon des Öfteren hatte ich in Griechenland erleben müssen, dass Geld auf geheimnisvolle Weise eine Woche oder länger verschwand, wenn man es über die üblichen Kanäle transferierte. Mit der Zeit war ich zu dem Schluss gekommen, dass dies kein Zufall sein konnte. Je länger die Banken und das Telegrafenamt das Geld behielten, desto höhere Zinseinnahmen hatten sie. Würde man alle Geldbeträge, die in Griechenland auf dem Bankweg unterwegs waren, für nur einen Tag – ganz zu schweigen von einer Woche – in zinsbringenden Staatsanleihen anlegen, käme ein hübsches Sümmchen zusammen. Und die Post? Nun, ich hatte selbst erlebt, dass ein Brief, den ich von Kreta nach Patmos schickte, einen Monat unterwegs war. Außerdem kursierten zahlreiche Geschichten, wonach unterbezahlte Briefträger nicht selten ihren gesamten Postsack in den Müll warfen, weil ihnen die Arbeit zu lästig wurde.

Am schwersten wog jedoch die Tatsache, dass die Griechen dem Zahlungsmittel Scheck mit höchstem Misstrauen begegneten, als wollte jemand damit in betrügerischer Absicht etwas erwerben, ohne dafür zu bezahlen (womit sie vielleicht sogar bisweilen Recht hatten). Schecks wurden verächtlich belächelt und selbst bei großen geschäftlichen Transaktionen nur sehr selten akzeptiert.

Man trug sein Geld, auch große Summen, stets in einer Aktentasche oder Papiertüte bar bei sich. Damals jedoch, als die größte Banknote den Wert von nur tausend Drachmen hatte, war das nicht nur unhandlich, sondern geradezu gefährlich. Die griechischen Zeitungen waren voll von Geschichten über arglose Fußgänger, denen von vorbeifahrenden Mopedfahrern ein Vermögen entrissen wurde.

Vor allem jedoch wollte Theológos unser Geschäft nicht offiziell machen, weil er fürchtete, dass ihm das Finanzamt auf die Schliche käme. Dies war die übliche Praxis in Griechenland. Jeder betrog den Staat nach Strich und Faden, und nur ein Narr legte seine Einkünfte offen dar.

Für dieses Verhalten rechtfertigte man sich in zweierlei Hinsicht. Zum einen seien die griechischen Beamten allesamt korrupt und wirtschafteten bei jeder Gelegenheit in die eigene Tasche.

Außerdem würden sie bequeme Beamtenposten Freunden und Verwandten zuschustern, die ihnen im Gegenzug für ein schönes Gehalt mit Pensionsberechtigung für eine Arbeit, bei der sie sich nicht besonders anstrengen mussten, eine Abgabe zahlten. Warum also sollte man als einfacher gewöhnlicher Bürger nicht schauen, wo man bliebe? Zum anderen stufe einen die Finanzbehörde automatisch viel höher ein als angegeben, da sie davon ausging, dass niemand korrekte Angaben über seine Einnahmen machte. Dieser kleine Steuerbetrug sei also nichts als der legitime Versuch, die durch eine Willkür der Behörde falsche steuerliche Einstufung zu korrigieren.

Und so einigte ich mich mit Theológos darauf, ihm das Geld persönlich zu übergeben, sobald die Summe aus der Schweiz eingetroffen sei.

Daraufhin rief ich augenblicklich Melyá an, um ihr die Neuigkeiten zu erzählen. Wenn ich sie über alle weiteren geschäftlichen Vereinbarungen mit Theológos auf dem Laufenden hielt, würde ich vielleicht, so hoffte ich, ihre jüngsten Vorbehalte gegen mich zerstreuen. Sie und ich waren nicht nur befreundet, sondern hatten damals, in meiner ersten Zeit auf Mykonos, ein kurzes heißes Techtelmechtel miteinander gehabt. Dann, als Danielle und ich unser erstes Kind bekommen hatten, war sie Teil der Familie geworden, später praktisch die Patentante unserer beiden Kinder. Es war doch absurd, dass etwas so Dummes wie dieses offensichtliche Missverständnis auf Dauer zwischen uns stehen sollte.

Aber Melyá sah die Sache etwas anders.

»Thomá«, sagte sie spitz, »zuerst bittest du mich, deine Geschäftspartnerin zu werden, und dann triffst du hinter meinem Rücken eine andere Vereinbarung mit Theológos. Und jetzt willst du, dass wir wieder Freunde sind?! Für wie dumm hältst du mich eigentlich? Was ist denn das für eine Art – CIA-Methoden?«

»Melyá –«

Sie legte einfach auf.

Die Kreta-Connection

Es war eigenartig, Theológos in einer Stadt, in unserem Wohnzimmer in Rethymnon sitzen zu sehen, diesen Mann, der normalerweise mit hochgerollten Hosenbeinen und Plastikbadeschlappen herumlief. Er wirkte wie ein Fisch auf dem Trockenen, gekleidet wie ein Schuljunge in seinem zerknitterten blauen Anzug und einem verwaschenen, nachlässig gebügelten weißen Hemd, das er bis obenhin zugeknöpft hatte. Seine schwarzen Schuhe waren vor nicht allzu langer Zeit poliert worden, und seine braunen Socken hatten ein vielfarbiges Rautenmuster. In seinem Schoß ruhte ein dunkelbrauner Filzhut.

Seiner Erscheinung haftete etwas Bittstellerisches an, er wirkte wie ein Arbeiter, der vor seinem Vorgesetzten erscheint. Aber vielleicht sah nur ich das damals so. Ansonsten wirkte Theológos entspannt, vertraut und äußerst freundlich. Er zeigte sich auch sehr bemüht, fragte mich nach meinen Plänen die Taverne betreffend und geizte nicht mit guten Ratschlägen. Wir waren eben, wie ich mir immer wieder ins Gedächtnis rief, zukünftige Geschäftspartner.

Erstaunlicherweise schien Danielle ihre Vorbehalte, die Pacht betreffend, vergessen zu haben. Sie wirkte ehrlich erfreut, Theológos zu sehen, und zeigte lebhaftes Interesse an unseren Planungen für den Sommer.

Theológos machte sich Gedanken, ich würde die Arbeit unterschätzen. Ich versicherte ihm, ich wüsste, wie sehr man in einem Restaurant schuften müsse, und erzählte ihm von meinem Job in dem Lokal in Rethymnon, den ich vor zwei Jahren, kurz nach Matts Geburt, angenommen hatte. Damals hatte ich nicht nur bedient, sondern auch gekocht und bei den Vorbereitungen geholfen. Mittags war es noch relativ stressfrei zugegangen, aber am Abend war die Arbeit dort die reinste Hölle gewesen. Zwischen den beiden Stoßzeiten hatten wir kaum Gelegenheit gefunden, uns ein wenig auszuruhen, denn die neuen Speisen für den Abend mussten zubereitet, die Zutaten für die Salate geschnitten und der Abwasch vom Mittagsgeschäft erledigt werden. Ich machte mir keinerlei Illusionen über die Plackerei, die uns auf Patmos erwartete.

»Wie viele Sitzplätze hattet ihr?«, fragte Theológos.

»Zehn, zwölf.«

Er lächelte viel sagend. An ruhigen Tagen kamen in die Schöne Helena dreimal so viele Gäste, und auf dem Höhepunkt der Sommersaison, wenn man auch über der Straße zum Strand hin Tische aufstellte, viermal so viele.

»Dir ist doch klar, dass ich dir nicht viel helfen kann«, sagte Theológos, zum hundertsten Mal wie mir schien. »Ich werde mich um die Touristen kümmern müssen, die mit meinem neuen Boot Ausflüge um die Insel machen wollen. Natürlich bringe ich sie dann zum Mittagessen in die Taverne, aber beim Servieren werde ich euch nicht zur Hand gehen können. Ist dir das klar?«

Sicher, natürlich war mir das klar. Und in gewisser Weise war mir das sogar ganz recht. Ich wollte auf keinen Fall, dass es aussah, als würde ich für Theológos arbeiten oder auch nur mit ihm zusammenarbeiten. Ich wollte der Schönen Helena meinen persönlichen Stempel aufdrücken, wollte, dass die Leute sagen: »*As fáme sto Thomá!*«, »Lasst uns bei Tom essen!«

»Natürlich«, sagte Theológos, »werde ich bei dem Fest am fünften August, dem Vorabend von *panijíri*, mithelfen.«

Ich warf Danielle einen raschen Blick zu und dachte dabei zurück an jenes Fest vor vielen Jahren, an dem sie und ich versucht hatten, Hand in Hand auf dem Wasser zu gehen, unter den Anfeuerungsrufen von mindestens hundert Zuschauern, die sich im Halbkreis um uns versammelt hatten.

»Ohne mich wirst du das nicht schaffen«, fuhr Theológos fort. »An diesem Abend spielen immer alle verrückt.«

Er fing den Blick zwischen Danielle und mir auf und grinste wie ein stolzer Vater. »Komplett verrückt.«

Der Vertrag, den wir auf liniertes Schulpapier schrieben, enthielt folgende Bestimmungen:

1. Für die Zeit zwischen dem 15. Juni und dem 15. September zahle ich Theológos 150 000 Drachmen Pacht für die Schöne Helena.
2. Theológos und ich teilen den Gewinn am Ende des Sommers zu gleichen Teilen untereinander auf.
3. In der Zwischenzeit beziehen wir beide jeweils ein Gehalt von 10 000 Drachmen (umgerechnet damals etwa 220 Dollar) wöchentlich, und den Rest legen wir für laufende Auslagen beiseite.
4. Ich fungiere als Koch und Wirt der Taverne, und Theológos ist nur für den Kauf der Vorräte verantwortlich.
5. Lámbros und Sávas, Theológos' Söhne, arbeiten in verschiedenen Funktionen für einen Wochenlohn von 45 Dollar.
6. Démetra, die Frau, die seit kurzem für Theológos als Köchin und Putzfrau arbeitet, erhält in dieser Funktion einen Wochenlohn von 90 Dollar.

Sodann berichtete Theológos, dass Stélios und Warwára sich schon auf unsere Rückkehr in ihr kleines Haus auf dem Hügel freuten und bereits ein zusätzliches Bett für Sarah und ein Kinderbett für Matt besorgt hätten. Er blickte Danielle Anerkennung heischend an. Sie aber fragte nur: »Und was ist mit einer Arbeitserlaubnis?«

Frauen tun das gerne: Sie warten, bis man alle möglichen Pläne geschmiedet hat, und dann, in letzter Minute, wenn man quasi schon hinter dem Steuer sitzt und losfahren will, fragen sie plötzlich: »Moment mal. Und was ist mit –?«

»Hä?«, erwiderte ich.

»Mir ist gerade eingefallen«, sagte Danielle, »ob du nicht eine Arbeitserlaubnis oder so was brauchst.«

Ich wandte mich Hilfe suchend an Theológos. Auch er schien im Moment ratlos zu sein. In der Tat hatte auch ich vorher schon an diese mögliche Hürde gedacht, aber da niemand dieses Problem angesprochen hatte, hatte ich es mit einem Achselzucken abgetan und nach Vogel-Strauß-Manier den Kopf in den Sand gesteckt. Doch jetzt stand das Thema im Raum. Wenn man, wie ich, lange Zeit im Ausland gelebt hat – und dies gilt natürlich besonders für eine so winzige Insel wie Patmos –, dann fühlt man sich mit der Zeit zugehörig, man meint, dieselben Rechte wie die Einheimischen zu besitzen. Aber das ist natürlich nicht der Fall. Nicht einmal, wenn man Amerikaner ist.

Theológos zuckte nicht mit der Wimper.

»Kein Problem«, meinte er. »Jeder kennt Thomás. Die lassen uns in Ruhe.«

»Bist du sicher?«, fragte Danielle. »Wird die Polizei nicht –?«

Theológos lächelte nachsichtig, als spräche er mit einem kleinen Kind. »Ich sag denen einfach, dass Thomás mir ein bisschen aushilft, wie unter Freunden eben üblich. So etwas wollen die hören. Dann lassen sie uns in Ruhe.«

Er hatte Recht. Die Behörden brauchten einfach etwas, irgendeine Erklärung, damit sie nicht einschreiten mussten. So lief es doch überall. Ich wies Danielle darauf hin, dass sich auch niemand darum gekümmert hatte, als ich letzten Sommer in dem Restaurant hier in Rethymnon gearbeitet hatte.

»Ja«, erwiderte sie, »aber nicht als Teilhaber.«

»Das ist überhaupt kein Problem«, versicherte Theológos. »Mach dir keine Sorgen.«

Nach einer Weile zuckte Danielle resigniert die Achseln. Hinterher würde sie zu mir sagen: »Nun, du bist schließlich zehn Jahre älter als ich. Ich dachte, du wüsstest immer alles so genau.«

Theológos und ich besiegelten unser Vertragswerk mit einem Glas *raki*, hochprozentigem kretischem Schnaps. Dann führte ich ihn in unsere Küche, um ihm das Mittagessen zu zeigen, das ich vorbereitet hatte, ein Gericht, das ich auch in der Schönen Helena anbieten wollte – ein für griechische Gaumen ziemlich exotisches, mexikanisch-amerikanisches Chili con carne (Seite 252).

Misstrauisch spähte Theológos auf den brodelnden, köstlich duftenden Inhalt meines Kochtopfes und fischte dann mit einem Löffel eine Kidney-Bohne heraus.

»So was esst ihr?«

»Natürlich. Wieso?«

»Wir nicht.«

»Aber – ihr verkauft doch diese Bohnen auf euren Märkten«, erwiderte ich. »Sackweise.«

Theológos lächelte nachsichtig. »Natürlich.«

»Und wofür dann?«

»Das ist Futter für die Tiere. Wenn Menschen das essen, werden sie krank davon.«

»In Amerika nicht«, antwortete ich, als ob dies ein allgemein gültiger Maßstab wäre.

»Nun ja …«, meinte Theológos achselzuckend und ließ die Bohne zurück in den Topf fallen.

Er stopfte die dicken Bündel meiner einhundertfünfzigtausend Drachmen in seine Hosentaschen und bestand darauf, uns zum Essen auszuführen. Wir spazierten hinunter in den eleganten alten venezianischen Hafen von Rethymnon und genossen in einem Restaurant einen für uns alle seltenen Leckerbissen, Meerbarbe, *barbúni*, der König unter den Mittelmeerfischen. Dazu aßen wir einen knackigen Wintersalat aus Romana-Salat, Frühlingszwiebeln und Feta-Käsewürfeln und tranken große Mengen kretischen Weißwein aus der Gegend um Heraklion. Als wir unser Mahl endlich beendeten, hatten sich in der Hitze unserer genüsslichen Schwelgerei sogar die Fenster des Restaurants beschlagen. Satt und sehr zufrieden mit uns – zumindest Theológos und ich waren zufrieden –, gingen wir zu starkem griechischem Kaffee über.

Etwa eine Stunde später fuhr Theológos zurück nach Heraklion – diverse Geschäfte warteten auf ihn –, um anschließend bei

Verwandten zu übernachten und am nächsten Abend die lange Schiffsreise zurück nach Patmos anzutreten.

Ich hatte rundum ein gutes Gefühl. Die Tatsache, dass wir aus Patmos nach Kreta gezogen waren und dass Theológos, der kretische Vorfahren hatte, hierher gereist war, um mit uns dieses Geschäft abzuschließen, schien mir ein besonders verheißungsvolles Zeichen zu sein.

Die engen Beziehungen zwischen Kreta und Patmos hatten fast neunhundert Jahre bestanden und reiche Früchte getragen. Nicht nur hatten kretische Bauarbeiter mit unglaublichen Anstrengungen das Johannes-Kloster auf Patmos gebaut, sondern sie hatten auch erreicht, dass Christódoulos, der asketische byzantinische Mönch, der sie zu genau diesem Zweck nach Patmos gerufen hatte, seinen Erlass widerrief, mit dem er auf ewig seine »Werkstatt der Tugend« vor jeglicher weiblicher Präsenz bewahren wollte. In der Folge war auf Patmos neben der klösterlichen auch eine weltliche Gemeinschaft entstanden. Später trugen die geschäftstüchtigen und gewandten Kreter viel zu dem Aufbau der Handelsflotte bei, der die Insel schließlich ihren immensen Reichtum und Wohlstand verdankte.

Dies also waren Theológos' Vorfahren, und der blonde Schopf seines Sohnes Lámbros ließ keine Zweifel an dieser Herkunft. Die Familie besaß genetische Bande nicht nur zu Kreta, sondern speziell zu dem stolzen und wilden Volksstamm der Sfakioken, die heute noch abgeschieden in den Bergen im Südwesten der Insel leben. Viele haben noch das blonde Haar ihrer Vorfahren, der Dorer, die tausend Jahre vor Christus in Griechenland eingefallen waren. Die wildesten Banditen seien sie, erzählt man sich, und das auf einer Insel, die für ihre Haudegen bekannt ist. Doch wie allen diesen Bergstämmen, von den Montagnards in Vietnam bis hin zur sizilianischen Mafia, sagt man ihnen auch eine lebenslange Loyalität Fremden gegenüber nach, mit denen sie einmal Freundschaft geschlossen haben.

Theológos, *O Ladós, Patmiótis, Sfakianós*. Mein neuer Geschäftspartner.

»Und«, sagte Danielle, als wir nach unserem Festessen mit Theológos nach Hause kamen und in der Küche mein unberührtes Chili vorfanden, »was machen wir nun damit?«

»Ich werde es trotzdem kochen«, antwortete ich. »Die Touristen werden es lieben.«

Hauptgericht

Wieder daheim

Aus der opaken samtenen Dunkelheit tauchen die Lichter von Patmos auf, erst eins, dann ein zweites, dann viele weitere, aber nicht in Meereshöhe, wie man erwarten könnte, sondern viel weiter oben, wo die Sterne sind, als schwebte die Insel, einer himmlischen Erscheinung gleich, frei im Raum.

Dann, gerade wenn man sich auf die Ankunft vorbereitet und sein Gepäck zusammensammelt, verschwinden diese Lichter plötzlich, und die Dunkelheit senkt sich erneut herab. Selbst wenn man den Grund für dieses Phänomen kennt, irritiert es einen doch immer wieder aufs Neue. Verantwortlich dafür sind die hohen Felsen der Landspitze von Kap Yénoupas, schwefelstinkender Unterschlupf des bösen, vom heiligen Johannes in einen Felsen verwandelten *mágus*, die sich urplötzlich aus dem Wasser erheben und die Lichter der Stadt verdecken, als wären sie in einem schwarzen Loch verschwunden.

Doch wenn das Schiff seine Fahrt um die südlichen und östlichen Vorgebirge fortsetzt, kommt auf einmal der Hafen in Sicht, und Patmos ist wieder zurück auf der Erde. Die helle Lichterfront von Skála spiegelt sich im Wasser und heißt einen willkommen, die Sterne oberhalb aber entpuppen sich als die Straßenlaternen von Chóra, die dezent das Fundament des dunklen, nachts fast unsichtbaren Klosters umgürten.

Wir trafen Anfang Juni ein, Danielle, die Kinder und ich, etwa zehn Tage, bevor ich die Taverne übernehmen sollte. Nachdem ich die Insel fast zwei Jahre nicht besucht hatte, hatte ich die letzte halbe Stunde an Deck verbracht, ungeduldig über die Reling gebeugt, als würde das Schiff allein durch die Kraft meines Willens seine Fahrt beschleunigen. Als dann Skála endlich in Sicht kam, gesellte sich Danielle mit den Kindern zu mir. Das Landemanöver dauerte entsetzlich lange, denn das Schiff legte den Rückwärtsgang ein, ließ den Anker fallen, drehte dann vorsichtig bei, um dem heimtückisch unter der Wasseroberfläche lauernden Felsen des Yénoupas auszuweichen, und legte dann mit dem Heck voraus am Kai an. Polternd wurde die Rampe hinuntergelassen.

Ich hob Sara hoch und wies sie auf auffällige Orientierungspunkte hin, aber da sie diese in ihrem kurzen Leben nur ein paar Mal gesehen hatte, erinnerte sie sich wohl kaum an sie. Neben mir stand Danielle und wiegte sanft den völlig erschöpften Matt, der wie ein Sack Bohnen in ihren Armen lag.

Es war Samstagabend, zehn Uhr, und auf dem Kai hatte sich eine kleine Menschenmenge versammelt, Einheimische, die aufgeregt hin und her laufend auf Waren oder Verwandte warteten oder selbst gleich das Schiff besteigen würden, das in Kürze mit Kurs auf Rhodos auslaufen würde. Fast sämtliche Gesichter kamen mir irgendwie bekannt vor. Während der Jahre auf Patmos hatte ich, auf die eine oder andere Weise, mit fast allen Inselbewohnern zu tun gehabt, auch wenn es mir damals oft gar nicht bewusst geworden war. So war ich einmal, weil ich einen Reiseführer über Patmos schreiben wollte, durch den Süden der Insel gewandert, um eine abgeschiedene Schlucht zu erkunden, in welcher der Sage nach der heilige Johannes ein Menschen fressendes Ungeheuer bezwungen hatte. Dort entdeckte ich, mitten in der unwirtlichen, felsigen Ödnis, hingekauert an den Steilhang, der schließlich zur Schlucht führte, ein winziges Häuschen mit einem mit Steinen übersäten Gemüsegarten und einem schäbigen Verschlag, der als Hühnerhaus diente. Um zur Schlucht zu gelangen, musste ich durch den kleinen Hof gehen. Als ich mich über Steine und Geröll rutschend dem Häuschen näherte, kam eine Frau aus der Tür, die ich, so hätte ich schwören können, nie im Leben gesehen hatte. Sie musterte mich von oben bis unten und rief dann erfreut: »*Thomá! Ti kánis edó?* Was führt dich denn hierher? Wie geht's deiner Frau und deiner kleinen Tochter? Gut?« Nach diesem Erlebnis zweifelte ich nicht mehr daran, dass jeder auf Patmos genauso gut über mich Bescheid wusste wie ich selbst – und offensichtlich immer auf dem Laufenden war. So wie Theológos genauestens darüber unterrichtet war, wie, wann und an wen ich mein Bauernhaus verkauft hatte.

Aus diesem Grund wusste bestimmt auch Melyá, dass wir an diesem Abend auf Patmos ankommen würden, obwohl ich seit fünf Monaten nicht mehr mit ihr gesprochen hatte – seit sie damals einfach den Hörer aufgelegt hatte. Ihre Vorwürfe, ich besäße den Charakter, wenn nicht gar den Dienstausweis eines CIA-Agenten, klangen immer noch schmerzlich in meinem Ohr. Früher hätte sie, wenn sie uns nicht gar persönlich willkommen geheißen hätte, zumindest alle verfügbaren ausländischen Freunde auf der Insel benachrichtigt, und wenigstens einer von ihnen hätte am Hafen gestanden und uns auf einen Begrüßungstrunk ins Arion Café eingeladen, unserem geheiligten Rendezvous-Plätzchen am Hafen. So aber waren die einzigen vertrauten Gesichter diejenigen von Einheimischen, und die hatten für solche spätabendlichen Eskapaden keine Zeit. Die Patmier, wenn sie nicht in Bars oder Restaurants tätig waren, standen früh auf und gingen früh schlafen, vor allem im Sommer, wenn sie drei- bis viermal so viel arbeiteten wie in der übrigen Zeit. Samstagabends gingen sie besonders zeitig zu Bett, denn am Sonntagmorgen mussten sie wegen des Kirchgangs bereits in aller Frühe ihre täglichen Arbeiten erledigt haben.

Wir erspähten Theológos und seine Söhne in der Menge, winkten ihnen zu und gingen dann hinunter in den Gepäckraum, wo sich unsere Taschen und Kartons mit Kochbüchern und Küchengeräten stapelten. Ich nahm, so viel ich tragen konnte, und kehrte dann mit Sávas und Lámbros zurück, um den Rest zu holen, denn Theológos, ganz der Boss, rührte sich nicht vom Fleck, sondern sah es als seine Aufgabe an, die bereits ausgeladenen Gepäckstücke zu bewachen. Die Jungen und ich kämpften uns durch den Strom der ein- und aussteigenden Fahrgäste und schafften es gerade noch, unsere gesamte Habe auszuladen, ehe die Fähre knirschend und stampfend mit dem Ablegemanöver begann.

Danielle und die Kinder standen unterdessen am Kai, umringt von zahlreichen meist weiblichen Inselbewohnern, die erstaunt kommentierten, wie groß Sara geworden sei, und Matt, den neuen Familienzuwachs, begrüßten: »*Na sas zísi!*« Was etwa bedeutet: Möge es (das Kind) sein Leben für dich leben!

Ich wollte möglichst schnell hinüber ins Arion, um nachzusehen, wer von unseren Bekannten da war, aber Danielle und Theológos verbündeten sich gegen mich und lehnten meinen Vorschlag ab. Sie sei erschöpft, erklärte Danielle, und die Kinder auch. Theológos fügte hinzu, er müsse am nächsten Morgen, dem Pfingstsonntag, zeitig aufstehen. In der Kirche oben am Hügel würde man eine Messe zum Gedenken der Toten feiern, und anschließend würden viele Kirchgänger den traditionellen ersten Ausflug an den Strand unternehmen, wo sie dann in der Taverne zu Mittag essen würden.

Mit anderen Worten, die guten alten Zeiten, wo ich mit meinen Kumpels im Arion meine Rückkehr hätte feiern können, waren vorüber. Ich war jetzt Ehemann und Vater zweier Kinder, und ich war – fast hätte ich es vergessen – nach Patmos gekommen, um zu arbeiten.

Und so zockelte ich brav hinter Theológos, meiner Frau und den Kindern her durch den Hafen zu seinem nagelneuen *kaíki*, der *Pandora II,* und lud unser umfangreiches Gepäck an Bord. Dann tuckerten wir hinaus in die Dunkelheit. Allmählich verschwanden die glitzernden Lichter von Skála am Horizont. Ich musste an die typischen Schlussszenen jener alten Eastman-Color-Reisefilme denken, wenn der Sprecher kommentiert: »Und so sagten wir Lebewohl …«

In der Tat würde ich Skála bei Nacht lange Zeit nicht mehr erleben, würde es erst Mitte August wieder sehen. Aber das wusste ich damals noch nicht.

Es war windstill, mühelos glitt das Boot mit seinem starken Motor über das glatte dunkle Meer. Die *Pandora II* war definitiv ein, zwei Klassen besser als ihre Vorgängerin, und ich sah meine einhundertfünfzigtausend Drachmen überall stecken, im Motor, in den schweren Messingbeschlägen und in dem erstklassigen Funkgerät, das in der geräumigen Kabine Platz gefunden hatte. Vor den Bullaugen hingen fröhliche geblümte Chintzvorhänge, und auf den Bänken an den Seiten und in der Mitte lagen Sitzkissen aus dem gleichen Stoff. Zwischen den beiden vorderen Fenstern brannte ein kleines elektrisches Licht, verkleidet als Öllampe, und erhellte eine Messinguhr, die wie ein Steuerrad aussah. Darüber hing ein Bildnis des heiligen Nikolaus, eine Kopie der Ikone, die vor Jahrhunderten an einem Strand im Norden der Insel angespült worden war – an jener rauen, windumtosten Landspitze, auf der Theológos das Licht der Welt erblickt hatte – und die angeblich Wunder wirken konnte, vor allem für jene, die den Gefahren des Meeres ausgesetzt sind.

In der Kabine der alten *Pandora* hatten maximal acht Personen Platz gefunden; jetzt konnten innen mindestens fünfzehn Passagiere und an Deck noch weitere Personen sitzen. Theológos war wild entschlossen, mit dem Herumschippern von Touristen das große Geld zu machen. Ich konnte es ihm nicht verdenken. Beide wollten wir Geld verdienen und bewiesen dabei ganz nebenbei eine der Grundthesen des Kapitalismus, denn meine ursprüngliche Investition zeigte bereits positive Auswirkungen auf *i polí*, auf viele andere; auf Theológos, auf seinen Schiffsbauer, den Lieferanten der Innenausstattung, und in wenigen Tagen auch auf seine Söhne, welche, wie ich mit Stolz vermerkte, bald ihr erstes eigenes Geld verdienen würden dank des Lohns, den sie von mir bekamen.

Ich betrachtete die beiden Jungen, die auf der Bank mir gegenüber saßen und sich liebenswürdig und herzlich mit Sara unterhielten. Sávas war inzwischen etwa fünfzehn und hatte die dunkle Hautfarbe, das schwarze Haar, die klaren braunen Augen und die langen dunklen Wimpern seiner Mutter. Seine Wangen waren auffallend rot. Auch Lámbros, ein Jahr jünger, hatte dieselben roten Wangen, aber ansonsten schlug bei ihm, wie bereits erwähnt, das Erbe seiner blauäugigen blonden dorischen Ahnen durch. Und während Sávas zierlich und schmalgliedrig war, ahnte man bei Lámbros, der einen offen und ohne Arg anschauen konnte, bereits die kräftige, athletische Gestalt des Fußballspielers, die er einmal haben würde. Beide hatten, ungewöhnlich für griechische Halbwüchsige, etwas Sanftes, Weiches an sich, als ob ihre Mutter ständig aus dem Hintergrund besänftigend auf sie einwirken würde.

Als wir den beiden Söhnen vor Jahren zum ersten Mal begegnet waren, mussten sie – obwohl sie damals erst sechs, beziehungsweise fünf waren – ihrem Vater bei seinen endlos scheinenden Pflichten bereits tatkräftig zur Hand gehen. Das *kaíki* musste von alten Farbresten befreit, abgedichtet und neu gestrichen werden; ständig wurde an der Taverne gearbeitet, weil Theológos immer neue »Verbesserungen« ersann (von denen einige, wie das Fällen des riesigen Tamariskenbaums vor der Terrasse, sich als tragische Fehlplanungen erwiesen); dann musste das Stückchen Land bestellt werden, das Theológos weiter hinten im Tal besaß und auf dem er Tomaten, Zucchini, Paprikaschoten, Auberginen und Zwiebeln anbaute und ein paar Hühner, einen Esel und das bereits erwähnte Schwein hielt, das er alljährlich im Frühjahr als Ferkel kaufte, um es dann im Herbst, wenn es von den Küchenabfällen gemästet war, zu schlachten.

Wenn die zwei ihre Pflicht erledigt hatten, gingen sie in die Taverne, um ihrer Mutter und ihrer älteren Schwester, der schüchternen, rotwangigen Theodóra, in der Küche zu helfen.

Doch wenn Theológos in seinem *kaíki* auf Geschäftsreise ging, nutzten seine beiden Söhne freudig diese seltenen Gelegenheiten aus, bei denen sie, mit stummer Billigung der Mutter, endlich einmal nur unbeschwerte Kinder sein durften. So konnte man voraussagen, wann Theológos für längere Zeit abwesend sein würde, denn sobald die *Pandora* um die Landspitze herumgefahren und außer Sicht war, rannten Sávas und Lámbros hinunter an den Strand, rissen sich die Kleider von den bleichen Körpern und stürzten sich, nur mit ihren abgetragenen Unterhosen bekleidet, genussvoll in die Wellen.

Nun würde es nicht mehr lange dauern, bis sie richtige Männer waren. Bei Sara nahmen sie bereits die Rolle älterer Brüder an und hielten sie während der langen Bootsfahrt nach Livádi bei Laune.

Sara sprach viel besser Griechisch als ich, und sie konnte auch leichter soziale Kontakte knüpfen. Sie hatte sich in Rethymnon mit vielen Kindern angefreundet, und vor kurzem erst hatte ich beobachtet, wie sie zusammen mit ihnen über ein Freudenfeuer gesprungen war, das man zu Ehren eines Heiligen – Lazarus, denke ich – angezündet hatte. So etwas hätte ich nie im Leben fertig gebracht.

Es hatte Sara überhaupt nicht gepasst, dass sie den Sommer über nicht in Rethymnon bleiben konnte, aber anscheinend hatte sie in der Zwischenzeit ihre Meinung geändert. Denn nun saß sie fröhlich plappernd zwischen den beiden Jungen und flirtete bereits richtig mit ihnen, eine Kunst, die schon sechsjährige Mädchen meisterhaft beherrschen.

Ich suchte Danielles Blick, und wir lächelten uns zu. Ein Problem schien also bereits gelöst zu sein. Matt lag unterdessen immer noch reglos in ihrem Schoß, den Schnuller fest im Mund, obwohl er seinen zweiten Geburtstag schon hinter sich hatte.

Der Motor der früheren *Pandora* hatte gehustet und gespuckt wie ein Schnellfeuer-Flakgeschütz; der neue Motor gab ein sattes Dröhnen von sich, und obwohl er viel leiser war als der alte, war eine Unterhaltung in normaler Lautstärke unmöglich. Und so verfielen wir alle nach und nach in Schweigen, gaben uns der sanften

Fahrbewegung, dem rhythmischen Stampfen der Kolben und dem nächtlichen Sternenhimmel hin, der sich endlos über uns spannte. Im Heck stand Theológos, die Hand an der Pinne, den Blick nach vorne gerichtet, eine dunkle Gestalt, die sich vor dem Firmament abzeichnete.

Etwa zwanzig Minuten später kam Livádi in Sicht, dessen bäuerliche Bewohner bereits alle schliefen. Mit Ausnahme von ein paar spärlichen Straßenlampen an der Straße durch das Tal kam die einzige Beleuchtung – wie üblich – von der Schönen Helena, deren grelles, gleißendes Licht sich über die Straße und den Strand ergoss.

Démetra stand an der kleinen Steinmole, um uns zu begrüßen und die Trosse aufzufangen. Sie war eine kleine, drahtige Frau Mitte vierzig, mit hellblauen Augen und Apfelbäckchen. Wenn sie lachte, und das tat sie oft, blitzte ein goldüberzogener Schneidezahn auf. Ihr braunes, von grauen Strähnen durchzogenes üppiges Kraushaar hatte sie mit einem Kopftuch gebändigt. Sie war quirlig und voller Energie, und wenn sie den Mund aufmachte, bellte sie einen förmlich an, sodass man das Gefühl hatte, mit Wörtern bombardiert zu werden. Jahrelang war sie in einer kinderlosen Ehe mit einem traurigen, hageren, bettelarmen Bauern verheiratet gewesen, der auf einem Auge den grauen Star hatte. Eines Tages war sie plötzlich in der Taverne aufgetaucht und hatte angefangen, für Theológos zu arbeiten. Da wusste man, dass sie und der Bauer sich getrennt hatten, obwohl man ihn des Öfteren an dem Lokal vorbeigehen sah und er schließlich sogar hin und wieder eine Mahlzeit dort einnahm.

Dies alles hatte sich in den letzten paar Monaten vor unserem Umzug nach Kreta ereignet, und so hatte ich mich immer noch nicht mit der Möglichkeit vertraut gemacht – oder eher wohl der Tatsache –, dass Démetra und Theológos ein Verhältnis miteinander hatten. Meine mangelnde Flexibilität auf diesem Gebiet hatte wohl zum Teil damit zu tun, dass ich immer noch eine gewisse Loyalität Eléni gegenüber empfand, die mich in meinem ersten Sommer in Livádi bewirtet und bemuttert hatte und deren Namen ich immer noch im Zusammenhang mit der Taverne benutzte, als wäre sie deren Herz und Seele, gleichsam ihre Schutzheilige. Doch ein Großteil meines Widerstandes rührte sicherlich auch daher, dass ich mir Theológos mit seinem milchweißen Körper und den sonnengebräunten Armen als leidenschaftlichen Liebhaber der winzigen Démetra mit ihrem Goldzahn einfach nicht recht vorstellen konnte.

Allerdings mochte ich Démetra sehr. Sie hatte uns schon immer mit echter Freude begrüßt, und auch heute Abend machte sie keine Ausnahme. Sie zeigte offen, dass sie sich sehr auf unsere Zusammenarbeit freute. Das tat ich auch. Ich wusste, dass sie hart arbeiten konnte und sowohl das Lokal sauber machen als auch die griechischen Standardgerichte kochen würde, mit denen ich mich nicht abgeben wollte. Ich wusste außerdem, dass sie alles ganz genau nach meinen Wünschen erledigen würde, ohne das Bedürfnis zu verspüren, bei allem ihre eigene Meinung kundzutun – für mich eine seltene Erfahrung, wie ich hinzufügen möchte, denn in den neun Jahren des Zusammenlebens mit Danielle hatte ich deren unbändige gallische Streitsüchtigkeit kennen gelernt, die immer wieder für so manche Meinungsverschiedenheit sorgte, selbst wenn es dabei nur um die unschuldige Bemerkung meinerseits ging, es würde wohl heute ein schöner Tag werden.

Wir gingen zuerst ins Restaurant, um die Kisten mit meiner Küchenausrüstung abzuladen. Kaum hatten wir das Lokal betreten, wurden meine verklärten Erinnerungen an die Schöne Helena augenblicklich durch das grelle Neonlicht der Deckenbeleuchtung zerstört. Was in meiner Erinnerung gemütlich gewesen war, wirkte nun eng, billig und primitiv. Überall stapelten sich Tische, Stühle und Plastikträger mit Bier, Limonade und Weinflaschen. Von den Wänden, die im oberen Bereich Feuchtigkeitsflecken von den regenreichen Wintermonaten aufwiesen, blätterte die Farbe ab, und die untere Hälfte hatte Theológos, aus Gründen, die nur er kannte, in einem fahlgrünen Farbton gestrichen, der in der westlichen Welt gewöhnlich Operationssälen vorbehalten ist.

Zwei Kühltheken trennten den Gastraum von der Küche. An die eine erinnerte ich mich – selbst mehrere Schichten vergilbten Lacks konnten die Roststellen nicht überdecken –, die andere hingegen war nagelneu, und die blank polierten Edelstahlteile blitzten im grellen Neonlicht. In der Hauptsaison würden sie reichlich mit Speisen und Getränken bestückt sein; jetzt aber wirkten sie trist und deprimierend wie der Kühlschrank eines Junggesellen.

Da stand ich nun, ließ den Raum auf mich wirken und sah ihn, wie er wirklich war, und nicht, wie ich ihn hatte sehen wollen, und ließ augenblicklich alle meine innenarchitektonischen Hirngespinste fallen. Was hatte ich mir da nur vorgemacht? Die einzige Möglichkeit, dieses Lokal zu verschönern, würde bedeuten, alles niederzureißen und neu aufzubauen.

Ich sah Danielle an. Auch sie hatte soeben ihren Rundblick beendet und wandte sich nun lächelnd Theológos zu. »*Oréo!*«, sagte sie und deutete auf die krankenhausgrüne Farbe und die neue Theke. »Schön!«

Und mich durchzuckte der Gedanke, ob mit mir etwas nicht stimmte.

Nachdem wir meine Kisten hinter dem Restaurant gestapelt hatten, beluden wir Theológos' Esel mit unserem persönlichen Gepäck und machten uns in Begleitung der beiden Jungen wieder auf den Weg, hinaus in die Nacht, den schmalen Pfad durch das trockene Bachbett hinauf zu unserem alten Haus auf dem Hügel.

Über dem Meer ging der Mond auf, aber ich denke, ich hätte den Weg auch mit verbundenen Augen gefunden. Als ich an der Reihe war, unseren inzwischen überreizten und quengeligen Sohn zu tragen, brachen märchenhafte Erinnerungen wie in Wogen über mich herein, hervorgerufen durch das, was da alles meine Sinne überflutete – die Düfte von wildem Thymian und Oregano; der stechende Geruch nach Dung und Erde; der staubige Sand des Pfades zwischen meinen Zehen, der laue Abendwind, der mein Gesicht streichelte; das rhythmische Zirpen der Grillen, das Quaken der Frösche aus dem winzigen Sumpf auf der anderen Seite des Tals, dazu im Kontrast das Schnauben und Hufgeklapper des Esels, das gelegentliche Bimmeln der Halsglocke einer Ziege, die unsere Schritte aufgeschreckt hatten. All diese Eindrücke hatten sich in den vielen Sommern, die ich hier erlebt hatte, meinen Sinnen so sehr eingeprägt, dass ich jetzt das Gefühl hatte, von ihnen umarmt, ja geradezu überwältigt zu werden.

Das Haus, in dem Stélios und Warwára wohnten, war dunkel. Sie standen immer mit ihren Tieren gegen drei, vier Uhr früh auf und schliefen um neun Uhr abends bereits. Leise trugen wir unsere Sachen den felsigen Pfad hinauf in unser Haus, dann wünschten uns die Jungen eine gute Nacht und verließen uns.

Die Zimmer sahen fast noch genauso aus wie vor vier Jahren, als wir hier ausgezogen waren, um unser endlich renoviertes Bauernhaus auf der anderen Seite der Straße zu beziehen. Aber jetzt gab es fließendes Wasser in der Küche und der Toilette, das in einer großen Betonzisterne, die man an die Terrasse angebaut hatte, aufgefangen und in einen kleinen Tank auf dem Hausdach gepumpt wurde.

Im mittleren Zimmer, meinem ehemaligen Schreibzimmer, standen nun ein Bett für Sara und, zu unserer freudigen Überraschung, für Matt das ehemalige Reisekinderbett, das wir für Sara gekauft hatten, als sie in seinem Alter gewesen war. Wir hatten es für Stélios' und Warwáras Enkelkinder hier gelassen, und nun erhielten wir es zurück.

In unserem Zimmer stand an Stelle des ehemaligen eisernen Himmelbetts ein Ehebett mit einem Kopfteil aus glänzendem Furnierholz. Das Himmelbett mit dem handgemalten Blumenmedaillon befand sich mittlerweile in unserer Wohnung in Rethymnon. Als wir in unser renoviertes Bauernhaus gezogen waren, hatten wir Stélios und Warwára so lange beschwatzt, bis sie es uns verkauft hatten, unser romantisches Liebesnest, wo wir uns zum ersten Mal geliebt hatten und wo Sara gezeugt worden war. Die beiden Alten hatten sich damals zuerst mit ihrer Tochter in Athen besprochen. Zum Glück besaß diese keinerlei gefühlsmäßigen Bindungen an das Bett. Als Stélios und Warwára uns die gute Nachricht überbrachten, hatten sie unsere Reaktion beobachtet und sich dabei aneinander gelehnt wie zwei Turteltäubchen, ein glückliches Grinsen im Gesicht.

Wir legten die Kinder schlafen, schalteten die Lichter aus und gingen selbst zu Bett, wo wir uns unter kühlen, rauen Laken aneinander kuschelten, in denen seit dem letzten Sommer bestimmt niemand gelegen hatte. Dann wurde mir jäh bewusst, dass nur eine dünne, schlecht schließende Tür mit einer Glasscheibe unser Zimmer von dem der Kinder trennte und dass für die kommenden drei Monate die Chancen auf eine unbeschwerte lustvolle Liebesnacht praktisch gleich null waren.

Sogleich teilte ich meine Befürchtung Danielle mit, die mich zu trösten versuchte. »Du weißt doch, wie tief sie schlafen. Und sie werden hundemüde sein nach einem Tag am Strand.«

»Hm«, brummte ich.

»Weißt du einen Ausweg?«

»Nein.«

Ich spitzte eine Minute die Ohren. Aus dem Zimmer der Kinder drang nicht das leiseste Geräusch. Wir schliefen, wie gewöhnlich, nackt, und Danielles Haut fühlte sich noch genauso zart und seidig an wie früher. Ich drehte mich zu ihr.

»Meinst du, sie schlafen jetzt fest?«

»Tom!«

Vielleicht habe ich geschlafen. Ich muss wohl geschlafen haben, denn einige Stunden waren tatsächlich vergangen. Aber ich fühlte mich, als hätte mein Gehirn unablässig mit unzähligen bangen, hässlichen Gedanken gekämpft, die mich beutelten, mich ruhelos hin und her warfen und die schließlich in irgendwelchen Abgründen verschwanden, nur um augenblicklich durch neue, noch schrecklichere Ängste ersetzt zu werden.

Welche Teufel hatten mich geritten, dass ich einen Großteil unseres Kapitals in diese schäbige Taverne investiert hatte, hier am Rand von Griechenland, einem Gebiet, das man zu Hause in den Staaten nur mit den Ozarks vergleichen konnte? Und wieso sollte ich für diese Arbeit eigentlich geeignet sein? Dies hier wäre etwas anderes, als zu Hause vier, acht oder zehn Freunde zum Essen einzuladen. Wenn das Geschäft einigermaßen lief, würden wir an den Abenden fünfzig und mehr Gäste haben, insgesamt hundert oder gar zweihundert Personen pro Tag. Und nur mit einem Bruchteil von ihnen wären wir befreundet. Aber selbst Freunde müsste ich nun auf eine andere Art bewirten, als wenn ich sie zu Hause zum Abendessen einlud. Dort hatte ich, um mich gegen mögliche Fehlschläge zu wappnen, immer einen alten Trick meines Vaters angewandt. Ich hatte meine Gäste vor dem Essen stets mit Alkohol abgefüllt, sodass sie, wenn sie endlich leicht angetrunken und heißhungrig am Tisch saßen, auch Ravioli aus der Dose für köstlich befunden hätten. Außerdem galt daheim immer noch das Gebot der Höflichkeit. Selbst wenn das Essen missraten war, so hätte das niemand offen und ehrlich zugegeben.

Jetzt würde ein Großteil unserer Restaurantgäste nur wenig trinken, vor allem die Griechen, aber alle würden sie für ihr Essen bezahlen, auch unsere Freunde. Und was die Höflichkeit anging, nun, die würde in Zukunft vor allem aus meiner Richtung kommen müssen.

Konnte ich denn überhaupt kochen? Ich meine, richtig gut kochen? Nur weil ich ein paar Glanznummern auf Lager hatte, wie meine Spaghetti alla carbonara oder mein Chinesisches Huhn mit Gurken, und zehn Jahre die Zeitschrift *Gourmet* abonniert hatte? Oder weil ich den Unterschied zwischen Tournedos Rossini und Tournedos Chasseur kannte, zwischen Chalupas und Chapatis, zwischen einem 1958er und einem 1959er Château Lafite Rothschild? Wen würde das in Zukunft interessieren? Im Grunde war das alles nur Fassade.

Wer konnte denn garantieren, dass überhaupt Gäste kommen würden, vor allem, nachdem ich mich mit Melyá entzweit hatte? Die Griechen waren imstande, die wildesten Gerüchte in Umlauf zu setzen, vor allem über Ausländer. Wie ich von Freunden wusste, hatte damals in Rethymnon ein halbwüchsiger Kreter, der immer vor dem Restaurant herumlungerte, wenn ich dort arbeitete, allen Leuten erzählt, ich wäre ein Spion und er hätte vor, mich zu erschießen. Natürlich wollte ich schnurstracks zur Polizei gehen. Meine Freunde hielten mich zurück. »Mach dir keine Sorgen«, sagten sie. »Um den kümmern wir uns.« Und siehe da, zwei Tage später wurde der junge Mann zum Militärdienst eingezogen und verschwand im wilden Norden Griechenlands, wo er die Grenze nach Albanien bewachen musste. Welche Fäden damals gezogen wurden, weiß ich nicht. Melyá aber war eine Griechin aus Athen, die in den besten Kreisen verkehrte und viel subtilere Methoden kannte. Schießen war nicht ihr Stil. Sie hatte viele andere Mittel und Wege, einen aus dem Verkehr zu ziehen, ohne dass man es überhaupt merkte. Oder dass andere es spitzkriegten.

Der Wecker zeigte drei Uhr morgens, eine Zeit, in der schwarze Schatten sich auf die Seele legen, und meine Panik wurde immer größer. »Versuch ja nicht, allein in deinen Kopf vorzudringen«, hatte mich mein Maler-Freund Dick einmal gewarnt. »Das ist gefährliches Terrain.«

Danielle, die Einzige, die als Begleitung für diese Reise zur Verfügung gestanden hätte, schlief tief und fest, schnurrend wie ein Kätzchen, und überdies konnte man wohl von mir erwarten, dass ich mit meinen Ängsten wie ein richtiger Mann allein fertig wurde. Um die schwarzen Gedanken zu verscheuchen, stieg ich aus dem Bett und ging leise auf die Terrasse, um mir eine Zigarette anzuzünden, obwohl ich seit langem das Rauchen aufgegeben hatte.

Die Stille war abgrundtief. Die Grillen und Frösche waren verstummt und die Hähne und Esel noch nicht aufgewacht. Das Tal und das Meer im Hintergrund waren in geisterhaft silbernes Mondlicht getaucht, und hinter dieser Stille tat sich eine andere Stille auf, endlos, heilig, erhaben, wie die Stimme einer höheren Macht, die zu mir sagte: Hör auf damit. Es gibt keine Antworten auf deine Fragen, und es gibt auch keinen Ort, an dem du dich verstecken kannst.

Wenn man in Griechenland lebt, fängt man an zu philosophieren, vor allem in mondbeschienenen Nächten auf kleinen Inseln wie Patmos und ganz besonders in kleinen abgeschiedenen Küstentälern wie Livádi. Hier gibt es nur sehr wenige Orte, wo man sich verstecken, Nischen, wo man sich vor der Realität verbergen kann. Zu Hause in der zivilisierten Welt werden die meisten unangenehmen Aspekte des Lebens hinter Absperrungen verbannt, werden auf irgendeine Weise entschärft, unschädlich gemacht. Zumindest galt das für die Zeit vor dem elften September. Schlimme Dinge scheinen nur anderen zu passieren, man sieht sie nur im Fernsehen, sie stoßen einem nie selbst zu (wenigstens was mich betraf). Natürlich muss man zu Hause nicht nach giftigen Spinnen Ausschau halten, bevor man sich auf die Toilette setzt. Auch braucht man dort keine Angst zu haben, dass man durch eine Infektion den Fuß verliert, wenn man sich eine Schnittwunde zufügt, im Gegensatz zu hier, dieser Insel, wo nicht nur die Felder, sondern auch die Wege mit Dung besprenkelt werden, und zwar sowohl tierischen als auch menschlichen Ursprungs.

Auf den Wegen dieses angeblichen Paradieses lauern überdies giftige Schlangen *(Vipera berus)*, die träge in der Mittagssonne liegen und sich mit ihrem grau-braunen Aussehen und ihrer reglosen Haltung kaum von einem Stein oder Zweig unterscheiden. Überall gibt es Skorpione, die selbst im Bett auftauchen, wenn man sich gerade der Liebe hingibt (wie Danielle und ich bezeugen können), und in den seichten strandnahen Gewässern gräbt sich der Drachenkopf in den Sand, ein Fisch, von dem nur die fast unsichtbaren nadelähnlichen Giftstacheln herausschauen, bereit, sich in den Fuß eines arglosen Badegastes zu spießen. Ganz zu schweigen von den Seeigeln, die schwarz und stachelig zwischen den Felsen lauern.

Unglücke, ja, wahre Tragödien, sind jederzeit möglich. Ein junger Mann, mit dem man gerade noch Kaffee getrunken hat, geht zurück zu seiner Arbeit, einem aufgebockten Fischerboot, das er gerade renoviert. Und während er sich mit seinem Freund unterhält, tritt er in eine Wasserpfütze – doch an der Bohrmaschine in seiner Hand ist das Kabel defekt, und der junge Mann bekommt einen Stromschlag. Ein Bauer, Vater von drei kleinen Kindern, kauft sich einen neuen Traktor und wird noch am selben Nachmittag unter ihm begraben, als er versucht, den steilen, unebenen Weg hinauf zu seinem Acker zu fahren. Verstorbene werden nicht in Leichenhäusern versteckt. Der Sarg wird am Mittag offen durch die Straßen des Dorfes getragen, und die Frauen klagen, jammern, heulen und haben keinerlei Gewissensbisse, wenn sie dabei Fremde unbarmherzig in ihrem Kummer ertränken.

Tod und Leid, zusammen mit den in Inzucht Gezeugten und geistig Zurückgebliebenen sitzen immer mit am Tisch, manchmal sind sie nicht gerade willkommen, aber sie werden niemals fortgejagt oder müssen in der Küche essen. Seit Aischylos' Zeiten oder noch früher gehen die Griechen so mit diesen Dingen um. Sie sind Teil der Landschaft, genau wie das wunderbare griechische Licht. Aber auch im Schatten dieses Lichts, selbst bei Nacht, gibt es keinen Ort, wo man sich verstecken kann. Egal, wie gewandt und flink man ist, die Wirklichkeit holt einen am Ende immer ein.

In diese Richtung bewegten sich meine Gedanken, während ich allein auf der Terrasse saß und die schweigsame, gleichgültig wirkende Landschaft betrachtete, die im Mondlicht wie verzaubert aussah. Das Leben in der Asphalt- und Betonbequemlichkeit von Rethymnon hatte uns ein wenig verweichlicht, hatte uns glauben lassen, wir hätten eine Art Kontrolle über das Geschehen. Doch nun, wo wir wieder hier waren –

Plötzlich öffnete sich in dem Haus unter uns die Tür. Im Licht der Glühlampe, das aus dem Zimmer flutete, erkannte ich die stämmige Gestalt von Stélios, der auf die Terrasse trat, um sein Tagwerk zu beginnen.

Er entdeckte mich sofort.

»He, Thomá!«, rief er fröhlich zu mir herauf und verscheuchte die Stille. »*Kalós órisses!*«

Willkommen!

Pfingsten

Ich kroch zurück ins Bett, wo mich die schlaftrunkene Danielle mit ihrem warmen Körper empfing. So feierten wir endlich die Rückkehr in unser altes Haus. Später am Vormittag frühstückten wir alle vier auf der Terrasse und genossen die warme Junisonne. Doch die trüben morbiden Gedanken meiner nächtlichen Wanderungen kehrten erneut zurück, als Warwára und Stélios uns aus der Kirche *kóliva* (Seite 281) mitbrachten, süßes köstliches Gebäck zum Gedenken der Toten.

Man bereitet es aus gekochten Weizenkörnern vermischt mit Puderzucker, Sesam, Mandelsplittern, Rosinen und Granatapfelsamen zu. Diese Zutaten symbolisieren gleichzeitig sowohl den Tod als auch das Leben, das Totenreich und die Auferstehung.

In den Eleusinischen Mysterien des antiken Griechenland wurde ein Weizenkorn verehrt, vergleichbar mit der Hostie, als das Symbol ewigen Lebens, das »heilige Korn« der Demeter, der Göttin der Fruchtbarkeit und der Ernte. Der Granatapfel andererseits versinnbildlichte sowohl den Tod als auch die Auferstehung. Der Verzehr eines einzigen Samens hatte Persephone, die Tochter Demeters, dazu verdammt, ein Viertel des Jahres in der Unterwelt zu verbringen, und während dieser Zeit welkte die

Erde dahin und starb. Aber der Granatapfel, das feuchte, rote, an eine Vulva erinnernde Fruchtfleisch mit den vielen Samen, ist gleichzeitig auch ein Symbol für Leben und Fruchtbarkeit, und als Persephone auf die Erde zurückkehrte, brachte sie das Samenkorn in ihrem Leib tragend mit.

Heutzutage reichen die griechisch-orthodoxen Priester dieses Gebäck, *kóliva*, ihren Gläubigen an Festtagen wie Pfingsten, wo man ebenfalls gewissermaßen den Kreislauf von Tod und Auferstehung feiert. Und bei Totenmessen wird den Dahingeschiedenen symbolisch eine Portion davon, Samen der Unsterblichkeit, als Wegzehrung für ihre Reise ins Totenreich mitgegeben.

Aber an Pfingsten, besonders in der Nacht vor dem Pfingstsonntag, sind die Toten ruhelos, denn sie wissen, die Zeit der Auferstehung, die sie seit dem Himmelfahrtstag genießen durften, geht bald zu Ende, und sie werden für lange Zeit wieder in ihren Gräbern eingeschlossen sein.

Vielleicht war dies der Grund für meine Unruhe in der Nacht zuvor. Vielleicht war der Geist meines Vaters an mein Bett gekommen, um mich zu warnen, ja nicht seine Fehler, nämlich gutes Geld in aussichtslose Unternehmen zu stecken, zu wiederholen. Und vielleicht stand neben ihm der Schatten meiner Mutter, die sich zwar lange vor seinem Tod von ihm hatte scheiden lassen, ihm aber immer noch kopfschüttelnd vorwarf: »Siehst du? Hab ich's dir nicht gesagt?«

Wir setzten uns auf Stélios' und Warwáras Terrasse und plauderten über vergangene Zeiten und was sich in Livádi während unserer Abwesenheit ereignet hatte. Den beiden ging es eigentlich recht gut, nur Warwára klagte, wie schon früher, über ihr schwaches Herz und die milchig-weißen Schatten des grünen Stars, die ihre himmelblauen Augen trübten. Eigentlich sollte sie sich operieren lassen, aber dafür müsste sie nach Athen fahren, und der Gedanke, Stélios allein lassen zu müssen, belastete sie. Ihr Mann tat ihre Bedenken zwar ab, aber trotzdem merkte man, dass es ihm nicht leicht fallen würde, ohne sie zurechtzukommen, obwohl gar nicht weit von ihrem Haus, gerade zweihundert Meter entfernt, eine verheiratete Tochter, Aryiró, lebte.

Stélios wusste, dass seine Kräfte bald nachlassen würden, und ihn beunruhigte zunehmend der Gedanke, wer sich, wenn er einmal nicht mehr wie bisher fünfzehn Stunden am Tag arbeiten konnte, um seine Felder und die Tiere – zwei Kühe, Hühner und Truthähne – kümmern würde.

Ich nutzte die Gelegenheit, ihn nach seinem Alter zu fragen. Ein Grinsen breitete sich auf seinem Gesicht aus, fast so ausladend wie der Strohhut, den er weit in den Nacken geschoben hatte. »Sechsundsiebzig, Thomá!«

Warwára lächelte stolz. Ihr Haar war silberweiß, Stélios' Haar hingegen war immer noch braun, nur von ein paar grauen Strähnen durchzogen. Er war ihr Mann.

Die beiden hatten vier Kinder, zwei Töchter und zwei Söhne. Wie es der Brauch war, durften die beiden älteren Kinder in die Welt hinausgehen und ein Leben nach ihren Vorstellungen führen, während die beiden jüngeren, Aryiró und ihr kleiner Bruder, Stávros, auf der Insel bleiben und sich um die Eltern kümmern mussten. Die beiden älteren Geschwister, Theológos und Chrisoúla, gingen nach Athen, wo Theológos ein Möbelgeschäft aufmachte und Chrisoúla, deren Mitgift das Haus war, das wir gemietet hatten, den Besitzer eines kleinen Hutladens heiratete.

Als Stávros volljährig geworden war, hatte Stélios gleich über der Straße ein Haus für Aryiró gebaut, die bald darauf heiratete und mit ihrem Mann Alékos, dem Besitzer eines kleinen *kafeníon* im Dorf Livádi, dort einzog. Nun war alles so gerichtet, dass Stávros zusammen mit seinem Vater den Bauernhof bewirtschaftete, auf dem er ohnehin seit seinem sechsten Lebensjahr arbeitete, um ihn später zu übernehmen.

Zuvor musste er jedoch seinen sechsundzwanzig Monate dauernden Militärdienst ableisten. Warwára hatte sich sehr aufgeregt, als ihr jüngster Sohn fortmusste, aber die anderen hatten ihre Bedenken zerstreut. In jenen Tagen waren die Beziehungen zu Jugoslawien und der Türkei so stabil, dass man keinen Krieg befürchten musste. Wovor sollte sie also Angst haben? Aber so waren Mütter eben.

Dann eines Tages, Danielle war erst vor kurzem bei mir eingezogen, hörten wir die schreckliche Nachricht. Ein Munitionsdepot sei explodiert, ging das Gerücht. Wenn ich mich recht entsinne, waren es Alékos und Aryiró, die uns damals oben in ihrem Café von Stávros' Tod erzählten. Warwára war noch ahnungslos. Ihr Mann wusste nicht, wie er es ihr beibringen sollte.

An jenem Abend gingen wir so spät wie möglich heim in unser Haus, kurz bevor das schwindende Licht es unmöglich machte, den Pfad zu finden, in der Hoffnung, wir würden Warwára nicht begegnen. Aber da stand sie auf ihrer Terrasse und war gerade im Begriff, einen Korb Wäsche, den sie auf der Leine hinter dem Haus getrocknet hatte, hineinzutragen. Sie lächelte strahlend wie immer und winkte uns zu, ehe sie in ihrer Küche verschwand.

Gegen sieben Uhr morgens drang der jähe schrille Schrei, Zeugnis von Warwáras unendlichem Schmerz, durch die Fensterläden in unser Schlafzimmer und fuhr uns durch Mark und Bein. Ein Schrei, der tief aus der Seele an die Oberfläche zu stoßen schien, von einem Ort aus, so abgrundtief und entsetzlich, dass er nur denjenigen vertraut war, die selbst schon dort unten gewesen waren. Mir standen buchstäblich die Haare zu Berge. Erst drei Stunden später schöpften wir genug Mut und wagten uns wieder auf die Terrasse.

Als nun Stélios über seinen Bauernhof sprach und über seine Sorgen, wie es in der Zukunft weitergehen würde, blickte uns Warwára aus ihren trüben Augen an. Wir wussten genau, dass sie gerade, wie wir auch, an Stávros dachte und an alles, was mit seinem Tod verloren gegangen war.

Zwischen uns, auf der hölzernen Abdeckung eines Olivenölkanisters, mit dem man früher das Wasser vom Brunnen geholt hatte, stand ein unberührter Teller mit *kóliva*.

Um elf Uhr gingen wir hinunter an den Strand, wo sich in der Schönen Helena viele Einwohner aus Livádi versammelt hatten, um Kaffee zu trinken oder zu Mittag zu essen.

Warwára und Stélios hatten unsere Einladung, uns zu begleiten, ausgeschlagen. In den sieben Jahren, die ich dort gewohnt hatte, hatte ich sie nie unten bei Theológos gesehen. Trotz Warwáras schwachem Herz waren sie immer zu Fuß nach oben ins Dorf gegangen, zu dem kleinen Platz vor der Kirche, wo ihre Enkelkinder spielten oder im *kafeníon* ihrer Eltern mithalfen. Aber sie versprachen, sobald ich die Küche übernommen hätte, würden sie ganz bestimmt einmal zum Essen kommen. »*Échume keró*«, sagten sie. »Wir haben ja Zeit.«

Sonntags immer

Über Nacht war in der Schönen Helena ein Wunder geschehen. Aus dem tristen Lokal, in dem die Überbleibsel des vergangenen Sommers vor sich hin gammelten, war wieder die lebensfrohe, fröhliche Helena meiner Erinnerungen und Träume geworden.

Diese Metamorphose war sicher zum Teil auf das Sonnenlicht zurückzuführen, das das Wasser der Bucht zum Glitzern brachte und auch die Wände und die Decke der Taverne erstrahlen ließ, sodass sogar das Krankenhausgrün der Wände fast heiter wirkte. Doch vor allem war der Wandel der Arbeit zu verdanken, die Theológos, Démetra und die Jungen geleistet hatten, um die Schöne Helena wieder auferstehen zu lassen.

Die übereinander gestapelten Stühle waren verschwunden, die Tische mit neuen geblümten Plastiktischdecken versehen und im Inneren des Lokals und draußen auf der Terrasse neu arrangiert. Die beiden Kühltheken waren üppig bestückt mit einer farbenfrohen Palette von Flaschen sowie Schüsseln und Schalen mit appetitlichen Vorspeisen wie Auberginenpaste (*melitzánosaláta,* Seite 245) und *tzatzíki* (Seite 243). Es gab auch eine kleine Auswahl an

Fleisch und Fisch, die man besonders verlockend drapiert hatte, falls sich, wie es häufig geschah, unter den Gästen ein zahlungskräftiger Prahlhans befand, einer, der bei diesem Anblick den anderen Inselbewohnern zeigen wollte, dass Geld für ihn keine Rolle spielte – wenigstens momentan nicht.

Hinten in der Küche bellte Theológos, ein weißes Küchentuch über der Schulter seines fast makellosen weißen Hemdes, Lámbros und Sávas seine Anweisungen zu, während die beiden Jungs geschäftig zwischen Küche und Gästen hin und her eilten. Nur Démetra nahm sich die Zeit, uns mit einem aufrichtigen interessierten Lächeln zu begrüßen und uns einen guten Morgen zu wünschen. Wir sahen ihren Goldzahn hinter den Dampfschwaden aufblitzen, die aus den rußgeschwärzten gusseisernen Töpfen auf dem Herd quollen. Sogleich stiegen uns die verführerischen Düfte von Fleischbällchen in Ei-Zitronen-Soße (*juwarlákia avgolémono*, Seite 256) und mit Zimt gewürztem Kalbfleisch (*moschári stifádo*, Elénis Kalbfleisch-Schmortopf, Seite 277) in die Nase.

Aus der uralten Musikbox in der Ecke hallte, auf größtmögliche Lautstärke gestellt, die melancholische Stimme eines griechischen Sängers, der Liebeslieder schmachtete, während sich über die Tische hinweg eine Gruppe Patmier, offensichtlich angestachelt durch die laute Musik, lautstark und fröhlich unterhielt und dabei den Lärmpegel noch weiter steigerte.

Pfingsten bedeutete für die griechisch-orthodoxen Christen das Ende einer strengen, mit religiösen Vorschriften durchsetzten Zeit der Entbehrungen, die bereits im trüben trostlosen März, also neunzig Tage vorher, mit der vorösterlichen Fastenzeit begonnen hatte und nun endlich im strahlenden Sommersonnenschein des Pfingstsonntags aufgehoben wurde. Auf Patmos, einem Ort, an dem der heilige Johannes seine von Gott gesandten Visionen empfing und dessen Kloster nicht nur optisch die Insel beherrscht, sondern den ganzen Lebensrhythmus der Einheimischen bestimmt, werden die religiösen Vorschriften besonders streng befolgt, und zwar von fast allen seiner Bewohner.

Doch wenn diese Zeit um ist, ist sie wirklich vorbei. Dann wenden sich die Griechen wieder der Weltlichkeit zu, mit einem Feuereifer, wie ihn die Apostel nach jenem ersten Pfingstfest zeigten, als das Feuer des Heiligen Geistes auf sie herabgekommmen war und ihnen die Kraft verliehen hatte, in fremden Sprachen zu reden. So beseelt waren sie von ihrem Auftrag gewesen, dass der heilige Petrus sich gezwungen gesehen hatte, sie gegen den Vorwurf der Trunkenheit zu verteidigen. »Diese Männer sind nicht betrunken«, hatte er entrüstet protestiert. »Es ist ja erst neun Uhr morgens!«

In der Schönen Helena war es inzwischen elf Uhr vormittags, und zumindest ein Teil der versammelten Patmier näherte sich dem Zustand der Trunkenheit, wie die beeindruckende und wachsende Zahl der leeren Bierflaschen auf den Tischen zeigte, Ausdruck nicht nur der Spendierfreudigkeit der Gäste (Bier war das teuerste Getränk überhaupt), sondern auch ihrer Trinkfestigkeit und puren Freude über diesen Festtag.

Danielle und ich kannten jeden einzelnen der Anwesenden, und so lud man uns, nachdem man uns ausgiebig begrüßt und sich nach dem Wohlergehen der Kinder und von Danielles Eltern erkundigt hatte, die vor fünf Jahren hier zu Besuch gewesen waren, an ein Dutzend Tische ein, ohne uns jedoch allzu sehr zu bedrängen. Wäre einer von uns allein erschienen, hätten wir keine Wahl gehabt – in einer so fest gefügten Gemeinschaft kommt es kaum in Frage, dass jemand allein an einem Tisch sitzt (und isst und trinkt); und ist dieser Jemand noch dazu ein Freund aus dem Ausland, ist es völlig undenkbar. Die berühmte griechische Gastfreundschaft ist nämlich alles andere als ein Reklameschwindel. Lawrence Durrell beschreibt sie als »ehernes Gesetz«, das bei allen Griechen tief verwurzelt ist. Das griechische Wort *xénos* bedeutet nicht nur Fremder oder Ausländer (wie in Xenophobie) sondern auch Gast, wie das griechische Wort für Hotel zeigt, *xenodochíon*.

»Stimmt«, sagte mir einmal eine italienisch-amerikanische

Freundin, die mit einem Griechen verheiratet ist, »wenn du bei einem Griechen zu Gast bist, würde er dir sogar sein letztes Hemd geben. Aber wenn du Geschäfte mit ihm machst, dann musst du gut auf *dein* Hemd aufpassen!«

»*Élla, Thomá! Daniélla!*«, riefen uns unsere Freunde von früher über die Tische hinweg zu – Michális mit dem grauen, krausen Haarschopf, der unserem alten Bauernhaus ein neues Dach aufgesetzt hatte; sein Cousin Theológos, der für die neuen Fenster zuständig gewesen war, Poditós mit dem Klumpfuß, der uns immer Fische direkt von seinem Boot aus verkauft hatte; der zahnlose Yerásimos, der das Land für uns bestellt und aus den Trauben unseres kleinen Weingartens Wein für uns gekeltert hatte, und noch ein halbes Dutzend weiterer *Livadióti* – »*Na sas keráso!*«, riefen sie uns zu. »Kommt her! Ich lade euch ein!«

Ich geriet sehr in Versuchung, nicht nur, weil ich die düsteren Gedanken der vergangenen Nacht endgültig verscheuchen wollte, sondern auch, weil ich spürte, dass der harte Kokon, in den ich mich in Rethymnon in meiner Tätigkeit als Lehrer eingesponnen hatte, Risse bekam und ich nun endlich voller Lust hinaus in den patmischen Sommer fliegen wollte.

Danielle, die stets aufmerksam alle meine Regungen registrierte, lehnte höflich, aber bestimmt sämtliche Einladungen ab und manövrierte uns schließlich an einen Tisch am Rand der Terrasse, wo wir in dem uns genehmen Tempo essen und trinken konnten. Es war beileibe nicht so, dass ihr die gesellige Seite meines Wesens missfiel, sie wollte nur sicherstellen, dass wir alle etwas Ordentliches im Magen hatten, ehe ich mich aufmachte, alte Freundschaften zu erneuern.

Obwohl Danielle die Taverne und die Nähe zum Strand und zum Meer liebte, war sie in den vergangenen Jahren nicht sonderlich gern hingegangen, außer am frühen Morgen und außerhalb der Hauptsaison, wenn neben Theológos, Eléni und den Jungen höchstens ein paar alte Fischer herumsaßen. Sobald jedoch die Touristen kamen, blieb sie immer nur so lange sitzen, bis sie und

Sara gegessen hatten. Und während ich stundenlang dort hocken konnte, das Oberhaupt einer wachsenden Gemeinde von Freunden und immer neuen Bekannten aus Holland, Deutschland, Österreich, Israel und den Staaten, suchte sie sich ein abgelegenes Plätzchen am Strand, wo sie, die unvermeidliche Zigarette im Mundwinkel, stundenlang las oder aufs Meer hinausschaute oder Sara beim Plantschen zusah.

Paradoxerweise war dieses Verhalten einer der Gründe, weshalb ich mich in sie verliebt hatte – weil sie mit Leichtigkeit das vermochte, was mir so schwer fiel: Nein zu sagen zu all den Ablenkungen und Versuchungen, der Hektik und dem Trubel der Außenwelt, um sich in eine eigene Welt zurückzuziehen, in der nur sie und ihre Kunst zählten, wo sie, ihrem eigenen Rhythmus folgend, ruhig und ungestört nachdenken und arbeiten konnte. In dieser Beziehung war sie eine Verkörperung dessen, was mich ursprünglich an Patmos so fasziniert hatte – eine Insel für Einsiedler und die Einsamkeit Suchende, für abgeschiedene Höhlen und innere Offenbarungen. Aber Patmos hatte auch eine andere Seite, profan und auf das Diesseits gerichtet – wie das Leben der kretischen Vorfahren und des *mágus* Yénoupas –, und diese Seite drängte sich nun immer mehr in den Vordergrund, vor allem, seit der neue Hafenkai fertig gestellt war, und lockte mit immer neuen Attraktionen. Im Gegensatz zu Danielle hatte (und habe) ich ständig Angst, ich könnte etwas verpassen – zu meiner Schande muss ich gestehen, dass ich dabei hauptsächlich an jene Dinge dachte, die höchstwahrscheinlich ganz und gar nicht gut für mich waren.

Deshalb ließ ich mich an diesem Pfingstsonntag von ihr von den fröhlichen Freunden weg zu einem abseits gelegenen Tisch führen. Nach ein paar Minuten war ich ohnehin schon wieder unterwegs in die Küche, um uns etwas zu trinken zu holen und zu sehen, was da unter Démetras Obhut alles auf dem riesigen schwarzen Herd brodelte.

Wir bestellten *juwarlákia avgolémono* und einen *choriátiki salá-*

ta, den berühmten griechischen Bauernsalat mit Feta-Käse, der besonders köstlich schmeckt, wenn die Zutaten aus dem Garten gleich hinter der Taverne stammen; außerdem Tomaten, gefüllt mit Reis und Kräutern, und die üblichen, unvermeidlichen *patátes tiganités* (Pommes frites). Nach dem Essen machten Danielle und die Kinder einen Strandspaziergang, und ich war nun endlich frei und konnte, meinen primitiven geselligen Instinkten folgend, von Tisch zu Tisch ziehen und dabei alte Freundschaften hochleben lassen.

Bald hatte ich regelrecht Schaum vor dem Mund vom vielen Erzählen, denn ich wollte natürlich den Leuten aus Livádi meine Pläne für die Taverne kundtun. Daher war ich bass erstaunt, als ich feststellte, dass niemand den Grund für unsere Rückkehr nach Patmos kannte. Offensichtlich hatte Theológos kein Wort darüber verloren. Da ich wusste, wie sehr die Griechen einander misstrauen, hätte ich wahrscheinlich auch besser daran getan, den Mund zu halten. Aber als typischer Amerikaner, der ich nun mal bin, muss ich es jedem gleich brühwarm erzählen, wenn ich Neuigkeiten habe. Diese Angewohnheit konnte ich mir einfach nicht abgewöhnen, obwohl ich oft bemerkt habe, wie peinlich berührt selbst meine engsten griechischen Freunde reagiert haben, wenn ich wieder einmal ohne zu überlegen meinem Herzen Luft machte.

Diese Heimlichtuerei der Griechen hat viel mit ihrem Glauben an die Macht des bösen Blicks zu tun, *to kakó máti,* der purem Neid entspringt. Obwohl es Personen gibt, die einen absichtlich mit ihrem bösen Blick verhexen können – vor allem Frauen und insbesondere jene mit blauen Augen –, kann seine negative Wirkung auch von einem völlig harmlosen Menschen ausgelöst werden, wenn er sich ganz unschuldig etwas wünscht oder etwas schätzt, das man selbst besitzt, sei es ein neues Auto oder eine bessere Arbeit. Wenn einen der böse Blick getroffen hat, kann das eine Reihe verheerender Auswirkungen haben, angefangen von einer Kette kleiner Missgeschicke bis hin zu schwerwiegenden

Unglücksfällen, von einer hartnäckigen, unerklärlichen Depression bis hin zu einer schlimmen, möglicherweise tödlichen Krankheit.

Deshalb ist es unerlässlich, dass man sein Glück nicht offen zur Schau trägt und schon gar nicht damit prahlt. Noch besser ist es, auf Nummer sicher zu gehen und öffentlich und lautstark alles, was man besitzt und was möglicherweise den Neid anderer erregen könnte, in ein schlechteres Licht zu rücken. Aus diesem Grund hatten auch viele der Frauen in Rethymnon, denen wir stolz unseren neugeborenen Sohn zeigten (und die angesichts unserer offen zur Schau gestellten Hybris entsetzt gewesen sein mussten), ihre wahren Gefühle verborgen und abergläubisch auf den Boden gespuckt. Als ich dieses Verhalten zum ersten Mal erlebte, wäre ich der alten Dame beinahe an die Gurgel gesprungen, bis ich dann ihr eigentliches Motiv begriff.

Deshalb ist es auch fast unmöglich, einen Bewohner dieses Landes dazu zu bringen, dass er einem zu irgendetwas gratuliert. Eine Ankündigung wie »Ich habe meinen Roman verkauft« quittieren die Griechen mit peinlichem Schweigen, während sie auf den Boden starren und verzweifelt nach einem anderen Gesprächsthema suchen.

Mein Verstand sagt mir, dass ich an solche Dinge eigentlich nicht glaube, aber gleichzeitig gibt es einen Teil von mir, der sie wenigstens mit gebührendem Respekt behandeln möchte, und so betete ich früher regelmäßig vor dem Einschlafen für meine Seele und werfe heute noch Salz über meine Schulter – nur für alle Fälle. Wie antwortete doch ein berühmter Physiker einmal auf den Vorwurf, er sei abergläubisch, weil er an der Wand ein Hufeisen hängen habe: »Nun, man sagt, es hilft, auch wenn man nicht daran glaubt.«

Wie dem auch sei, an diesem einen Nachmittag damals in der Taverne hatte ich jedenfalls nicht die Absicht, meine Neuigkeiten für mich zu behalten. Schließlich war Pfingstsonntag, nicht wahr? Und der Heilige Geist war auf uns herabgekommen – oder, in meinem Fall, zumindest *kéfi*, was fast das Gleiche ist und in jedem Fall einen wirksamen Schutz gegen den bösen Blick darstellt. Zumindest war ich fest entschlossen, das zu glauben.

Im Gegensatz zu *kakó máti*, der von den Menschen ausgesandt wird, ist *kéfi* ein Geschenk der Götter. Jemand, dem *kéfi* verliehen worden ist, ist in der Lage, Glückseligkeit zu empfinden, jene des Dionysos, nehme ich an, des Gottes des Weins, der Feste und was einen sonst noch beflügelt. Wie ich bereits in meinem Buch *Essential Greek Handbook* geschrieben habe, kann dieser Zustand nicht absichtlich herbeigeführt werden, etwa durch den Genuss von Alkohol oder durch Tanzen, sondern er befällt einen plötzlich und ohne Vorwarnung, erfüllt einen mit purer Freude und Lebenslust, um dann, wenn man ihn gebührend genossen hat, wieder zu verschwinden und vielleicht erst wieder in einem Jahr, vielleicht auch nie mehr zurückzukehren. Mit anderen Worten, er ähnelt sehr dem Zustand, den die Christen als Stand der Gnade bezeichnen.

Die Griechen erkennen sofort, wenn jemand im Besitz von *kéfi* ist, und behandeln die so gesegnete Person, Mann oder Frau, mit gebührendem Respekt. So darf derjenige tun und lassen, was er will – selbst wenn ihm danach ist, den Überschwang seiner Gefühle dadurch auszudrücken, dass er einen Stuhl aus dem Fenster wirft, wird niemand versuchen, ihn daran zu hindern.

War ich an jenem Nachmittag mit *kéfi* gesegnet? Ich muss wohl in dem Glauben gewesen sein, meine griechischen Freunde hingegen waren es sicher nicht. Statt dass sie mir meinen Spaß gelassen und sich mit mir gefreut hätten, mir vielleicht einen Drink spendiert und auf den zukünftigen Wirt der Schönen Helena angestoßen hätten, nahmen sie mich, einer nach dem anderen, im Verlauf dieses Nachmittags beiseite und legten mir ans Herz, ich solle wachsam sein. »*Kléftis íne!*«, warnten sie mich vor Theológos, *O Ladós*. »Er ist ein Dieb!«

Aber dieses Thema hatte ich bereits mit Melyá durchgekaut und war zu dem Schluss gekommen, dass man, da die Griechen alle anderen Griechen für Lügner und Betrüger halten, nicht einmal dem Rat jener trauen könne, die einen vor den anderen warnen. Was haben *sie* denn eigentlich für ein Motiv? Neid? Oder spielte in meinem Fall gar versteckter Antiamerikanismus eine Rolle? Ich würde verrückt werden, wollte ich das herausfinden. Deshalb war ich wild entschlossen, diesen Teufelskreis zu durchbrechen, indem ich einfach jemandem mein Vertrauen schenkte, sprich, Theológos, der ja ohnehin schon meine hundertfünfzigtausend Drachmen tief in seinen Taschen hatte.

Aber das verschwieg ich meinen griechischen Freunden wohlweislich. Stattdessen bedankte ich mich für ihre guten Ratschläge und versprach, auf mich aufzupassen.

Inzwischen war es Nachmittag geworden, und Danielle und die Kinder kamen müde vom Strand zurück. Sie wollten hinauf zum Haus gehen und sich etwas hinlegen, sagten sie. Doch mich beseelten neue Kräfte, ich erlebte sogar einen neuen Energieschub, der zur einen Hälfte auf das griechische Bier, zur anderen auf meinen amerikanischen Überschwang zurückzuführen war, und so beschloss ich, es sei meinen geschäftlichen Interessen dienlich, wenn ich in der Taverne blieb und meinen zukünftigen Gästen das Gefühl gab, sich bei mir wohl zu fühlen. Diese bestanden in der Zwischenzeit nicht nur aus meinen patmischen Freunden, sondern auch aus einigen Touristen, die zufällig vorbeigekommen waren und sich nun, von der festlichen Stimmung angesteckt, zu uns gesellten.

Während meine Familie sich zurückzog, um sich auszuruhen, hielt ich den restlichen Nachmittag die Stellung, sprach in fremden Zungen, reizte meine Zuhörer mit Visionen der köstlichsten Mahlzeiten, die ich zuzubereiten gedachte, und sah sie schon im Geiste vor mir, die große Schar der Gäste, die Tag und Nacht in meine Taverne pilgern würde, sobald sie einmal herausgefunden hatte, dass man bei mir nicht nur sehr gut essen konnte, sondern auch exotische Speisen bekam: französische, italienische, chinesische, indische Gerichte, Tex-Mex-Küche, kurzum, alles was das Herz begehrte! Ich würde sogar Sonderwünsche berücksichtigen!

Als man dann später von Bier auf Retsina und Ouzo überging, werden meine Erinnerungen, was den restlichen Nachmittag angeht, verschwommen. An eine Episode aber erinnere ich mich deutlich. Einmal fuhr Euripides in seinem neuen Taxi vorbei (sein altes *aeropláno* bekam inzwischen das Gnadenbrot und wurde liebevoll in einem eigens gebauten steinernen Verschlag mit Plastikdach aufbewahrt), und als er vor der Taverne die Geschwindigkeit drosselte, glaubte ich auf dem Rücksitz die Gestalt und das im Zwielicht schimmernde Blondhaar von Melyá zu erkennen. Sie trug eine Sonnenbrille, und so kann ich nicht sagen, ob sie mich gesehen hat, aber jedenfalls brachte Euripides nur ein kurzes »*Jásu, Thomá!*« heraus, ehe er angewiesen wurde weiterzufahren.

Als Danielle mit den Kindern gegen sechs Uhr zurückkam, war ich immer noch mächtig in Fahrt und hatte inzwischen sogar eine Kiste mit meinen Küchengeräten in den Gastraum gezerrt. Als meine Familie durch die Tür trat, führte ich gerade Theológos, Démetra, Lámbros, Sávas und ein paar übrig gebliebenen Gästen in einer beeindruckenden Demonstration meine Cuisinart-Küchenmaschine vor – ich hatte sie, o Wunder, im hintersten Regal eines Ladens in Rethymnon aufgestöbert –, die nicht nur Zwiebeln und Petersilie zerkleinern konnte, sondern auch rohe Fleischbrocken in Hackfleisch verwandelte.

Als der blonde Lámbros bemerkte, was für ein wunderbares amerikanisches *prágma*, Gerät, das doch sei, lächelte Danielle.

»*Gallikó íne*«, sagte sie mit einem süffisanten Lächeln. »Es kommt aus Frankreich.« Dann sah sie mich an und lächelte abermals. »Wie die Freiheitsstatue.«

Zum Abendessen gab es außen knusprige, innen wunderbar saftige griechische *keftédes* (Griechische Fleischbällchen, Seite 254) aus dem Rindfleisch, den Zwiebeln und der Petersilie, die ich durch den Fleischwolf gejagt und dann höchstpersönlich mit Minze, Zimt, gemahlener Muskatnuss und Cayennepfeffer abgeschmeckt hatte.

Dann kehrten wir zufrieden in unser Haus auf dem Hügel zurück. Und um halb zehn, als der letzte Schimmer Licht vom Firmament verschwunden war, schlummerten wir bereits friedlich, genau wie Stélios und Warwára und deren Kühe, Esel und Hühner.

Es war, als wären wir nie fort gewesen.

Das Haus auf dem Hügel – Teil II

In meinem ersten Sommer in Livádi lebte ich drei Monate – von Mai bis Anfang August, wie ich es mir vorgenommen hatte – zurückgezogen in dem Haus auf dem Hügel, wie einer dieser mönchischen Einsiedler auf Athos oder in einem Meteora-Kloster, und verließ mein Refugium nur, um in der Schönen Helena zu Mittag zu essen oder einmal die Woche in Skála einzukaufen.

Immer wenn ich nach Skála kam, mied ich bewusst jeden Kontakt zu anderen Ausländern, benutzte kleine Seitenstraßen zu den Läden und zum Bäcker, damit ich ja nicht in Versuchung geriet, mit jemandem ins Gespräch zu kommen. Um meine spirituelle Seite zu stärken, kaufte ich mir Bücher über die Offenbarung und Drucke von Ikonen, deren Originale im Johannes-Kloster hingen. Ich ging sogar so weit, ein paar der kleinen Öllämpchen zu erstehen, die die Griechen gern vor ihren Ikonen aufstellen, und hin und wieder etwas Weihrauch zu verbrennen, damit es in meinem Zimmer roch wie in einer Kirche. In dieser Zeit, in der ich meine Mahlzeiten ausschließlich in der Taverne zu mir nahm oder mich mit dem Obst und Gemüse aus Stélios' Garten verköstigte, nahm ich fast fünfundzwanzig Pfund ab, Übergewicht, das ich den vielen Martinis zum Dinner und den Pastrami-Sandwiches während meiner Arbeit am Theater verdankte und das jetzt wie von allein dahinschmolz.

Die Seiten meines Romans, eine Adaption von Dostojewskijs *Schuld und Sühne* mit dem Schauplatz Vietnam, stapelten sich auf dem Fensterbrett vor meinem Schreibtisch, wo ich sie immer vor

Augen hatte, die Früchte meines unermüdlichen Fleißes, während ich auf das violett und azurblau schimmernde Meer hinausschaute.

In jenen Tagen hatte ich die Schöne Helena praktisch für mich allein. Mittags spazierte ich hinunter zur Taverne und saß wie ein König unter dem riesigen Tamariskenbaum, während die kleinen Jungs, Lámbros und Sávas, um mich herumscharwenzelten und mich bedienten und ihre Mutter und ihre Schwester in der Küche werkelten.

Eléni stammte, wie ich erfahren hatte, aus Nordgriechenland. Wie jene andere Helena aus dem Trojanischen Krieg war auch sie von ihrem Verehrer von ihrer Familie weggelockt und in dieses »fremde« Land geholt worden, das nun ihre neue Heimat war. Ihre Speisen waren mit den exotischen levantinischen Gewürzen zubereitet, wie sie die Köche ihrer Region schätzen – Zimt, Muskat, Kreuzkümmel und Piment – und oft in süßem Rotwein geschmort. Jeden Tag gab es ein anderes schmackhaftes und herzhaftes Gericht: *papoutzákia* oder *imám bayáldi* beispielsweise, Auberginen mit einer kräftig gewürzten Fleischfüllung, geschmort in einer mit Olivenöl angereicherten Tomatensoße, oder *ochtopódi stifádo*, geschmorter Oktopus, und *briam*, mit Oregano und Knoblauch gewürztes Gemüse, im Ofen gebacken.

Theodóra, die Tochter, war ein heranreifendes junges Mädchen, und so war es nicht verwunderlich, dass sie sich vor fremden Blicken in der Küche versteckte, sich in Winkeln und Ecken herumdrückte und kaum von ihrer Arbeit aufsah, wobei ihr jedoch unter den schamhaft gesenkten Lidern rein gar nichts entging. Im Gegensatz zu ihr blickten mich Sávas und Lámbros mit hellen klaren Augen offen an, umschwirrten mich wie junge Eichhörnchen und hingen an meinen Lippen, damit sie ja nichts von dem verpassten, was ich, dieser exotische *kírios*, dieser Herr aus Amerika, der sich ihr Tal als Aufenthaltsort für den Sommer ausgesucht hatte, von mir gab.

Während ich auf mein Essen wartete, zeigte ich ihnen Fingerspiele und Zaubertricks, die mein Vater und Onkel mir als Kind beigebracht hatten. Auch durften sie meinen Walkman aufsetzen und Kassetten von den Beatles und Bob Dylan hören, und auf diese Weise machte ich sie mit westlicher Musik bekannt.

Während der Woche war Theológos gewöhnlich abwesend, unterwegs mit seinem Boot auf wichtigen Geschäftsreisen, die ihn manchmal nur nach Skála, hin und wieder aber sogar bis nach Samos, vier Stunden in nördlicher Richtung gelegen, oder gar nach Piräus und Athen führten, wenn er größere Einkäufe tätigen musste.

Damals fing die Hauptsaison erst am ersten Juli an, wenn die Familien, die im Tal und am Strand Sommerhäuser besaßen, aus ihren Winterwohnungen in Skála und Chóra eintrafen oder gar aus Athen und Australien anreisten. Aber ihre Ankunft berührte mein ruhiges, friedliches, zölibatäres Dasein kaum. Sie warfen mir natürlich neugierige Blicke zu und begrüßten mich nach einiger Zeit sogar mit einem Kopfnicken, wenn ich an den Strand kam, aber sonst nahmen sie kaum Notiz von mir. Die meisten von ihnen waren zwar offensichtlich nicht reich, benahmen sich aber, als würde Livádi ganz allein ihnen gehören. Dies war ihr Tal und ihr Strand, und zwar schon seit Generationen, wahrscheinlich sogar schon seit dem zwölften Jahrhundert, als ihre Familien, darunter viele Abkömmlinge aus der mittelalterlichen byzantinischen Oberschicht, beschlossen hatten, an diesem Ort den Sommer zu verbringen. Daher betrachteten sie auch Theológos, der als Sohn eines bettelarmen Bauern aus dem kargen, windumtosten Norden gekommen war, in gewisser Weise als Eindringling, wenn auch – wegen seiner Taverne – als durchaus nützlichen. Was mich anging, so war ich nur eine Randerscheinung, wie so viele andere ausländische Touristen vor mir, eine interessante Abwechslung bestenfalls – solange ich nicht Probleme bereitete wie die plündernden Venezianer oder die Italiener und Nazideutschen –, aber eben, wie Letztere auch, kurzlebig und unbedeutend wie eine Eintagsfliege.

Nur am Sonntag, wenn die arbeitende Bevölkerung von Patmos und die einheimischen *Livadióti* Zeit hatten, war der Strand nennenswert besucht, und nur dann war Theológos auch sicher in der Taverne anzutreffen, ein Küchentuch über der Schulter drapiert, das Gesicht gerötet von der Hitze, jederzeit bereit, für das Mittagsgeschäft zusätzliche Tische unter den Tamarisken aufzustellen. Werktags oder abends aber mussten Eléni und die Kinder die ganze Arbeit allein verrichten, selbst wenn er anwesend war. Dann spielte er den freundlichen Gastgeber, stets um das Wohl der Gäste bemüht, und setzte sich zu ihnen an den Tisch, um mit ihnen – ganz der Pascha – einen Kaffee oder Ouzo zu trinken.

Nach dem Mittagessen ging ich gewöhnlich ins Haus zurück, um ein kleines Schläfchen zu machen, und danach arbeitete ich weiter an meinem Roman. Nachmittags lag über dem Tal eine Gluthitze, nie verdunkelte eine Wolke die Sonne, und die träge Stille wurde nur unterbrochen von den Geräuschen von Stélios' Tieren oder einem gelegentlichen lauten Rufen, wenn etwa eine Hausfrau ihre weiter entfernt wohnende Nachbarin bat: »Warwára? Kann ich ein bisschen Zucker von dir haben?« Gegen sieben wurde zu Abend gegessen, und wenn um neun dann in den Häusern die Lichter ausgingen, war die Dunkelheit so intensiv, funkelten die Sterne am Himmel in solcher Vielzahl, dass man meinen konnte, in einen anderen Teil des Universums versetzt zu sein.

Während die Tage ruhig und friedlich dahinplätscherten, wollte doch die Erinnerung an diese junge Französin nicht verblassen, die ich in dem Café in Skála entdeckt hatte. Ich sah sie direkt vor mir, wie sie da vor ihrem Glas Ouzo saß, wie sich ihre wunderbar geformten Brüste unter dem dünnen T-Shirt deutlich abzeichneten, während sie sich leicht nach vorn beugte, um mit mandelförmigen Augen etwas zu betrachten, was nur sie sehen konnte – nur zu gern hätte ich gewusst, was es war.

Cuisine Arts

Am Morgen nach dem Pfingstsonntag ging ich wieder hinunter in die Taverne, um meine restliche Küchenausrüstung auszupacken und mit weiteren gastronomischen Errungenschaften, die ich in Rethymnon erstanden hatte, anzugeben. Als ich mit den beiden Jungs, Sávas und Lámbros, gerade inmitten meiner Kisten und Schachteln am Boden saß, wie Kinder um den Weihnachtsbaum, kehrte Theológos von einer Einkaufsfahrt aus Skála zurück und knüpfte unvermittelt an das Thema an, das er vor einigen Monaten in meiner Wohnung in Rethymnon angeschnitten hatte.

»Du hast dieses Zeug mitgebracht?«, rief er und zeigte auf einen Zwei-Kilo-Sack Kidney-Bohnen, der aus einer Schachtel herausragte.

»Ich will es mal ausprobieren«, erwiderte ich. »Ich bin sicher –«

»*Kíta*, schaut mal her!«, rief er ein paar Fischern zu, die gerade im Restaurant ihren Morgenkaffee tranken.

Sie traten in die Küche, gefolgt von Démetra und ihrem jüngeren Bruder, dem lockenköpfigen Mémis mit seinem sonnigen Gemüt. Mémis hatte kürzlich seinen Militärdienst abgeleistet und half nun seiner Schwester in der Küche.

Theológos hob den Sack mit den Bohnen hoch. »In Amerika essen das die Leute.«

»Nicht nur in Amerika«, bekräftigte ich. »Auch in Mexiko und in –«

»Thomá«, sagte Démetra nachsichtig, als spräche sie zu einem Kind, »das ist Viehfutter.«

»Das weiß ich«, erwiderte ich geduldig, »aber nicht in Amerika und Mexiko. Wir bereiten daraus schmackhafte Speisen zu. *Poli nóstimo*. Köstlich! Zum Beispiel braten wir sie.«

»Braten?!«, rief Poditós, einer der Fischer, entgeistert.

»Thomá – die sind sehr hart«, fügte Sávas hilfreich hinzu.

»Zuerst kochen wir sie natürlich«, antwortete ich, um Beherrschung bemüht.

»Das ist gut!«, sagte Mémis, Démetras Bruder, mit gespielter Begeisterung.

»Dann machen wir ein Püree daraus«, fuhr ich fort, »und braten sie.«

»Ah!«, sagte Poditós. »Und dann –?«

»Dann –« Ich zögerte, denn mir wurde plötzlich klar, auf was ich mich da einließ. »Dann – äh – braten wir sie noch mal.«

»Wieso?«

Ich schaute ihn stumm an und ließ meinen Blick zu Theológos wandern, der dastand und grinste.

»Ach, egal«, murmelte ich. »Dieses Gericht werde ich hier sowieso nicht kochen.«

»Gut!«, rief Mémis, wieder erfreut, während Démetra, die sich kaum das Lachen verbeißen konnte, ihm unsanft den Ellbogen in die Seite rammte.

Die Morgensonne spiegelte sich im Wasser und zeichnete kleine Wellenlinien an die Decke des Restaurants, während ich neben dem riesigen begehbaren Kühlschrank kniete, wo die Kisten seit meiner Ankunft lagerten, und zu den *Livadióti*, meinem griechischen Chor, aufblickte.

Dieser Kühlschrank – er nahm etwa ein Viertel der ganzen Küche ein –, gehörte zu den Neuerungen, mit denen Theológos die Taverne ausgestattet hatte. Er hatte ihn spottbillig einem Mann in Athen abgekauft, der ein Frachtschiff neu ausstattete, und das Ungetüm irgendwie nach Patmos und Livádi transportiert. Dort hatte er die vordere Wand der Taverne eingerissen, um das Ding ins Haus zu schaffen, wo es, kaum dass er es ausprobieren konnte, endgültig seinen Geist aufgegeben hatte. Jetzt diente es als Lagerraum, war bis unter die fleckige, verzinkte Decke voll gestopft mit Kartons und Bierkästen, an den Fleischhaken hingen alte Kleider, und der Boden war übersät mit ramponiertem Werkzeug und alten, mit Farbe verkleckstem Schuhen.

Und während man mich diesem Verhör die Kidney-Bohnen betreffend unterzog, spürte ich plötzlich eine Seelenverwandtschaft mit diesem Kühlschrank. Wenn ich nicht aufpasste, würde ich ein ähnliches Schicksal erleiden. Man würde mich zurechtstutzen, mir die Flausen austreiben, bis ich schließlich meine neuen Ideen aufgeben und mich in das Gewohnte und Althergebrachte fügen würde.

Ich wühlte in einer anderen Kiste mit gastronomischem Hilfsgut, das Freunde in New York per Luftpost geschickt hatten. Sie war bis zum Rand gefüllt mit Köstlichkeiten, die in Griechenland kaum aufzutreiben waren: Sojasoße, Ingwerpulver, Kurkuma, grüne, schwarze und weiße Pfefferkörner, Kardamomkapseln, gemahlener Kardamom, Koriander, Garam Masala und Kumaraswamy-Currypulver. Schließlich wurde ich fündig und hielt triumphierend eine Flasche Gebhardt-Chilipulver in die Höhe.

»Ein besonderes Gewürz aus Texas!«, erklärte ich. »Damit koche ich einen wunderbaren Bohneneintopf mit Hackfleisch, Tomaten, Zwiebeln, Tomatenmark, Wein und so weiter. *Poli nóstimo.* Ihr werdet schon sehen.«

»Ja«, stimmte Theológos zu. »Wir werden sehen.«

Lámbros, Theológos' jüngerer Sohn, lächelte mir aufmunternd zu. »Bestimmt schmeckt es gut«, sagte er betont zuversichtlich.

Sávas tätschelte die Küchenmaschine. »Und das Ding da ist fantastisch!«

Mémis zuckte die Achseln. »*O ti théli O Theós!*«, rief er aus. »Was immer Gott will.«

Tatsächlich hatte ich bereits seit Januar, seit Theológos mir telefonisch sein Pachtangebot gemacht hatte, alle möglichen Küchengeräte gesammelt, und als ich in Rethymnon zufällig auf die Küchenmaschine gestoßen war, erschien sie mir wie ein Geschenk Gottes. Es war ein Profigerät, ein Originalmodell Cuisinart Culinaire, das jahrelang im hintersten Regal eines Haushaltswarengeschäftes gestanden und Staub angesammelt hatte. Die kleine alte Dame, die sich um das Geschäft kümmerte, während ihr

Mann unterwegs in Athen war, wusste sofort, als sie das überraschte, begehrliche Aufleuchten in meinen Augen sah, dass sie nun endlich jemanden gefunden hatte, dem sie diesen Ladenhüter andrehen konnte.

»Es gefällt Ihnen?«, fragte sie scheinheilig. »*S'árési?*«

Ich zögerte, woraufhin sie sofort um ein paar tausend Drachmen mit dem Preis herunterging, zweifellos, damit sie triumphierend ihrem Mann berichten konnte, sie sei das weiße Ungetüm endlich losgeworden.

Ich wiederum erfasste mit einem raschen Blick, dass der Preis, der auf der Verpackung stand, bereits vor einigen Jahren kalkuliert worden sein musste, als die Drachme ungefähr viermal so viel wert war wie zum damaligen Zeitpunkt. Mein Zögern bedeutete also keineswegs, dass ich Bedenkzeit brauchte, sondern vielmehr, dass ich mein Glück nicht fassen konnte, und ich sagte mir, wenn ich nun ausnahmsweise einmal nicht aufrichtig war und den Mund hielt, würde ich dieses Prachtstück zu einem Spottpreis bekommen. Als sie nun gar um zweitausend Drachmen nachließ, sagte ich sofort zu und dankte ihr überschwänglich – ich glaube, ich erwähnte sogar, wie glücklich unsere beiden Kinder sein würden, jetzt, da wir mit dieser wunderbaren Maschine ihr Essen pürieren konnten.

Die kleine alte Dame lächelte glücklich. Ich auch. Zusammen hatten wir einen der seltenen Höhepunkte bei geschäftlichen Transaktionen in Griechenland erreicht, bei dem einfach alles stimmte: jenen besonderen Augenblick, wo sowohl der Käufer als auch der Verkäufer überzeugt ist, dass er den anderen gehörig über den Tisch gezogen hat.

Ja, der Erwerb der Küchenmaschine war in der Tat ein Wink des Schicksals gewesen. Nicht nur hatte er mir gezeigt, dass ich es mit einem Bewohner Hellas' aufnehmen konnte (und glauben Sie mir, diese kleinen alten Damen in Schwarz sind viel zäher und gerissener als sie aussehen), sondern er schien ein deutliches Zeichen dafür zu sein, dass Gott auf meiner Seite war – eine Bestätigung, die wir Amerikaner anscheinend dringend brauchen, besonders, wenn wir es mit Ausländern zu tun haben.

Neben diversen Gewürzen und der Küchenmaschine hatte ich für meine zukünftige Taverne auch eine Reihe »moderner« Geräte wie Knoblauchpresse, Gemüseschäler, Pfeffermühle, Messbecher und -löffel und zwei Eieruhren erworben sowie ein Gerät, ähnlich einem großen Eierschneider, mit dem man perfekte Kartoffelstäbchen für Pommes frites schneiden konnte. Daher fühlte ich mich gut gerüstet für das, was da auf mich zukam, das, so viel war mir inzwischen klar geworden, eine pausenlose Attacke auf die Bastion des Althergebrachten sein würde.

Während Griechen sich wie Kinder im Spielzeugladen aufführen, wenn es um moderne Geräte wie Handys geht, errichten sie Mauern geradezu mykenischer Dimensionen, sobald man ihre kulinarischen Gepflogenheiten kritisieren oder gar den Köchen ins Handwerk pfuschen will. Nicht nur sind die Rezepte seit Generationen weitervererbt, sondern gehen vermutlich sogar auf die Zeit von Sokrates oder früher zurück, als die Griechen, wie sie behaupten, die *Haute cuisine* erfunden haben.

Erstaunlicherweise gibt es zahlreiche Belege, die diese Behauptung stützen. Bereits in seiner *Ilias* und der *Odyssee* (etwa 750 v. Chr.) widmet Homer überraschend viele Seiten der Beschreibung von Festmählern und anderen kulinarischen Ereignissen, ja, er schildert sogar, wie Achilles *souvlákia* zubereitet (Ihnen und den Türken unter dem Namen Shish Kebab bekannt), aus Ziegen- und Schweinefleischstücken, die er aufspießt und über dem offenen Feuer am Strand bei Troja röstet. Darüber hinaus wurde eines der ältesten bekannten Kochbücher von dem sizilianischen Griechen Mithaecus verfasst, einem Koch, der so berühmt war, dass sogar Platon ihn in seinem Werk *Gorgias* erwähnt und seine Speisen als »exquisit« bezeichnet. Platon führt ferner aus, dass Essen und Trinken zu den drei wichtigsten Leidenschaften des alten Athen zählten, wobei die dritte nicht etwa die Philosophie war, wie Sie vielleicht denken, sondern der Sex.

Im klassischen Athen entwickelten sich auch höchstwahrscheinlich die Vorläufer unserer modernen Restaurants – gut zweitausenddreihundert Jahre bevor diese Idee angeblich im Anschluss an die Französische Revolution in Paris geboren wurde –, wo die ärmeren Bürger Athens, die zu Hause keine passenden Räumlichkeiten besaßen, mit Freunden zusammensitzen und, bei einer Karaffe oder zweien, ihre Gedanken austauschen konnten.

Diese Stätten der Begegnung waren ursprünglich Läden, in denen man Wein und Essig kaufen konnte. Da man den Wein in Ruhe und ausgiebig probieren musste, bevor man seine Wahl traf, wurden damals vermutlich Tische und Stühle bereitgestellt, später auch *mezés* gereicht, kleine pikante Häppchen, um die Geschmacksknospen anzuregen, und schließlich richtige Mahlzeiten serviert. Interessant ist, dass sogar schon in jenen frühen Tagen vor der Unehrlichkeit der Besitzer gewarnt wurde, wie man aus den beißenden Bemerkungen des Komödienschreibers Aristophanes ersehen kann, mit denen er die Wirte des Betrugs bezichtigt.

Aber irgendwann im Lauf der Geschichte, höchstwahrscheinlich während der vierhundert Jahre dauernden türkischen Herrschaft, als viele Griechen in den Küchen ihrer osmanischen Herren arbeiteten und auf diese Weise türkische Gerichte zuzubereiten lernten, die man jetzt als festen Bestandteil der griechischen Küche betrachtet – beispielsweise *imam bayáldi* (was übersetzt etwa so viel bedeutet wie »der Imam ist in Ohnmacht gefallen«, wahrscheinlich wegen des sündteuren Olivenöls) –, warf die Mehrzahl der Griechen jegliche kulinarische Finessen über Bord und entschied sich für Speisen, die, nun entsprechend schlicht und schnörkellos zubereitet, in erster Linie der Sättigung dienen sollten. Heutzutage legen die meisten Restaurants mit Ausnahme einiger erstklassiger Lokale in Athen und Thessaloniki sowie einigen touristischen Hochburgen eine erstaunliche Unbekümmertheit an den Tag, was die Qualität ihres Speiseangebots angeht, und servieren ihre Gerichte meist lauwarm, völlig verkocht, öltriefend und lieblos zubereitet.

Als daher nun Mémis ausrief »Was immer Gott will!« – jenen für die Griechen so typischen Stoßseufzer –, schwoll mir augenblicklich der Kamm. Vielleicht in deiner Welt, mein Freundchen, dachte ich bei mir, aber nicht in meiner!

Countdown

»Nun, Thomá«, sagte Theológos und setzte sich, Papier und Bleistift in der Hand, neben mich. »Jetzt sag mir mal, was *du* haben willst.«

Wir saßen an einem Ecktisch in der Taverne. Es war inzwischen später Vormittag, die Sonne war weitergewandert und schien nun auf den Sand und den staubigen Beton der Terrasse und tauchte den Raum in ein warmes, beiges Licht. Draußen saßen ein paar Touristen, um die sich Démetra und die beiden Jungs kümmerten, und verzehrten in Ruhe ein spätes Frühstück.

»Ich fahre morgen nach Athen«, fuhr Theológos fort, »und werde Freitag zurück sein. Was soll ich mitbringen? Bier, Limonade, Mineralwasser, Wein, Rindfleisch? Ich kann dir erstklassiges Gefrierfleisch besorgen, spottbillig – auch Hähnchen – Tomatenmark, Kartoffeln, Zwiebeln? Was brauchst du? Und wie viel?«

»Äh«, sagte ich, verzweifelt bemüht, wenigstens den Anschein zu erwecken, als wüsste ich, wovon ich redete, »du weißt schon – das Übliche halt.«

Er warf mir einen prüfenden Blick zu und lächelte dann.

»Thomá«, sagte er nachsichtig, »*du* musst es auch wissen. Du musst lernen, einen Überblick zu bekommen, was alles vorrätig ist – Getränke, Fleisch, Gemüse, Eier, Käse, Salz, Pfeffer, Gewürze, Servietten –«

»Theológo, ich kann das nicht und –«

»Du führst ein Lokal, du musst das können.«

»Wir machen doch halbe-halbe –«

»Das spielt keine Rolle. *Du* musst trotzdem Bescheid wissen. Schon zu deinem eigenen Nutzen.« Er legte eine Pause ein, fixierte mich mit seinem Blick und sagte dann: »Nehmen wir mal an, ich würde versuchen, dich reinzulegen?«

Ich starrte ihn entgeistert an, sprachlos, kapierte kaum, was er da andeutete, und wusste natürlich nicht, wie ich reagieren sollte. Ich hasse Konfrontationen und hätte niemals von mir aus dieses Thema angeschnitten. Aber plötzlich stand es im Raum.

Ich holte tief Luft.

»Schau mal, Theológo«, sagte ich. »Viele Leute haben mich vor dir gewarnt, haben mich beschworen, dir nicht zu trauen, weil du mich garantiert bestehlen wirst –«

Er lächelte. »*O Ladós?*«

Verdutzt starrte ich ihn an. Aus einem unerfindlichen Grund hatte ich geglaubt, er würde denken, mir sei sein Spitzname unbekannt.

»Ja«, antwortete ich.

»Und?«

»Ich glaube ihnen nicht.«

Er zuckte nicht mit der Wimper, sondern sah mir weiter fest in die Augen, erforschte mein Gesicht nach irgendwelchen Anzeichen, die ihm verrieten, was ich wirklich dachte.

»Wir sind Freunde, seit Jahren schon«, fuhr ich fort. »Du würdest mir so etwas niemals antun. Ich weiß das. Sollen die anderen doch reden, mich kümmert das überhaupt nicht. Die sind nur neidisch!«

Ein leises Lächeln kroch in seine dunkelbraunen Augen, in denen sich golden die Sonne widerspiegelte.

»Ich mache die Küche«, sagte ich, »und du übernimmst die Inventur und den Einkauf. Ich vertraue dir. Du kannst das sowieso besser als ich. Einverstanden?«

»Bist du sicher?« Wieder blickte er mich forschend an.

Ich streckte ihm meine Hand entgegen. »Klar.«

Ein kurzes Zögern, dann reagierte er, und wir besiegelten unsere Abmachung mit einem stummen Händedruck. Seine Hand war rau und schwielig von der harten Arbeit, die schon seit seiner Kindheit sein Leben begleitete, eine Hand, die den Umgang mit Tauen, Pickeln, Sägen und Hämmern gewohnt war – eine Pranke, wie aus Stein gehauen, als gehörte sie nicht zu einem Menschen.

Wir tranken noch eine Tasse Kaffee, um unsere neueste Abmachung zu besiegeln, dann gab ich ihm eine Liste mit den Zutaten, die ich für meine Spezialitäten brauchte (natürlich ohne dabei das Chili zu erwähnen), und überließ ihm die Entscheidung, was sonst noch alles gekauft werden musste.

Rasch überschlug er die Kosten.

»Okay«, meinte er dann, »du gibst mir, sagen wir mal, zehntausend Drachmen für die Fahrt, und ich –«

»Zehntausend Drachmen!«, rief ich entsetzt aus. Obwohl das umgerechnet nur etwas mehr als zweihundert Dollar waren, galt das damals und vor allem auf dieser Insel als eine beträchtliche Summe.

»Das schließt natürlich die Hälfte der Kosten für mein Schiffsticket ein«, erklärte Theológos, »und für mein Hotelzimmer, billig natürlich, und –«

»Aber ich hab dir doch schon einhundertfünfzigtausend Drachmen gegeben!«

Er sah mich mit einem waidwunden Blick an. »Thomá«, erklärte er nachsichtig, »das war nur die Pacht.«

Ich fiel aus allen Wolken. Nur die Pacht ...

In diesem Augenblick hielten vor der Taverne mit quietschenden Reifen erst ein Jeep, dann zwei Motorräder, eine Wolke aus Staub und Sand aufwirbelnd, die die Frühstücksgäste einhüllte. Aus der Wolke tauchte schließlich eine Gruppe skandinavisch aussehender Männer auf, in den Dreißigern und Vierzigern, alle mit trüben Augen und unrasiert, die bleichen, zum Teil etwas schwammigen Körper in topmodische skandinavische Strandkleidung gehüllt.

In ihrer Begleitung befand sich eine muntere junge Blondine, Anfang zwanzig und sehr schön. Ein Model oder eine Schauspielerin, zweifellos, noch dazu sehr geschmackvoll mit einem weißen Herrenhemd und einem sehr knappen Bikinihöschen bekleidet.

In scharfem Kontrast dazu stand die Erscheinung, die hinter ihr aus dem Jeep kletterte. Sofort zog sie die Blicke aller auf sich, ein weibliches Wesen Ende dreißig, mit orange-kupferfarben getönten Shirley-Temple-Locken, die unter einem weißen Carmen-Miranda-Turban hervorlugten. Sie war auffallend geschminkt, trug eine riesige, weiße Holly-Golightly-Sonnenbrille, Espadrilles mit Plateausohlen und ein Strandtuch, auf dem Donald Duck aufgedruckt war.

»Oh, oh«, kommentierte Theológos. Wir schauten uns viel sagend an.

Die Männer betraten schwungvoll das Lokal, blickten in die Runde, entdeckten mich, und einer rief: »Thomá! Melyá hat gesagt, wir würden dich hier finden!«

Trinken, Essen, Sex

Sie kamen aus Norwegen. Zwei der Männer – Magnus mit dem männlichen Kinn, von Beruf Presse- und Modefotograf, und den hageren blonden Jens, dessen Vater Vergnügungsboote baute – hatte ich vor zehn Jahren auf Mykonos kennen gelernt. Die beiden anderen, die Motorradfahrer, waren in der Filmbranche tätig, in einer etwas verschwommen definierten technischen Funktion, in der sie offensichtlich so viel Geld verdienten, dass sie zwei Monate im Jahr auf Patmos Urlaub machen konnten.

Die Rothaarige, Lili, auch eine alte Bekannte, hatte ebenfalls mit dem Film zu tun, schwieg sich aber darüber aus, was genau sie dort machte. Sie schien jedoch eine Menge Freizeit zu haben und schätzte es, wie die Garbo, eine gewisse Distanz aufrechtzuerhalten. Als wir uns damals kennen gelernt hatten und ich meine Standardfrage stellte: »Und was tun Sie so im richtigen Leben?«, hatte sie mich durch ihre dunkle Sonnenbrille angeschaut und geheimnisvoll gelächelt.

»So wenig wie möglich«, hatte sie mit ihrer tiefen Greta-Garbo-Stimme geantwortet.

Die junge blonde Frau, Anna, schien einfach »die Neue« von Magnus zu sein, der jedes Mal, wenn er auf die Insel kam, von einer anderen blutjungen schönen Frau begleitet wurde. Natürlich waren sie alle Models. Bis auf Anna, die auf die Universität ging und Anwältin werden wollte. Vielleicht würde sie nun endlich »die Richtige« für Magnus sein.

Lili lächelte mich an. »Wo ist Danielle?«

»Oben im Haus. Sie richtet sich fürs Malen ein. Mit den Kindern.«

»Ach ja, richtig«, sagte Lili. »Du hast ja jetzt sogar zwei. Sag mal, wirst du denn nie *frei* sein?«

Wir hatten inzwischen alle auf der Terrasse Platz genommen und genehmigten uns den ersten Drink des Tages. Zumindest Magnus, Jens und ich, die wir, wie wir es von den vergangenen Sommern gewohnt waren, den Auftakt der Saison mit Bier, Retsina und Plaudern bis in den Abend hinein feiern würden.

Es war ein Ritual, das alle von uns, die auf griechischen Inseln lebten, einhalten mussten, immer wenn alte Freunde zu Besuch kamen. Wenn man sommers wie winters in Griechenland lebt, gilt man natürlich als Gastgeber, von dem man erwarten kann, dass er sich nicht nur über die Ankunft seiner Freunde freut, sondern sie auch angemessen begrüßt – und zwar jeden Einzelnen, als wäre er der erste Besucher des Jahres. Selbstredend führt dieser Brauch dazu, dass die Leber bis August bereits erheblichen Schaden genommen hat, besonders wenn allwöchentlich neue Freunde eintreffen. Mit zweiundvierzig rechnete ich mich eigentlich noch nicht zum alten Eisen, aber an diesem speziellen Vormittag, nach den eben erst überstandenen Pfingstfeierlichkeiten, dämmerte mir allmählich, dass die Regenerationsfähigkeit meines Körpers langsam, aber sicher nachließ. Dennoch konnte ich nicht Nein sagen, noch dazu zu so guten alten Freunden, wie sie es waren.

Ich erkundigte mich nach Melyá.

»Was ist denn los mit euch beiden?«, fragte Magnus.

»Was hat sie gesagt?«

»Nichts. Außer, dass sie nicht darüber reden will.«

Ich erklärte ihm in allen Einzelheiten, was vorgefallen war.

»Und so glaubt sie, Theológos und ich hätten uns gegen sie verschworen.«

»Und? Stimmt das etwa nicht?«

»*Nein!*«

Die Europäer sind den Griechen sehr ähnlich. Sie glauben einfach nicht, dass die Leute die Wahrheit sagen. Niemand glaubt das, mit Ausnahme von uns Amerikanern – und selbst da bin ich mir nicht mehr sicher, jedenfalls heutzutage nicht mehr.

»Denk dir nichts«, sagte Magnus. »Das renkt sich schon wieder ein. Wie immer.«

Diesmal vielleicht nicht, dachte ich bei mir.

»Und was gibt es bei dir Schönes zu essen?«, fragte Anna.

Ich lächelte sie an, dankbar für den Themenwechsel. Obwohl ich wusste, dass ich mir, was Melyá betraf, nichts vorzuwerfen brauchte, hatte ich trotzdem irgendwie das Gefühl, sie im Stich gelassen zu haben. Schon aus Prinzip hätte ich Theológos antworten sollen, dann solle er seine Taverne halt jemand anderem verpachten. Andererseits, wer glaubt denn heute noch an Prinzipien?

Glücklich stürzte ich mich in eine detaillierte Beschreibung meines Speisenangebots und sagte abschließend: »Nächsten Montag ist Eröffnung. Bringt viele Leute mit!«

Verlegenes Schweigen.

»Das geht nicht«, sagte Magnus schließlich.

»Warum nicht?«

»Wir sind nur auf ein paar Tage hergeflogen«, erklärte Jens.

»Freitag vor einer Woche waren wir alle zusammen in Oslo was trinken –«, sagte Gunnar.

»Das war das erste Wiedersehen seit letztem Sommer«, fügte Magnus hinzu.

Helmut grinste. »Wir waren alle ein bisschen betrunken, weißt du ...«

»Und ehe ich wusste, wie mir geschah, saß ich schon in einem Flugzeug nach Griechenland!«, ergänzte Anna. »Es war unglaublich!« Sie legte ihre Hand auf Magnus' Arm und lächelte ihn an. Er tätschelte ihre Hand.

»Wir reisen Sonntag ab«, sagte er. »Am nächsten Tag müssen wir alle wieder arbeiten.«

»Ich nicht«, flötete Lili. »*Ich* werde zu deiner Eröffnung kommen.«

»Danke«, sagte ich lahm.

»Und später im Sommer kommen wir alle wieder«, versprach Magnus.

»Thomá?« Theológos stand in der Tür und bedeutete mir hereinzukommen.

Ich entschuldigte mich bei meinen Freunden.

Theológos führte mich zu dem Platz hinter dem Haus, wo wir die Getränkekästen und leeren Flaschen abstellten. »Ich habe alles gezählt. Die Leute haben eine Menge getrunken am Sonntag. Wir haben nicht mehr so viel auf Lager, wie ich erst dachte. Ich brauche für die Fahrt etwa fünfzehntausend von dir. Okay?«

»Aber Theológo –«

»Hier, ich hab's aufgeschrieben.« Er zeigte mir einen Zettel, aus einem Block gerissen, wie ihn die Wirte für die Rechnungen benutzen, wenn sie keine Registrierkasse haben. Das graue Papier war auf beiden Seiten eng mit Zahlen und griechischen Buchstaben beschrieben, die, wenn ich sie nicht im Druckbild sehe, für mich so unleserlich sind wie arabische Schriftzeichen.

Verständnislos starrte ich auf diesen Wirrwarr, von dem ich nur die letzte, mit einem Kreis markierte Zahl kapierte, *30 000 drs,* und schwieg.

»Du brauchst mir nicht alles sofort zu geben«, fuhr Theológos fort. »Hast du zehntausend bei der Hand?«

»Ich habe fünf.«

Theológos blickte verletzt drein.

»Okay«, sagte ich. »Acht.«

Seine Züge hellten sich auf.

»Den Rest kriegst du aus dem Gewinn der ersten Woche«, sagte ich. »Einverstanden?«

»Kein Problem, Thomá!«, erwiderte Theológos großzügig, grinste und haute mir auf die Schulter. »Mach dir keine Gedanken. Ich vertraue dir.«

Ich ging zurück zu meinen norwegischen Freunden und hatte mich eben wieder hingesetzt, als erneut Geschrei aus der Taverne ertönte.

Mémis, Démetras jüngerer Bruder, stürzte aus der Tür auf uns zu. Sein nackter, unbehaarter, bronzefarbener, etwas molliger Oberkörper glänzte vor Schweiß. Er war barfuß, trug weite Khakihosen, die ihm tief auf die Hüfte gerutscht waren, und seine blonden lockigen Haare waren zerzaust. In einer Hand schwenkte er triumphierend den blitzenden Pommes-frites-Schneider aus Edelstahl, in der anderen hielt er eine große geschälte Kartoffel.

»Schau mal!«

Ohne sich darum zu scheren, dass noch andere neben mir am Tisch saßen, schob er die Gläser beiseite und stellte den Schneider vor mich hin. Dann legte er die Kartoffel in die dafür vorgesehene Mulde, hielt mit der linken Hand das Gerät fest und drückte kraftvoll mit der rechten den Griff herunter. Ein Sperrfeuer präzise geschnittener Kartoffelstäbchen purzelte über die Plastiktischdecke.

Mémis strahlte. »Gut, ja?!«, rief er auf Englisch.

»Wunderbar!«, sagte ich.

Er blickte triumphierend in die Runde. »Wun-der-bar!«

Dann sah er auf den Tisch hinunter, auf dem zwischen Biergläsern und Kaffeetassen verstreut die Kartoffelstäbchen lagen.

»Oh, *pardón!*«

Rasch fegte er die geschnittenen Kartoffeln zusammen, klemmte sich das Gerät unter den Arm, sagte noch einmal »*Pardón!*« und ging dann eiligst zur Tür, wo er uns ein letztes strahlendes Lächeln schenkte, bevor er im Halbdunkel der Taverne verschwand.

Einen Moment herrschte Stille, dann schwenkte Lili ihre dunkle Sonnenbrille in meine Richtung und fragte mit einem leisen Lächeln auf ihren knallroten Lippen: »Wer ist denn das?«

»Lili –«, sagte Magnus.

»Man wird doch noch fragen dürfen«, schmollte sie.

»Das ist der Bruder von Démetra«, erklärte ich. »Er ist vom Militär zurück.«

»Ah!«

»Tom?«, sagte Anna.

»Was ist?«

»Warum machst du nicht schon am Samstag auf?«

Ich sah sie an.

»Ja«, stimmte Magnus ein. »Warum nicht? Zwei Tage hin oder her spielen doch keine Rolle.«

»Frag doch mal Theológos«, schlug Gunnar vor.

»Sag ihm, wir bringen jede Menge Freunde mit«, sagte Lili. »Zwanzig Personen.«

Ich zögerte.

»Bitte«, sagte Anna. »Vielleicht ist das die einzige Gelegenheit für mich. Wer weiß, ob ich später im Sommer noch mal hierher komme.«

»Frag ihn«, sagte Gunnar erneut.

Als hätte ihn das Schicksal gerufen, stand Theológos plötzlich in der Tür, in einem völlig verschwitzten Unterhemd, und kratzte sich den Bauch. Ich rief ihn herbei und deutete dabei auf die Norweger.

»Theológo«, sagte ich. »Sie reisen Sonntagabend wieder ab. Deshalb können sie nicht zu meiner Eröffnung kommen.«

»Kann er denn nicht schon am Samstag anfangen?«, fragte Lili.

Theológos musterte sie eingehend.

»Bitte«, flehte die schöne Anna.

»Wir bringen jede Menge Leute mit«, ergänzte Magnus.

»Es wird eine riesige Gesellschaft!«, sagte Jens.

Theológos lächelte. Dann sah er mich an. Und dann blickte er in die Runde, kostete die Situation sichtlich aus, und grinste breit.

»Ihr seid meine Freunde. Für meine Freunde – tue ich alles!«

»Bravo, Theológo!«, riefen wir und prosteten ihm zu.

Démetra, Mémis, Lámbros und Sávas schauten uns vom Eingang aus zu und schmunzelten.

In diesem Augenblick bog Danielle mit den Kindern um die Ecke. Sobald Sara mich sah, stürzte sie sich in meine Arme, und Matt, zufrieden vor sich hin plappernd, trottete ihr hinterher.

Der Sommer konnte kommen.

Erste Lektionen

An jenem Samstagmorgen packte ich meine restlichen Gerätschaften aus und richtete mir in der Küche einen Arbeitsplatz ein.

Natürlich war sie viel kleiner, als ich sie mir damals in Rethymnon, von der Erinnerung verklärt, in meinen Tagträumen vorgestellt hatte. Sie war kaum groß genug für die winzige Démetra und für mich, ganz zu schweigen von Mémis und den beiden Jungen, und jeder freie Raum wurde bis zum letzten Zentimeter genutzt. Überall gab es Regale, Schränkchen, Arbeitsflächen, die voll gestopft und voll gestellt waren mit Töpfen, Pfannen, Backformen, Tellern, Gläsern, Mehl, Nudeln, Kräutern, Streichhölzern, aber auch mit alten Lotterielosen, Nägeln, Bindfäden und, inmitten all des Krams, einem defekten Telefon. Mitten im Raum stand ein großer Arbeitstisch, und ein weiterer, kleinerer Tisch füllte die Nische zwischen Küche und den beiden Kühltheken aus. Die rückwärtige Wand wurde beherrscht von einem übergroßen schwarzen Elektroherd mit vier Kochplatten und einer Backröhre. Daneben stand ein zusätzlicher Gasherd mit drei Kochstellen.

Links vom Herd waren an der Rückwand zwei fleckige Edelstahlspülbecken mit Abtropffläche installiert, und daneben führte ein Durchgang in eine kleine, schlauchförmige Kammer, die Theológos im Zuge seiner Verbesserungsmaßnahmen kürzlich erst angebaut hatte. Es war ein Schlaf-, Ankleide- und Vorratsraum in einem, möbliert mit zwei schmalen Pritschen, wo man sich tagsüber ausruhen konnte und die beiden Jungen nachts schliefen. Ein schmaler Gang, der hinter dem begehbaren Kühlschrank verlief, verband diesen Anbau mit der einzigen Toilette der Taverne, kaum größer als eine Flugzeugtoilette, zu der man auch vom Restaurant aus Zugang hatte. In einer Nische war ein Waschbecken installiert, und daneben führte eine Tür zu dem Lagerplatz hinter dem Haus, wo sich leere Bierkästen und Flaschen stapelten und Gemüse gewaschen und geputzt wurde.

Ich nahm den kleinen Tisch zwischen der Küche und den Theken in Beschlag und stellte meine Küchenmaschine dort auf. Da Mémis, wie es schien, nun ebenfalls in der Küche mithelfen würde (ohne Extrabezahlung, hoffte ich) und sich in meinen Pommes-frites-Schneider verliebt hatte, überließ ich es ihm, einen geeigneten Platz dafür zu finden.

Freitagabend kehrte Theológos aus Athen zurück, beladen mit dem Einkauf für das erste große Gelage des Sommers, und blätterte mir einen Packen handgeschriebener Rechnungen hin, von denen die meisten so unleserlich waren wie die Liste, die er mir vergangenen Montag präsentiert hatte.

Um zu demonstrieren, dass ich doch nicht so leichtgläubig war, wie es oft (zu Recht) den Anschein hatte, setzte ich mich mit ihm zusammen, ging akribisch jede einzelne Rechnung durch und verglich sie mit den Waren, die er mitgebracht hatte. Zufrieden nahm ich zur Kenntnis, dass alles haarklein übereinstimmte und dass er die Kosten vorher ziemlich genau veranschlagt hatte – er hatte etwas über dreißigtausend Drachmen ausgegeben, einschließlich, wie angekündigt, seinem Schiffsticket und dem Hotelzimmer.

Mit den eingekauften Waren würden wir wohl, so schätzte ich, eine Zeit lang auskommen. Darunter waren auch teure Lebensmittel wie die Packungen mit tiefgefrorenen Rinderfilets, eine Delikatesse, die auf der Insel fast unbekannt war und dort in keinem Restaurant angeboten wurde. Diese Filets, als Pfeffersteak (Seite 258) zubereitet, sollten eines der beiden Hauptgerichte meines Menüs sein, das ich meinen norwegischen Freunden vorsetzen wollte, neben meinem Retsina-Huhn (Seite 260), ein Gericht, das ich mir bei einem Freund auf Mykonos ausgedacht hatte, als dieser nichts Essbares im Haus hatte außer einem Tiefkühlhähnchen, den Weintrauben, die sich an der Pergola hochrankten, und einer großen, mit Bast umwickelten Flasche Retsina.

Am Samstagmorgen rief mich Magnus an, um mir mitzuteilen, dass er und die anderen, inzwischen war die Gesellschaft einschließlich ein paar griechischer Freunde auf zwölf Personen angewachsen, gegen acht Uhr kommen würden. Am Nachmittag, gleich nachdem die spärlichen Mittagsgäste gegangen waren, machte ich mich an die Vorbereitungen für das Abendessen.

Natürlich ging das nicht ganz ohne Reibungen vonstatten, denn Démetra und die beiden Jungen bereiteten seit einer Ewigkeit die Taverne auf ihre übliche Weise für den Abend vor. So weit wie möglich versuchte ich, mich mit ihren Gewohnheiten zu arrangieren, doch bisweilen sah ich mich gezwungen, mich einzumischen.

Dafür musste ich gut gemeinte Winke mit dem Zaunpfahl und unzählige Fragen über mich ergehen lassen, nach dem Motto: »Wir hacken den Knoblauch immer mit dem Messer«, oder: »Willst du wirklich Trauben in den Topf mit dem Huhn geben?«

Der Abend jedoch war ein voller Erfolg. Jedenfalls für die Gäste. Und für mich anfangs auch. Danielle und die Kinder gesellten sich zu uns und mit ihnen viele andere, die entweder von der Party gehört hatten oder zufällig auf der Suche nach einem Restaurant vorbeigekommen waren. Insgesamt servierten wir etwa dreißig Abendessen, bestimmt ein Rekord für diese Jahreszeit, wenn man bedachte, dass erst wenige Sommergäste in Livádi Urlaub machten und man die acht Kilometer von der Hafenstadt nur mit dem Taxi oder zu Fuß zurücklegen konnte.

Allen schmeckte mein Essen, und ständig gingen neue Bestellungen ein, sodass aus meinem ursprünglichen Plan, mich hinzusetzen und den entspannten Gastgeber zu spielen – ganz der Pascha wie Theológos –, leider nichts wurde. Dieser jedoch konnte, da er an diesem Abend mir das Rampenlicht überlassen hatte, nach Herzenslust mit den Gästen feiern.

Obwohl ich mich an weite Strecken des Abends nur schemenhaft erinnere, gibt es doch eine Schlüsselszene – meine erste Lektion dieses Sommers –, die mir auf ewig ins Gedächtnis eingebrannt ist.

Ich ging gerade an dem langen Tisch vorbei, an dem Magnus und seine Gruppe genüsslich und geräuschvoll aßen und tranken. Einer aus dieser Gruppe war ein Patmier aus Skála, Chrístos, ein alter Freund sowohl von Magnus als auch von mir. Er war derjenige, der mich an meinem ersten Tag auf Patmos nach Chóra geschickt hatte. Dieser Chrístos rief nun laut meinen Namen, und da der Stuhl neben ihm zufällig frei war, wollte ich gerade dankbar etwas verschnaufen, als er mir plötzlich einen Teller mit Tsatsiki unter die Nase hielt und spitz fragte: »Was ist das?«

Ich beäugte die cremige Mischung aus Joghurt, Olivenöl, Gurken und Knoblauch. Mitten darin schwamm eine fette grünliche Fliege, die bereits das Zeitliche gesegnet hatte. Die Szene erinnerte mich so sehr an einen Cartoon, den ich im *New Yorker* gesehen hatte, dass ich beinahe losgeprustet hätte.

»Chrísto«, sagte ich. »Entschuldige!«

Statt eines verzeihenden Achselzuckens, mit dem ich aus dem Schneider gewesen wäre, blieb Chrístos' Miene kalt wie Eis. Und mit einer ebensolchen Stimme sagte er: »Thomá, so führt man kein Restaurant.«

In diesem Moment wurde mir mit erschreckender Deutlichkeit bewusst, auf welcher Seite des Zauns ich nun stand. Ich war nicht länger ein Freund oder Gleichgestellter, ja nicht einmal mehr ein Tourist. Auch nicht schlicht ein Nehmender. Ich war ein Diener. Und obwohl ich mich durchaus unter meine Gäste mischen durfte, wenn mir danach war, so war es doch gleichzeitig meine Pflicht, niemals zu vergessen, in welcher Position ich mich befand und wo mein Platz war. Was hier in der Taverne ablief, war nie und nimmer eine meiner üblichen Partys, auch wenn ich es mir gerne eingeredet hätte.

Lektion Nummer zwei wurde mir zwei Tage später erteilt, als Theológos und ich Buchführung machten, damit ich ihm das Geld geben konnte, das ich ihm für seine Einkäufe in Athen schuldete.

Wir zählten die Einnahmen der Woche zusammen, aber statt mit dem fetten Gewinn vom Samstag anzufangen, sagte Theológos: »Okay, also Montag –«

»Moment mal, und was ist mit Samstag?«, fragte ich.

Er sah ehrlich überrascht aus.

»Wir müssen doch mit den Norwegern eine Menge verdient haben«, fuhr ich fort.

»Wir? Aber du sagtest doch, du wolltest für deine Freunde kochen.«

»Stimmt.« Ein Klumpen Eis begann sich in meinem Magen zu formen.

»Und so habe ich dir den Gefallen getan.«

»Ja, aber –?«

»Aber in unserem Vertrag steht, dass du am Montag angefangen hast. Den fünfzehnten. So haben wir das vereinbart.«

»Und warum, glaubst du, habe ich dann auch am Sonntag gearbeitet?«

Theológos zuckte die Achseln. »Ich dachte, du wolltest ein bisschen mithelfen.«

»Theológo –«

»Vertrag ist Vertrag, Thomá. Das weißt du besser als jeder andere. Du bist schließlich Amerikaner.«

Mir hatte es schier die Sprache verschlagen. Er dagegen blickte mir forschend ins gequälte Gesicht und setzte dabei selbst eine schmerzliche, bitter enttäuschte Miene auf, als hätte er mir so etwas nie zugetraut. Dann sagte er: »Tut mir Leid, dass du das falsch verstanden hast.«

Gottes Wort.

Soul Food

Kurz erwog ich, alles hinzuwerfen. Doch wie sollte ich dann je meine Investition zurückbekommen – indem ich zur griechischen Polizei ging? Aber sicher.

Natürlich war es weniger das Geld, das auf dem Spiel stand. Vielmehr dirigierten mich mein Stolz und meine Sturheit, denn ich wollte beweisen, dass ich trotz der Tatsachen, die gegen mich sprachen, doch noch das Ruder herumreißen und etwas Gutes aus der ganzen Geschichte machen konnte. Erwartete ich wirklich, dass ich ein geschäftliches Gebaren, das mindestens zweitausend Jahre alt war, innerhalb weniger Tage in mustergültiges integres Verhalten umwandeln konnte? Nur weil ich selbst ehrlich war?

Doch wollte ich andererseits wirklich den Schwanz einziehen und davonlaufen, nur weil Theológos sich dieses Ding geleistet hatte? Um dann all den Schwarzsehern wie Melyá unter die Augen zu treten, die mir genau dies prophezeit hatten? Von Danielle gar nicht zu reden.

Nein. Mein Traum stand auf dem Spiel, und ich würde ihn mir von niemandem nehmen lassen, schon gar nicht von Theológos mit seinem schäbigen Bedürfnis, mich auch noch um die paar Drachmen zu prellen, die wir Samstagabend verdient hatten.

Außerdem hatte er mir eine wertvolle Lektion erteilt. Ein wenig brutal vielleicht, aber so war eben das Leben. Und so sagte ich mir, gut, nun hast du deine Lektion gelernt. Das war das letzte Mal, dass er dich reingelegt hat.

Ich stand von dem Tisch auf, an dem wir zusammengesessen hatten, und ging in die Küche – und dort bereitete ich trotzig mein Chili con carne zu (Seite 252), wie ich es mir in Rethymnon vorgenommen hatte, vielleicht, weil ich das Bedürfnis nach tröstlichem Soul Food hatte, vielleicht auch, weil ich mir beweisen wollte, dass ich nicht nach Theológos' Pfeife tanzte.

Wie es das Schicksal so wollte, waren die ersten Mittagsgäste an diesem Tag ein junges Pärchen aus Kalifornien, beide höchstens achtzehn, verstaubte Rucksacktouristen, die zu Fuß nach Livádi gekommen waren, auf der Suche nach einem abgelegenen Strand, an dem sie kampieren konnten.

Ich führte sie zu der Theke und in die Küche und zeigte ihnen die bereits fertigen Gerichte, ohne dabei das Chili zu erwähnen, weil ich annahm, dass dieses Gericht sie als Letztes interessieren würde. Aber der Topf blubberte auf dem Herd, und der köstliche Duft stieg ihnen in die Nase.

»Und was ist da drinnen?«, fragte das Mädchen.

»Ach«, erwiderte ich beiläufig, »Das ist ein Chili, das ich gerade koche. Also, wir haben heute Moussaka –«

»Chili?«, fragte der Junge. »Sie meinen Chili wie Chili con carne?«

»Ja. Ich wollte es mal ausprobieren. Aber diese Moussaka hier –«

Die beiden schauten sich an. »Ist das nicht cool?«, sagten sie. »Chili in Griechenland? Können wir was davon haben?«

»Ihr wollt von dem Chili?«

»Klar«, sagte der Junge. »Sie wissen ja gar nicht, wie das ist, wenn man wochenlang mit dem Rucksack unterwegs ist, und immer nur Gyros und Moussaka und all das Zeug vorgesetzt bekommt –«

Das Mädchen, das kaum den Blick von dem Topf lösen konnte, sagte: »Mann, Chili! O mein Gott!« Und sie schaute mich an, als wäre ich soeben mit einem Eimer Eiswasser in der Wüste aufgetaucht.

Ich gab die Bestellung an Démetra weiter, die überrascht die Augenbrauen in die Höhe zog und dann zwei tiefe Teller füllte, damit ich sie den beiden jungen Leuten aus Kalifornien bringen konnte.

Andere Gäste trudelten ein, und ich vergaß das Pärchen völlig. Doch plötzlich standen die beiden hinter mir, ihre Teller in der Hand.

»Könnten wir noch was davon haben?«, fragte das Mädchen.

Ich war fast sprachlos.

»Es schmeckt wirklich gut«, sagte der Junge.

»Fantastisch!«, fügte das Mädchen hinzu.

Ich sah zu Démetra hinüber, die unserer Unterhaltung lauschte. Ebenso wie Theológos, der eben hereingeschlendert war.

»Die beiden möchten noch etwas davon«, sagte ich auf Griechisch. »Sie sagen, es schmeckt fantastisch. *Parádiso!*« Dann wandte ich mich an die jungen Leute. »Klar könnt ihr noch etwas haben. Aber ihr müsst natürlich dafür bezahlen, einverstanden?«

»Oh, natürlich!«, sagten sie, die Teller in den Händen wie Bittsteller.

Nun, sie verlangten nicht nur einen Nachschlag, sondern auch noch eine dritte Portion, und als die Mittagszeit schließlich vorüber war, hatte sogar Theológos von dem Chili gekostet. Er aß zwar nicht einen ganzen Teller davon – »Es brennt auf der Zunge!«, jammerte er –, aber wenigstens mussten zur Abwechslung jetzt einmal er und andere ihren Stolz hinunterschlucken.

Und wirklich, als Theológos von seiner nächsten Einkaufsfahrt nach Athen zurückkehrte, hatte er, unaufgefordert, zwei Zehn-Kilo-Säcke Kidney-Bohnen dabei. Sie waren in der Tat gut für Leib und Seele.

Zwanzig Stunden täglich, ab sieben Uhr früh

Früher hatte ich auf Patmos am liebsten die Zeit zwischen Spätnachmittag und Sonnenuntergang gemocht. Um vier Uhr nachmittags begannen die ersten Badegäste ihre Sachen zusammenzupacken, und um fünf war der Strand schon fast menschenleer. Die Sonne stand tief am Himmel hinter der Taverne, und die Tamarisken warfen lange Schatten über den Strand bis zum Wasser, dessen metallblaue Oberfläche allmählich das wechselnde Farbenspiel des Himmels annahm. Wenn Wolken am Himmel standen, in denen sich die Strahlen der untergehenden Sonne brachen, war die Wirkung einfach zauberhaft, besonders wenn der Wind plötzlich nachließ, wie das abends meistens der Fall war. Dann schien der Meeresspiegel förmlich über der fast unmerklichen Dünung zu schweben, und die kontrastierenden Schichten und Wirbel schillerten in türkisen, violetten und rosafarbenen Schattierungen. Dass es auf der Erde so viel Schönheit gab – und so viel Ruhe und Frieden –, war fast unglaublich.

Doch für jene, die in der Gastronomie tätig waren, war diese Zeit zweifellos die Phase, in der man sich gedanklich voll auf das Geschäft zu konzentrieren hatte – die Ruhe vor dem Sturm –, wenn einem die Zeit auf den Fersen war und man gleichzeitig das Chaos des Mittagsgeschäfts beseitigen und das Abendessen vorbereiten musste. Wenn zu dieser Stunde jemand hereinspazierte und etwas zu essen bestellen wollte, hätte man ihn am liebsten auf der Stelle erwürgt, um dann möglichst schnell zurück an den Herd zu eilen.

In einer Taverne wie der Schönen Helena, die gleichzeitig das einzige Strandcafé war, konnte man von Glück reden, wenn man nur achtzehn Stunden am Tag arbeiten musste. Denn wenn pünktlich am ersten Juli die Hochsaison begann, war man oft zwanzig Stunden täglich im Einsatz.

Der Tag begann morgens früh um sieben Uhr, wenn wir Kaffee und eine Art Frühstück anboten, für die Fischer, die von ihrem nächtlichen Fangzug zurückkehrten, und für die nicht zechenden (oder manchmal noch vom Vorabend betrunkenen) Frühaufsteher unter den Urlaubern.

In derselben Zeit mussten auch die Hauptgerichte des Tages in Angriff genommen werden, Schmorgerichte und Speisen, die im Backofen gegart wurden, wie beispielsweise Moussaka oder gefüllte Tomaten und Paprikaschoten. Außerdem wurden so viele Salatteller vorbereitet, wie der Kühlschrank fassen konnte, desgleichen Vorspeisen wie Tsatsiki (Seite 243) und Auberginenpaste (*melitzánosaláta*, Seite 245).

Die griechischen Standardgerichte waren fast ausschließlich Démetras Ressort, die ihren Zutaten mit gnadenloser Effizienz zu Leibe rückte, sie klein hackte und sie »abwog«, indem sie nahm, was in ihre hohle Hand passte, und es ins kochende Wasser oder siedende Öl warf.

Ich hingegen stellte mein Kochbuch auf einen kleinen Ständer aus Holz, den ich mir eigens zu diesem Zweck gekauft hatte, und maß alles peinlichst genau Löffel um Löffel oder Tasse um Tasse ab. Manchmal spürte ich, wie Démetra mitten in einer Bewegung innehielt, mich amüsiert aus den Augenwinkeln beobachtete und dann grinsend den Mund verzog, wobei ihr Goldzahn im Licht aufblitzte. Aber sie musste zugeben, dass meine Gerichte schmackhaft waren, obwohl sie stets nur ein wenig davon kostete. Nur von meiner Moussaka, die sie köstlich fand und bei deren Vorbereitung sie mir mit beträchtlichem Respekt zur Hand ging, aß sie einen ganzen Teller.

Das Mittagsgeschäft begann um elf Uhr und zog sich bis drei, vier Uhr nachmittags dahin, eine Zeit, in der die restliche zivilisierte Welt entweder schlief oder mit jemandem schlief oder duschte und sich für die Cocktailstunde und das gesellige Treiben am Abend umzog.

Im Sommer beginnt die Abendessenszeit in Griechenland etwa um sieben, erreicht um acht einen ersten Höhepunkt und kommt dann zwischen neun und zehn richtig in Schwung. Mitunter entwickelt sich daraus, je nachdem, wie die Tischrunde zusammengesetzt ist und ob sich *kéfi* auf die Teilnehmer herabsenkt, eine ausgelassene Party. Wenn das der Fall ist, kann sich der Abend bis weit nach Mitternacht hinziehen, manchmal bis drei, vier Uhr morgens. Danach muss das Restaurant geputzt und das zahlreiche Geschirr gespült, die Töpfe und Pfannen müssen gescheuert und die Kühltheken mit Wein, Bier, Mineralwasser und Limonade aufgefüllt werden. Und kaum ist man erschöpft ins Bett gefallen, läutet etwa zehn Minuten später (zumindest kommt es einem so vor) schon wieder der Wecker, und man beginnt gegen halb sieben sein Tagwerk aufs Neue.

Man hat mich oft gefragt, warum wir unsere Gäste nicht zum Gehen aufgefordert und die Taverne um Mitternacht geschlossen haben. Oder warum wir nicht einfach das Frühstück gestrichen haben. Oder gar beides. Nun, Sie können mir glauben oder nicht, aber abgesehen von dem beträchtlichen Gewinn, den man abends einnehmen kann – die Gewinnspanne bei Getränken beträgt etwa achtzig Prozent, im Gegensatz zu der beim Essen, die etwa zehn Prozent ausmacht –, empfindet man auch eine gewisse Verpflichtung seinen Gästen gegenüber. Wenn diese nun spätabends oder in aller Früh aufkreuzen und beinahe Mitleid erregend dankbar dafür sind, dass man geöffnet hat, bringt man es einfach nicht übers Herz, ihnen ein letztes Glas Wein oder die erste Tasse Kaffee des Tages zu verwehren.

Da ich selbst in den vergangenen Jahren nicht selten schuld daran gewesen war, dass der Wirt nicht ins Bett kam – manchmal hatte ich mir auch die Nacht im Haus von Freunden um die Ohren geschlagen und war gleich anschließend zu Theológos zum

Frühstücken gegangen –, machte ich mir keine Illusionen darüber, was ich von meinen Gästen zu erwarten hatte. Wie sagt man so schön, wer im Glashaus sitzt ...

Aus Tagen wurden Wochen, und als das relativ beschauliche, zivilisierte Junigeschäft pünktlich am ersten Juli durch die Invasion der Touristenhorden aus dem Norden jäh erschüttert wurde, verlieren sich meine Erinnerungen in einem wirbelnden Nebel der Hektik, ähnlich wie ihn Soldaten in der Hitze eines Gefechts erleben.

Anscheinend über Nacht waren wir in der Festung der Schönen Helena zu Trojanern geworden, während draußen am Strand die belagernden Griechen und ihre Verbündeten kampierten, den Tag friedlich mit einem ersten Bad im Meer begrüßten oder sich die Morgensonne auf den Pelz scheinen ließen, ehe sie uns in mehreren Angriffswellen über den Tag verteilt bis spät in die Nacht auf den Leib rückten.

Anfangs trieben mich mein Stolz und Adrenalinstöße an. Mitten im Trubel zu stehen war neu und aufregend, und außerdem wollte ich nicht mit meiner Arbeit hinter Démetra oder den beiden Jungen zurückstehen, von Mémis ganz zu schweigen – der übrigens ein kleines Techtelmechtel mit Lili angefangen hatte –, und schon gar nicht wollte ich mich vor Theológos blamieren.

Außerdem gab es stets zahlreiche Komplimente von Seiten meiner Gäste, sodass mein Energiefluss nicht ins Stocken geriet.

Stellen Sie sich vor, wie man sich fühlt, wenn mittags plötzlich jemand anruft und bittet, für den Abend einen Tisch für fünfzehn Personen zu reservieren, Franzosen. Die Zusammenstellung des Menüs bliebe Ihnen überlassen. Franzosen?! An jenem Nachmittag lief ich zu Höchstform auf, um etwas wirklich Besonderes für den Abend vorzubereiten, ein Menü mit zwei verschiedenen exotischen Geflügelgerichten – Chinesisches Huhn, bei dem als Besonderheit kurz vor Ende der Garzeit hauchdünne Scheiben von Salatgurke mitgeschmort werden (Chinesisches Huhn mit Gurke, Seite 264), und eines meiner indischen Lieblingsrezepte, ein

Murghi-Curry mit Joghurt, Mandeln und Rosinen (Hühner-Curry, Seite 266).

Wie ich mich erinnere, kam am Ende des Mahls die elegante junge Dame, offensichtlich die Wortführerin der Gruppe, zu mir in die Küche, um mir zu danken. Sie war etwa zwanzig, hatte ein ovales blasses Gesicht, das von langen dunklen, glatten Haaren umrahmt war, dunkelbraune blitzende Augen, und neben ihrem lächelnden Mund saß ein Schönheitsfleck, genau an der richtigen Stelle. »Wir müssen morgen abreisen«, sagte sie, »und es tut mir so Leid, dass wir erst jetzt Ihr Restaurant kennen gelernt haben. Aber« – sie schenkte mir noch ein strahlendes Lächeln und streckte mir die Hand entgegen – »vielleicht nächstes Jahr wieder?«

Zwei Tage lang war ich wie berauscht.

Doch während nun Geld hereinfloss, so floss es auch wieder heraus, und zwar in einem solch gleichmäßigen Strom, dass wir nie mehr als unseren anfangs vereinbarten Wochenlohn einzunehmen schienen – je zehntausend Drachmen für Theológos und mich und bedeutend weniger für Démetra und die Jungen. Immer mussten wir noch mehr Vorräte einkaufen oder unseren Getränkevorrat aufstocken, damit wir für den trockenen August gerüstet waren, die Zeit, in der die Großhändler auf dem Festland uns erfahrungsgemäß praktisch von der Versorgung abschnitten.

Täglich oder zumindest jeden zweiten Tag kehrte Theológos vom Markt in Skála mit einem Packen unleserlicher Rechnungen zurück, die er mir immer ausgerechnet dann unter die Nase hielt, wenn ich erschöpft und mitten in den Vorbereitungen für das Mittagessen war. Und statt diese Ausgaben gewissenhaft in unserem Buch einzutragen, bedeutete ich ihm mit einer resignierten Handbewegung, dass ich damit nicht belästigt werden wollte. Wenn ich dann über meine Arbeit gebeugt am Küchentisch stand, klopfte mir Theológos im Vorbeigehen oft auf die Schulter und sagte: »Mach dir keine Sorgen, Thomá. *Panijíri* steht vor der Tür.«

Panijíri, das war das wichtigste Kirchenfest des Jahres in Livádi. Es wird am sechsten August gefeiert, und zwar in ganz Griechenland, aber besonders in jenen Gemeinden, deren Gotteshaus der Verklärung Jesu geweiht ist, auf Griechisch *i Metamorfósi*.

Die der Verklärung Jesu geweihte Kirche in Livádi war ein winziger Kuppelbau, der eher an eine Kapelle erinnerte und gerade den Priester und etwa zehn Gläubige fasste. Auch gab es außerhalb der Kirche keine passende freie Fläche, wo man hätte feiern können. Daher wurde das eigentliche Fest der Dorfbewohner, das am Vorabend des kirchlichen Festtages stattfand, in den Cafés oben im Dorf Livádi und in der Schönen Helena unten am Strand gefeiert. Für die Wirte war dies der Höhepunkt der Saison, der Tag, an dem die harte Arbeit des Sommers endlich Früchte trug und sie das große Geld machten.

Nicht nur Theológos, sondern auch die beiden Kaffeehausbesitzer im Dorf Livádi versicherten mir, dass wir in dieser einen Nacht so viel Geld einnehmen würden, dass wir alle vorhergehenden Ausgaben wieder hereinbekommen und so für den Rest des Sommers nur noch Gewinn machen würden.

Überdies markierte das Dorffest am Vorabend des sechsten August den neunten Jahrestag jener Nacht, in der Danielle und ich zum ersten Mal miteinander geschlafen hatten. Und da ich allmählich das Gefühl hatte, dass neun zusätzliche Jahre vergangen waren, seit wir uns zu diesem Zweck das letzte Mal näher gekommen waren, gewann das bevorstehende Ereignis allmählich immer größere Bedeutung für mich.

Wenn ich Danielle und die Kinder in jüngster Zeit kaum noch erwähnt habe, so liegt das daran, dass ich sie, genau wie meinen Alltag in der Taverne, immer verschwommener wahrnahm. Ich sah sie kurz, wenn sie auf dem Weg zum Strand an der Taverne vorbeikamen oder wenn sie mich enttäuscht von ihrem abseits gelegenen Tisch aus beobachteten, wie ich geschäftig zwischen Küche und Restaurant hin und her eilte und kaum die Zeit fand, ihre Bestellung aufzunehmen.

Manchmal versuchte Sara gar, mir in die Küche zu folgen, um

mir zu helfen, wie sie das von Rethymnon her gewohnt war, doch in der hektischen Betriebsamkeit, die wir alle verbreiteten – Sávas, Lámbros und ich beim Bedienen und Démetra und Mémis, die kochten, Gemüse schnippelten und sauber machten –, stand sie bald verloren im Abseits. Dann kam oft auch noch der arme kleine Matt hinterhergetrottet, splitternackt, um seine Schwester und seinen Papa zu suchen, und hatte schon erwartungsvoll die Arme in die Luft gestreckt, in der Hoffnung, dass ich ihn gleich freudig hochheben würde. Doch er musste erleben, dass ich ihn nur kurzerhand packte und wieder auf den Schoß seiner Mutter setzte, während Sara, enttäuscht darüber, dass sie keine Hilfe für mich war, traurig zu ihrem Tisch zurückkehrte und mich aus großen Augen verwirrt und vorwurfsvoll anblickte.

Wenn ich nachts nach Hause kam, schlief meine Familie bereits. Am Morgen, wenn um sechs Uhr dreißig der Wecker klingelte, wachte Danielle meistens kurz auf, murmelte schläfrig, »*Bonjour. Ça va?*«, um gleich darauf wohlig wieder zurück in Morpheus' Arme zu sinken.

Ihr Arbeitsplatz in der Ecke des Schlafzimmers wurde dem in Rethymnon immer ähnlicher. Der Arbeitstisch war übersät mit Pinseln, Dosen, Flaschen, Tuben und diversen wurmstichigen Holzstücken, und an der Wand lehnten verschiedene wunderbar gemalte Ikonen in diversen Stadien der Vollendung, deren Goldflächen matt im Sonnenlicht schimmerten, das sich an den geschlossenen Fensterläden vorbei in den Raum stahl.

Ehe ich hinaus auf die Terrasse ging, sah ich stets kurz nach den Kindern, die in ihren Betten im mittleren Zimmer schliefen. Sara war immer bis zum Hals ordentlich zugedeckt, als hätte sie sich seit dem Einschlafen nicht ein einziges Mal bewegt, und ihr schulterlanges blondes Haar, das Sonne und Salzwasser fast weiß gebleicht hatten, bedeckte ihre Wangen und das Kissen. Matt, der immer seinen Schnuller im Mund hatte und mit seinem salzverkrusteten Haar an einen kleinen Punk erinnerte, sah hingegen jeden Morgen aus, als hätte er mit seiner Bettdecke mindestens fünfzehn

Runden im Clinch gelegen. Sein Laken hatte sich so fest um seine Beine gewickelt, dass es unmöglich war, ihn wieder zuzudecken.

Das Kinderzimmer war in der Zwischenzeit zu einem Lagerplatz für mehr Kram geworden, als in Theológos' begehbaren Kühlschrank gepasst hätte. Neben Büchern und verschiedenen Spielsachen, die wir mitgebracht hatten, lagen überall auf dem Boden Andenken an ihre Tage am Strand – Kiesel, abgeschliffene bunte Glasscherben, mit Sand gefüllte Flaschen, alle möglichen Muscheln, Fetzen von Fischernetzen und die Korken, mit deren Hilfe sie an der Oberfläche schwammen, weiße Schulpe von Tintenfischen, Stücke von knorrigem Treibholz, Tonscherben, Kronenkorken und getrocknete Seesterne. Wie Danielle hatten sie mit ihren persönlichen Gegenständen ihr Terrain markiert und dem Haus ihren persönlichen Stempel aufgedrückt.

Da es fast unmöglich war, durch ihr Zimmer zu gehen, ohne auf irgendetwas zu treten, nahm ich immer den Weg über die Terrasse in die Küche. Dort trank ich hastig eine Tasse Kaffee und machte noch hastiger Toilette, indem ich mich in eine kleine Kinderbadewanne aus Plastik stellte und etwas lauwarmes Wasser über meinen Schädel goss, das ich auf dem Kocher in einem Topf erwärmt hatte.

Aber diese kleine Tortur war nichts im Vergleich zu der Seelenqual, die ich jeden Morgen aufs Neue erleiden musste, wenn ich auf die Terrasse hinaustrat und zur anderen Seite des Tals hinüberblickte. Dort nämlich stand der weiß gekalkte Würfel von Comnénus, dem Bauernhaus, das wir kurz vor Saras Geburt gekauft hatten. Der Anblick unseres ehemaligen Hauses, das berankt von üppigen Bougainvilleen und eingerahmt von Johannisbrotbäumen und Pinien im sanften goldenen Licht der Morgensonne dalag, brach mir jedes Mal fast das Herz.

Eben jener Anblick war es gewesen, den ich vor sieben Jahren jeden Morgen genossen hatte, bis ich eines Tages Danielle, die kurz zuvor mit Sara schwanger geworden war, verkündet hatte: »Weißt du was? Wir kaufen dieses Haus.«

Comnénus

In unserem ersten Sommer auf Patmos hatten ursprünglich weder Danielle noch ich die Absicht gehabt, länger als bis Ende August zu bleiben. Doch als wir uns dann endlich gefunden hatten, wollten wir wenigstens noch die herrlichen Septembertage zusammen genießen. Und dann vielleicht auch noch den Oktober ...

Ende September zog Danielle, auf mein hartnäckiges Drängen hin, schließlich zu mir in das Haus auf dem Hügel. Etwa eine Woche später flatterte mir plötzlich ein Telegramm meiner Agenten in New York ins Haus mit der Nachricht, mein Roman sei verkauft, und sie hätten für mich vom Verlag einen Vorschuss von fünftausend Dollar ausgehandelt.

Plötzlich war ich ein richtiger Schriftsteller.

Und genauso plötzlich kam mir die Erkenntnis, dass überhaupt keine Eile bestand, von der Insel fortzugehen.

Also fing ich an, Danielle zu beschwatzen, mit mir zusammen den Winter auf Patmos zu verbringen, wo wir nach Herzenslust schreiben und malen, in den Hügeln und am Strand umherwandern und uns lieben könnten.

Wie ich schon sagte, scheinen einem in Griechenland mehr als anderswo geradezu schicksalhafte Dinge zu passieren, die wiederum weitere nach sich ziehen. Und so fügt sich eins ans andere, und ehe man merkt, was mit einem geschieht, hat sich eine Kette von Umständen ergeben, die einen sanft umschließt. Wenn dann alles gut ausgeht, wie bei uns, hört man sich plötzlich in den Chor der Griechen einstimmen: »*O ti théli O Theós!*« »Was immer Gott will.«

Die Nachricht von meinem unerwarteten Geldsegen war genau im richtigen Moment gekommen, denn meine Finanzlage hatte sich bereits deutlich verschlechtert. Im Januar jedoch begannen die Aktien plötzlich zu steigen, und in den alkyonischen Tagen, die nun folgten (ein griechischer Begriff übrigens für die Schönwetterperiode nach Weihnachten, die an den Spätsommer erinnert), fand ich mich plötzlich mit freiem Oberkörper auf unserer Terrasse sitzend wieder und studierte im Sonnenschein die Wirtschaftsseiten der *International Herald Tribune,* die ich nun abonniert hatte und mir auf die Insel schicken ließ. Ein Tag in Livádi kostete mich nicht mehr als fünf Dollar, und meine anfängliche Investition von zehntausend Dollar vermehrte sich immer weiter, sodass ich manchmal an einem einzigen Tag fast fünfhundert Dollar Gewinn an der New Yorker Börse verzeichnete.

Dieser Trend hielt auch im folgenden Sommer an, und als wir im August merkten, dass Danielle schwanger war, brauchten wir keine Sekunde darüber nachzudenken, ob wir das Kind behalten wollten.

Alles lief bestens. Wir waren verliebt, und die Vorstellung, dass wir in Livádi bleiben konnten, während die Touristen allmählich abreisen und sich wieder an den rauen Alltag gewöhnen mussten, erschien uns wie ein Traum. Und nicht nur das. Wir hatten Geld. Nicht viel. Aber wir kamen gut über die Runden.

Alles war so, wie es sein sollte, einschließlich der Tatsache, dass Danielle schwanger war.

Der Wandel, den Danielle vollzog, war bemerkenswert. Als wir zusammengezogen waren, war sie gertenschlank wie ein Model und litt unter Asthma, einer Krankheit, die in ihrer Familie verbreitet war und sie, wenn es ausbrach, erschreckend verhärmt aussehen ließ. Im Lauf der Schwangerschaft jedoch verloren diese Asthmaanfälle zunehmend an Intensität und verschwanden schließlich völlig. Ihre Wangen wurden rund und rosig, und manchmal kam sie sogar in die Küche und kochte für uns mit der lässigen Routine einer kinderreichen französischen *maman* die Gerichte, die sie von ihrer Mutter kannte und die absolut köstlich schmeckten.

Werdender Vater, der ich nun war, blickte ich jeden Morgen sinnend von meiner Terrasse aus hinüber auf die andere Seite des Tals, wo dieses verlassene einstöckige Bauernhaus meine Aufmerksamkeit auf sich zog, während der Wert meiner Aktien von zehntausend auf zwanzigtausend, fünfundzwanzigtausend und schließlich sogar auf fünfunddreißigtausend Dollar stieg. Alle meine Investitionen brachten Gewinn, und als ich schließlich in jenem Winter aus dem Aktiengeschäft ausstieg (gerade rechtzeitig, wie sich herausstellte), hatte ich vierzigtausend Dollar zur Verfügung.

Als ich Danielle eröffnete, ich wolle versuchen, das Bauernhaus zu kaufen, war sie bereits so beeindruckt von meinem finanziellen Geschick und Scharfsinn (reines Glück, wenn Sie mich fragen), dass sie einfach nur auf der Terrasse sitzen blieb, vielleicht etwas benommen angesichts dieser verrückten Idee, und sagte: »Ganz wie du willst.«

Ich schickte einen telefonischen Hilferuf an Melyá, die sofort Feuer und Flamme war, da sie selbst mit einer ähnlichen Idee liebäugelte. Sie spielte schon lange mit dem Gedanken, sich auf Patmos ein Haus zu kaufen, und so schien es ideal, wenn wir uns zusammentaten, denn die Familie, der das Bauernhaus gehörte, besaß auch ein Haus in Chóra, das zum Verkauf stand.

Die Einwohner von Livádi hatten zwei Namen für das Haus, das ich erwerben wollte. Man nannte es *pírgos*, Turm, weil es damals das einzige Haus im ganzen Tal mit einem oberen Stockwerk war, und Comnénus, nach dem Namen der Familie, der es gehörte. Ihre Vorfahren waren Abkömmlinge eines byzantinischen Kaisergeschlechts, die sich nach der Eroberung Konstantinopels durch die Türken im Jahr 1453 in Chóra niedergelassen hatten, geschäftlich sehr erfolgreich gewesen waren und das Haus in Livádi für die Sommermonate gebaut hatten. Jetzt lebte aus diesem Geschlecht nur noch ein gebrechliches ältliches Geschwisterpaar auf Patmos, das in Chóra in dem alten Herrenhaus der Familie wohnte. Das Bauernhaus jedoch stand leer, und nur hin und wieder kam der Nachbar vorbei, der gegen eine bescheidene Pacht das dazugehörige Land bestellte.

Es würde mindestens ein weiteres Buch füllen, wollte ich die wahrhaft byzantinischen Verhandlungsmethoden schildern, die nötig waren, bis wir das Haus der Familie Comnénus abkaufen konnten, die, wie sich herausstellte, fünfunddreißig Erben hatte, die, weit über den Globus verstreut, von Milwaukee bis Australien lebten. In dieser an sich schon anstrengenden Zeit mussten Danielle (und die kleine Sara in ihrem Bauch) und ich außerdem noch eine ganze Reihe weiterer Schwierigkeiten überstehen, etwa eine drohende Fehlgeburt, ein Busunglück in Athen, eine Fahrt in und durch die Türkei, um unsere abgelaufenen Visa zu erneuern, den Wintersturm, der bei der Rückfahrt nach Patmos unser gechartertes Boot fast zum Kentern brachte, und schließlich – einen Monat zu früh – Saras Geburt. Ich habe übrigens volles Verständnis dafür, dass unsere Tochter den riskanten Schoß ihrer Mutter bei der ersten passenden Gelegenheit verlassen wollte.

Sobald das Haus Comnénus uns gehörte, begann ein wahrer Nervenkrieg, bis es endlich bewohnbar geworden war. Die Handwerker, die wir engagierten, um das Dach, die obere Terrasse und die Hauswände zu reparieren beziehungsweise zu erneuern, erschienen vielleicht vier Tage hintereinander, aber dann ließen sie uns plötzlich einen Monat oder noch länger sitzen, angeblich, weil das Wetter zu schlecht war. Dann hieß es, sie müssten vorher noch die Arbeiten an einem anderen Haus beenden. Ähnliche zermürbende Ausreden hörten wir ständig von dem Elektriker und dem Installateur aus Skála und dem Schreiner aus dem Nachbartal Kámbos.

Daher konnten wir unser neu geborenes Baby nicht, wie ich es mir ausgemalt hatte, von seinem Geburtsort Athen in unser komfortables, renoviertes Sieben-Zimmer-Haus mit fließend kaltem und warmem Wasser bringen, sondern wurden vor die gewaltige Aufgabe gestellt (die für die Bewohner von Livádi jedoch nichts Ungewöhnliches war), mit einem wahren Berg von schmutzigen Windeln in dem Haus auf dem Hügel fertig zu werden, dessen Wasser, wie Sie sich vielleicht erinnern, man von dem fünfzig Meter entfernten Brunnen mühsam heraufschleppen musste.

Die Lösung, die ich schließlich ersann (für den Fall, dass jemand Verwendung dafür haben sollte), bestand darin, dass ich einen Saugnapf, wie man ihn für verstopfte Toiletten benutzt, an einem Besenstil befestigte, einen Plastikeimer mit Seifenlauge auf die Terrasse in die Sonne stellte, die Windeln darin einweichte und wusch, indem ich jedes Mal im Vorbeigehen ein paarmal kräftig mit diesem Gerät auf die schmutzige Wäsche einstampfte. Natürlich wurde im Winter das Wasser nie besonders warm, dafür aber regnete es gelegentlich, was wenigstens das anschließende Spülen deutlich erleichterte ...

Sobald ich all diese täglichen Arbeiten erledigt hatte und die Handwerker das Haus Comnénus endlich neu gedeckt hatten, konnte ich mich an die Innenrenovierung unseres neuen Heims machen, eine Arbeit, die mich sehr befriedigte. Ich beizte die Holzbalken an den Zimmerdecken, reinigte und polierte die hundert Jahre alten Terrakottafliesen im Erdgeschoss und beschäftigte mich mit den zahllosen anderen kleinen Arbeiten, die ein Haus erst wohnlich machen.

Im Haus auf dem Hügel feierten Danielle und ich unser erstes ungestörtes Abendessen seit Saras Geburt bei Kerzenlicht mit einem Gericht, das ich Spaghetti schlafende Sara nannte (Seite 279), zu Ehren der Tatsache, dass unser Baby während des ganzen Essens durchschlief – ein wahrhaft denkwürdiges Ereignis. Und wieder einmal kochte ich mit dem, was ich gerade zur Hand hatte, in diesem Fall getrocknete chinesische Morcheln, die uns Danielles Mutter geschickt hatte, Zucchini, Knoblauch, Dosenmilch und Spaghetti.

Etwa zur selben Zeit genoss ich ein anderes denkwürdiges Mahl, mit dem ich das Ende des nervenaufreibenden Kleinkrieges feierte, den ich mit dem Hahn von Stélios und Warwára ausgefochten hatte.

Meine Erlebnisse mit diesem Tier, die übrigens auf fast gespenstische Weise an eine Geschichte in Peter Mayles wunderbaren Memoiren *Mein Jahr in der Provence* erinnern, zwingen mich geradezu, sie hier an dieser Stelle zu erzählen, einmal, um das Leben zu illustrieren, das wir damals führten, und außerdem als Beweis dafür, dass es tatsächlich so etwas wie das kollektive Unbewusste nach Jung gibt – wenigstens was die Alphamännchen unter den Menschen und die Gockelhähne angeht, ihre Entsprechung in der Welt des Federviehs.

Zu Ehren einer Autorin, deren Buch ich ebenfalls sehr bewundere, M. F. K. Fischer*, lautet der Titel meiner Geschichte

Wie man einen Hahn zubereitet

Er war lange vor mir da gewesen, unumschränkter Herrscher seines Gebiets, ehe ich mich auf den beschwerlichen Weg über die steinigen Felder und mit Dornen bestückten Mauern des Tals von Livádi machte, um herauszufinden, ob das Haus auf dem Hügel zu vermieten war.

Sein Territorium erstreckte sich rund um das ganze Haus herum. Inmitten seines gut fünfzehn Hennen zählenden Harems verbrachte er den Tag – von etwa vier Uhr morgens bis Sonnenuntergang – scharrend und freilaufend über das ganze Gelände bis zu dem weitläufigen Kakteendickicht, das sich hinter dem Anwesen erstreckte und in das die Hennen gerne ihre Eier legten.

Wir konnten uns von Anfang an nicht leiden.

Erstens pflegte der Hahn, noch ehe die Morgenröte sich mit rosigen Fingern zaghaft über den Horizont tastete, sein erstes Krähen des Tages vom Stapel zu lassen, eine Serie von schrillen, immer lauter werdenden Kikeriki-Rufen, die die dicken Holzläden vor meinem Fenster mit der Leichtigkeit einer mittelalterlichen Streitaxt durchdrangen.

---

* In ihrem fantastischen Buch *How to Cook a Wolf* wird erzählt, wie man während des Krieges die Lebensmittelknappheit meisterte, eine Schilderung, die mich stark an das erinnert, was wir alljährlich während der vorösterlichen Fastenzeit auf Patmos durchmachten.

Wie drollig, dachte ich anfangs, gleich vor deiner Haustür lebt ein leibhaftiger ausgewachsener Gockel. Aber das war in der ersten Zeit, als ich ein geradezu zölibatäres Dasein führte, an meinem Roman arbeitete, früh schlafen ging und ohnehin mit den Hühnern wieder aufstand.

Nachdem jedoch Danielle in mein Leben getreten war, änderte sich meine Einstellung zu vielen Dingen radikal – besonders was das frühe Schlafengehen (nicht aber das frühe Zubettgehen) betraf.

Eines Nachts im August, wir lagen gerade im ersten Schlummer – wir waren am Abend in der Stadt gewesen, hatten ziemlich gebechert und waren daher erst lange nach Mitternacht heimgekommen –, fing der Hahn plötzlich mit einer Aggressivität zu krähen an, die alles, was er vorher von sich gegeben hatte, bei weitem übertraf. Ich fuhr aus dem Schlaf hoch und blickte benommen auf meinen Wecker. Drei Uhr. Eine Stunde vor der Morgendämmerung.

Als der Hahn eine weitere, ebenso ohrenbetäubende Salve auf uns abfeuerte, kroch ich über eine entgeisterte Danielle hinweg aus dem Bett und stürzte durch die Tür auf die Terrasse.

Draußen herrschte pechschwarze Nacht; nicht einmal eine Ahnung von Morgengrauen am Horizont. Wie ich vermutet hatte, war der schnöde Angriff also völlig grundlos erfolgt und daher als aggressive Handlung seitens des Hahns zu werten, mich um meinen wohlverdienten Schlaf zu bringen.

Ich tappte im Dunkeln umher und fand schließlich einen der schweren Steine, die ich als Türstopper verwendete.

Der Hahn krähte abermals, heiser und durchdringend, und er wusste genau, dass er mich nicht nur geweckt, sondern splitternackt auf die Terrasse gejagt und mich in einen Zustand versetzt hatte, in dem mir möglicherweise ein tödlicher Schlaganfall drohte.

Danielle gesellte sich zu mir, gerade in dem Augenblick, als ich den Stein in die Richtung seines dritten heiseren Kikerikis warf.

Zu meinem Entsetzen hörten wir, wie sein Krähen auf dem Höhepunkt jäh abbrach.

Einen Moment herrschte tödliche Stille.

Aus der Dunkelheit drang das aufgeregte, besorgte Gackern seines Harems zu uns herauf. Von ihm jedoch war kein Laut mehr zu hören.

Danielle griff nach meiner Hand, und so standen wir da in der Dunkelheit, klammerten uns aneinander und zitterten vor schlechtem Gewissen.

»Meinst du …?«, flüsterte sie.

»Ich weiß nicht.«

Den nächsten Morgen verbrachten wir bei geschlossenen Fensterläden im Haus, aus Furcht, Stélios und Warwára in die Augen sehen zu müssen. Doch wir konnten uns nicht ewig verkriechen. Die Natur forderte ihr Recht, und unsere Toilette befand sich draußen am Rand der Terrasse. Zaghaft öffnete ich die Tür und spähte vorsichtig um die Ecke.

Da, inmitten seines Gefolges, stolzierte der Hahn und pickte friedlich in der Erde nach Würmern, als wäre nichts geschehen. Als ich aus der Tür trat, hob er den Kopf und bedachte mich mit einem böse funkelnden Blick. Er wusste genau Bescheid.

Ein paar Tage später – ich konnte bereits wieder meine Späße über den Vorfall machen – erzählte ich Stélios und Warwára, was passiert war.

Die aber lachten nur. Ich bat sie: »Bitte, tut mir einen Gefallen. Wenn ihr den Hahn eines Tages mal schlachtet, sagt mir Bescheid.«

»Wieso?«, wollten sie wissen.

»Weil ich ihn aufessen will.«

Ein verständnisvolles Grinsen breitete sich auf Stélios' Gesicht aus.

Die Zeit verging.

Etwa eineinhalb Jahre später, als ich eines Abends gerade von meiner Arbeit im Haus Comnénus heimkehrte, rief mich Warwára. Sie stand in der Tür ihrer Wohnküche, Stélios hinter ihr. Warwára hielt einen Teller mit Suppe in den Händen. Sie gab uns oft etwas von ihrem Essen ab, also dachte ich mir nichts weiter dabei. Dankend nahm ich den Teller entgegen.

»Hmm!«, sagte ich schnuppernd. »Hühnersuppe!«

Beide standen sie da und grinsten über das ganze Gesicht.

»Was ist los?«, fragte ich.

»*O petinós sou!*«, sagte Stélios. »Das ist dein Hahn.«

Ich hatte gewonnen. Dachte ich damals jedenfalls.

Die Suppe schmeckte recht gut, verschaffte mir aber nicht annähernd die Befriedigung, die ich mir erhofft hatte. Zum einen waren die Schenkel des Hahns nach all den Jahren freien Auslaufs so zäh wie die eines ehemaligen Fußballspielers, zum anderen musste ich zugeben, dass er alles in allem ein würdiger Gegenspieler gewesen war, ein stolzer Gockel, der seine Lebensaufgabe gemeistert hatte, Ton angebend sozusagen. Und drittens bemerkte ich, während ich meine Suppe löffelte, dass draußen auf dem Hof schon wieder ein junger kräftiger Hahn herumstolzierte, bereit, die Nachfolge anzutreten.

Im Großen und Ganzen gesehen, ist es wohl eher von Nachteil, wenn kein Hahn nach einem kräht.

Das Ende von Comnénus

Kurz nachdem wir in das Haus Comnénus eingezogen waren, wendete sich mein Glück zum Schlechten. Mag sein, dass die posthume Rache des Hahns dafür verantwortlich war, doch wohl eher lag die Schuld bei der alten Dame, die eines Vormittags plötzlich vor unserer Haustür stand, ausgerechnet am Tage unseres Einzugs, einem strahlenden Oktobertag, etwa achtzehn Monate später, als unsere Handwerker versprochen hatten.

Sie mochte sechzig oder siebzig sein und trug einen schwarzen breitkrempigen Hut mit Tüllschleier, ein elegantes schwarzes

Kostüm, womöglich Chanel, um den Hals eine doppelreihige Perlenkette und reichlich Schmuck an Fingern und Handgelenken. Ihr Gesicht war leicht gepudert, ihre wässrigen blauen Augen waren mit schwarzem Kajalstift umrandet, ihre Lippen auffallend rot geschminkt. Aber ihr Auftreten, die Art, wie sie ihre Hände bewegte, strahlte eine Würde aus, eine Souveränität, die von einer frühen Erziehung in den besten Salons und Mädchenpensionaten zeugte.

In ihrer Begleitung befand sich ein höchst verlegener Euripides. Er hatte sie in seinem Taxi an den Strand gefahren und sie dann persönlich das trockene Bachbett hinauf zu unserem Haus geführt, und zweifellos hatte er sich während dieser Zeit die lange Liste von Beschwerden anhören müssen, die sie mir nun gleich vorlegen würde. Die Fischermütze, die Euripides meines Wissens noch nie abgenommen hatte, hielt er nun untertänig in den Händen und entblößte dabei seinen Schädel, der bis auf einen Kranz grauer Haare völlig kahl war.

Ich stand gerade in der Küche, als ich sie näher kommen sah, und ging vors Haus, um sie zu begrüßen. Auf Griechisch wünschte ich einen guten Morgen. Sie antwortete in makellosem Französisch, wenn auch mit starkem Akzent.

»Ich bin Madame Busset«, stellte sie sich vor. »Sie befinden sich auf meinem Grund und Boden.«

»*Pardon?*«, antwortete ich und blickte Hilfe suchend um mich. Aber Danielle war gut hundert sehr beschwerliche Meter entfernt, drüben im Haus auf dem Hügel, um unsere restlichen Sachen zusammenzupacken.

»Sie befinden sich auf meinem Grund und Boden«, wiederholte sie und spähte über meine Schulter ins Haus.

Plötzlich dämmerte mir, wen ich da vor mir hatte. Sie war eine entfernte Verwandte der Familie Comnénus und hatte einen Teil des Besitzes geerbt von einem anderen, näher verwandten Cousin, der in Ägypten lebte und während unserer Nachforschungen bezüglich der komplizierten Eigentumsverhältnisse verstorben war.

Sie war die Einzige der lebenden fünfunddreißig Erbberechtigten, die den Kaufvertrag mit Melyá nicht unterschrieben hatte. Unsere Anwälte hatten uns versichert, dass ihr Anspruch auf den Besitz null und nichtig sei, und so hatten wir nicht weiter über sie nachgedacht.

Madame Busset jedoch schien nicht geneigt, uns so leicht davonkommen zu lassen. Genau wie der Hahn.

Es war offensichtlich, dass sie Streit suchte, und so nahm ich mir vor, ihr mit ausgesuchter Höflichkeit zu begegnen, um sie zu entwaffnen.

»Ah!«, sagte ich, nachdem ich mich von meinem ersten Schreck erholt hatte. »Sie sind Madame Busset! Es freut mich sehr, Sie endlich kennen zu lernen! Möchten Sie nicht hereinkommen und eine Tasse Kaffee mit mir trinken?«

Einen kurzen Moment schaute sie mich freudig überrascht an, dann war sie sofort wieder auf der Hut.

»*Non!*« Sie marschierte um mich herum schnurstracks zu der Terrasse vor dem Haus. Euripides und ich, die wir unvermittelt in den Stand von Lakaien versetzt waren, folgten in ihrem Kielwasser. Euripides raunte mir eine Art Entschuldigung zu: »*Ich hatte keine Ahnung, wer sie ist, Thomá, ich schwör's dir!*«

Madame Busset blieb kurz auf der Terrasse stehen und ließ den Blick über die Felder zum Meer schweifen, das in der Ferne in der Morgensonne glitzerte. Dann trat sie hinaus in den Garten und ging zielstrebig zu den zwei großen Pinien, unter denen sich der Brunnen befand. Wieder hielt sie inne.

Als ich auf sie zutrat, sagte sie: »Als kleines Mädchen war ich oft hier!«

Ich schwieg, wollte sie weitersprechen lassen, aber sie hatte nichts mehr zu sagen.

Ich bot ihr an, einen Stuhl für sie zu holen.

Sie wandte sich mir zu, und ihr Blick wurde etwas weicher. »Ja«, sagte sie. »Danke.«

Schließlich gestattete sie mir sogar, ihr eine Tasse Kaffee zu servieren, aber sie weigerte sich nachdrücklich, das Haus zu betreten. Dieser Teil des Besitzes gehöre ihr, sagte sie, der Teil unter den Pinien, neben dem Brunnen.

Endlich kam auch Danielle, die vom Haus auf dem Hügel aus die seltsame schwarz gekleidete Gestalt entdeckt hatte und sich keinen Reim darauf machen konnte, wer die Person war, die da kerzengerade auf einem Stuhl in unserem Garten saß und an ihrem Kaffee nippte.

Danielle, Sara und ich verzogen uns in die Küche, spähten durch die Ritzen der Fensterläden und beobachteten Madame Busset, die weiterhin im Garten unter den Bäumen sitzen blieb – mindestens eine Stunde – und ihren Gedanken nachhing, während Euripides respektvoll hinter ihr stand, ganz der Diener, der er in ihren Augen offensichtlich war.

Als ich ihr noch einen Kaffee brachte und ihr schließlich Danielle und Sara vorstellte, ging sie etwas aus sich heraus und vertraute uns nach und nach Bruchstücke aus ihrer Vergangenheit an. Sie war in Ägypten aufgewachsen und hatte mit siebzehn einen jungen griechisch-ägyptischen Arzt geheiratet. Nachdem ihr Mann im Zuge der Neuordnung unter Nasser enteignet worden war, war er an Krebs gestorben. Jetzt lebte sie kinderlos und allein auf Rhodos in einer winzigen Wohnung, umgeben von ihren Erinnerungen und den wenigen Schmuckstücken, die sie aus Ägypten hatte mitnehmen dürfen.

Sehr gerne erinnere sie sich daran, erzählte sie, wie sie einst vor vielen Sommern als kleines Mädchen im Haus Comnénus gewesen sei. Sie habe ein weißes Kleid getragen und einen Hut mit einem rosa Bändchen ...

Ohne dass sie es direkt aussprach, war uns klar, dass sie diese Verbindung zu ihrer Kindheit und diesen Anteil an ihrem Erbe niemals aufgeben würde.

Nach einer Weile stand sie abrupt auf und verkündete, sie werde nun aufbrechen. Sie dankte mir für den Kaffee und wandte sich dann an Danielle. »*Enchanté*«, sagte sie. Dann berührte sie die kleine Sara, die sich an mein Bein klammerte, am Scheitel, und sah mir fest in die Augen.

»Ich werde mit meinen Anwälten sprechen«, sagte sie zum Abschied.

Sodann marschierte sie resolut und kerzengerade durch den Garten und zum Tor hinaus, Euripides im Schlepptau.

Monatelang warteten wir auf weiteres Unheil, doch wir hörten nie mehr von ihr. Es sei denn ihr Neid – sie hatte die erforderlichen blauen Augen – hatte bewusst oder unbewusst die Macht des *kakó máti*, des bösen Blicks, auf den Plan gerufen und die Unglücksserie ins Rollen gebracht, die uns nun heimsuchte.

Es begann mit meiner Investition in einen griechischen Frachter. Von meinen Erfolgen an der Börse verführt und in dem Glauben, mir könne kein Fehler unterlaufen, hatte ich bei Melyá vorgefühlt, ob mir wohl ein Cousin von ihr, ein Reeder, gestatten würde, zehntausend Dollar in eines seiner Schiffe zu investieren. Der Cousin, der in London lebte und ein wahrer Gentleman war, erklärte sich bereit, meine bescheidene Summe anzunehmen. Nur wenige Wochen später geriet das Frachtergeschäft in eine schwere Krise, in der es, meines Wissens, immer noch steckt. Nach weiteren zwei Jahren sah sich der Cousin gezwungen – nachdem er mir die Hälfte meines Geldes zurückerstattet hatte –, seinen anderen Aktionären mitzuteilen, dass er bankrott sei.

Inzwischen hatte ich das Geld, das von meinem restlichen Kapital übrig war, wieder in Aktien angelegt, aber das Börsengeschäft war weiter rückläufig.

Wir hatten das Haus Comnénus für siebentausend Dollar kaufen können und weitere dreitausend Dollar in die Renovierung gesteckt – neues Dach, neue Fenster, fließendes Wasser und Elektrizität. Nach den zusätzlichen Ausgaben für die Geburt des Babys blieben uns noch zehntausend Dollar; zu wenig, um uns ein Gefühl der Sicherheit zu geben.

Andererseits war jetzt, wo wir endlich das luxuriöse Leben im Haus Comnénus genießen durften, alles andere zweitrangig. Wir lebten buchstäblich mitten in einem Garten Eden, reich an Weinstöcken und Johannisbrotbäumen, Pfirsichbäumen, Mandel-, Feigen- und Olivenbäumen, Oregano, Rosmarin und Thymian und dem Gemüse, das der Bauer nebenan für uns angebaut hatte.

Wenn man es noch nicht selbst erlebt hat, weiß man nicht, wie befriedigend es ist, die eigenen Tomaten frisch vom Strauch zu essen, oder wie unglaublich köstlich neue Kartoffeln schmecken, die man kurz vorher im Garten ausgebuddelt und gleich darauf in den Kochtopf geworfen hat. Auch gibt es nur wenige Menschen, die wie ich erfahren haben, wie wunderbar berauschend es ist, seinen eigenen Wein zu keltern, indem man mit bloßen Füßen knöcheltief in einer mit Weintrauben aus dem eigenen Garten gefüllten Betonwanne steht und auf den Früchten herumstampft.

Dass wir dieses Paradies eines Tages wieder verlassen würden, lag jenseits unserer Vorstellung.

Doch dann kam jener Moment, wo wir unser letztes Geld zusammenkratzen mussten, um zurück nach Rethymnon fahren zu können, und spätestens da mussten wir einsehen, dass unser Idyll zu Ende war.

Aber jetzt, in diesem Sommer, dem Sommer meiner griechischen Taverne, waren wir zurückgekehrt, lebten wieder in dem kleinen Haus auf dem Hügel und starrten melancholisch, wie dereinst Madame Busset, auf eine Landschaft voller Erinnerungen und Wunschträume. Das Haus Comnénus stand verlassen auf der anderen Seite des Tales, wie damals, als ich es zum ersten Mal sah. Seine Türen und Fenster waren verriegelt und verrammelt, da seine neuen holländischen Besitzer sich noch nicht entschieden hatten, ob sie den Sommer auf Patmos verbringen wollten.

War der Verlust unseres Hauses Comnénus eine Folge des Neides von Madame Busset? Nie würden wir es erfahren – genauso wenig, wie wir je erfahren würden, wer für das Ungemach verantwortlich war, das unten in der Schönen Helena auf mich wartete.

To Kakó Máti

Eine Zeit lang schienen meine kühnsten Träume, die Schöne Helena betreffend, wahr zu werden.

Wie sich herausstellte, war eine Dame, die in der letzten Juniwoche regelmäßig in unserer Taverne gegessen hatte, Korrespondentin für eine in Athen erscheinende englischsprachige Zeitung. Anfang Juli erschien ein von ihr verfasster Artikel mit Fotos von Patmos und der Taverne, in dem sie voll des Lobes über unsere Küche und auch über den Amerikaner war, der die Taverne führte.

Neben den vielen Touristen, die mit dem Start der Sommersaison ohnehin in unser Restaurant kamen, fanden nun aufgrund dieses Artikels zahlreiche weitere Gäste den Weg zu uns.

Ich war wie berauscht. Ja, ich fing sogar an, davon zu träumen, eines Tages unser ehemaliges Haus Comnénus zurückkaufen zu können. Unsere griechischen Freunde hingegen, die einen gewohnheitsmäßigen Respekt vor der Macht des Neides hatten und der Art und Weise, wie er den bösen Blick provozieren konnte, schenkten dem Artikel und den Fotos kaum Beachtung und wechselten schnell das Thema. Ich lächelte in mich hinein und war froh darüber, dass ich mich von solchem abergläubischen Unsinn nicht irritieren ließ.

Die Polizei kam am Ende der ersten Juliwoche.

Es war Sonntag, Mittagszeit, und die Taverne war rappelvoll. Wie es der Zufall wollte, bediente ich gerade, für alle gut sichtbar, an einem Tisch an der Straße, als das Polizeiauto direkt vor mir am Straßenrand hielt.

Beladen mit Tellern, grüßte ich betont jovial: »*Jásu!*«

Die zwei Polizisten öffneten ihre Wagentüren und stiegen aus, ihre dunklen Pilotenbrillen blitzten in der Mittagssonne. Trotz der Hitze waren sie in voller Uniform, Jacke und Krawatte, und es fehlte nur die Pistole im Lederkoppel, um das Bild vollständig zu machen.

Auf den meisten griechischen Inseln ist die Polizei sehr freundlich, oft leben sich die Beamten so gut in die Gemeinde ein, dass sie regelmäßig auf andere Inseln versetzt werden, damit die Objektivität nicht durch Freundschaften beeinträchtigt oder, vorsichtig formuliert, durch finanzielle Verstrickungen belastet wird.

Deshalb war das Erscheinen der Polizisten in unserem oder irgendeinem anderen Restaurant der Insel kein ungewöhnlicher Anblick – wo sonst sollten sie essen? –, und doch war es das erste Mal in diesem Sommer, dass sie sich in der Schönen Helena zeigten. Und eigentlich sahen sie nicht so aus, als wären sie zum Mittagessen gekommen.

Meine Erinnerung an die nun folgenden Ereignisse gleicht der nach einem Autounfall. Es ist, als würde alles in Zeitlupe ablaufen, und während man sich das Geschehen wieder und wieder vor Augen führt, kann man hier und da eine Pause einlegen und über die kleinen Ironien des Schicksals spekulieren.

»Sind Sie Mr. Stone?«, fragte einer der Beamten auf Griechisch, dessen runde Backen glatt und frisch rasiert wirkten.

»Ja.«

»Arbeiten Sie hier?«

»Äh –«, sagte ich, und die Teller, die ich in beiden Händen hielt, wurden von Sekunde zu Sekunde schwerer, »– ja.«

Der andere Beamte, der einen Schnurrbart und schlechte Haut hatte, fragte: »Haben Sie eine Arbeitserlaubnis?«

»Ja – äh – für die Sprachenschule, in der ich arbeite – in Rethymnon.«

Sie musterten mich schweigend.

Theológos trat hinzu und fragte, was das Problem sei. Es folgte ein rascher Wortwechsel auf Griechisch, von dem ich ein paar wenige Sätze verstand. »Aber er hilft hier doch nur aus«, lautete Theológos' Hauptargument. »Nur heute. Wir haben viele Gäste.«

»Er muss damit aufhören«, sagte der Schnurrbärtige.

»Ich helfe schon seit Jahren hier aus«, sagte ich. »Jeden Sommer.«

»Sie müssen aufhören«, wiederholte der Schnurrbärtige.

»Lassen Sie mich wenigstens diese Gäste hier zu Ende bedienen«, bat ich, und hielt den Polizisten demonstrativ die Teller entgegen.

»Hören Sie damit auf. Sofort.«

»Aber ...«

Theológos nahm mir die Teller ab.

Der andere Polizist sagte: »Sie melden sich morgen früh um neun beim Polizeichef in Skála. Bringen Sie Ihren Pass und Ihre Aufenthaltserlaubnis mit. Und diese Arbeitserlaubnis für Rethymnon.«

Nachdem sie fort waren, verschwand ich eiligst im Inneren der Taverne, auf der Flucht vor den neugierigen, beschämenden Blicken all der Gäste, die meine Erniedrigung mitverfolgt hatten. Etwas später setzte sich Theológos zu mir an den Tisch, ebenso Danielle und die Kinder, die gerade nichts ahnend vom Strand gekommen waren. Nachdem das Mittagsgeschäft vorüber war, kamen auch die anderen, um an meinem Schicksal Anteil zu nehmen – Démetra und die Jungen sowie einige Freunde aus dem Tal und aus Skála und Chóra.

Die verschiedensten Theorien wurden aufgestellt. Ich fragte mich, ob der Zeitungsartikel der Anlass gewesen sei. Die anderen meinten, jemand in Skála, wahrscheinlich ein Restaurantbesitzer, habe mich angezeigt. Danielle stimmte ihnen zu.

»Die mögen es nicht, wenn ein Ausländer ihnen Konkurrenz macht«, sagte sie.

»Aber ich habe keine Feinde in Skála!«, protestierte ich. »Wir sind seit Jahren mit denen allen befreundet!«

Danielle lächelte auf die wissende Art der Franzosen und zuckte die Achseln.

»Es sind nicht irgendwelche Feinde«, sagte eine tiefe Stimme. »Es ist dieser verdammte böse Blick.«

Ich fuhr herum. Hinter mir stand Lili aus Norwegen, die flammend roten Locken unter einem weißen Frotteeturban verborgen, und sah mich mit ihren blauen Augen forschend über den Rand einer getönten Goldrandbrille von Armani an. An ihrer Seite stand Mémis, dessen übliches strahlendes Lächeln verhalten war aus Sorge über mein Problem.

»Ach, hör schon auf, Lili!«, sagte ich.

»Der böse Blick?«, fragte Sara beunruhigt und schaute Sávas und Lámbros an. »*To káko máti?!*«

»Ko-MAAti!«, krähte Matt, der überzeugt war, dass seine große Schwester überall bestens Bescheid wusste.

Während Sávas und Lámbros ernst nickten, sagte jemand mit heiserer Raucherstimme: »Lili hat Recht.«

Die Stimme gehörte Alíki, einer langjährigen Freundin von uns, die eine Boutique in Chóra besaß. Sie war eine braun gebrannte, vollschlanke Fünfzigerin mit kurzen blonden Haaren und auf Patmos geboren. Ich kannte sie seit meinem ersten Sommer auf der Insel, als sie regelmäßig mit ihrem Mann Andréas, einem Architekten aus Athen, hier Urlaub machte und immer zum Baden an den Strand von Livádi kam. Nach seinem plötzlichen Tod infolge eines Herzinfarkts war Alíki nach Patmos in das Haus ihrer Familie zurückgekehrt und hatte dort ein Geschäft eröffnet, wo sie exklusives Kunsthandwerk an die Touristen verkaufte. Da sie es gewesen war, die Danielle und mich auf jenem Dorffest, *panijíri*, endlich zusammengebracht hatte, lauschte ich allem, was sie zu sagen hatte, mit größtem Respekt.

Aber ehe sie fortfahren konnte, legte Theológos seine Hand auf meine Schulter und erhob sich. »Ich muss an die Arbeit«, sagte er.

»Was sollen wir nur machen?«, jammerte ich und blickte Hilfe suchend zu ihm auf.

Er zuckte die Achseln. »Warten wir ab, was der Polizeichef morgen sagt.«

»Kannst du nicht mit ihm reden?«

Erneutes Achselzucken, eine typische Geste, mit der die Griechen ausdrücken, dass sie nicht gegen höhere Mächte aufbegehren wollen. Dazu neigte er den Kopf zur Seite, zog die Schultern hoch und streckte als Zeichen seiner Hilflosigkeit ergeben die Hände aus.

»Was könnte *ich* denn tun?«, fragte ich.

»*Ti tha kánume, Thomá?*«, sagte Démetra. »Was sollen wir machen?« »*Étsi íne i zoí!*«, fügte sie hinzu. »So ist das Leben.«

»*Ne*«, stimmte Mémis ein. »*Móno O Theós xéri!*«

Sávas und Lámbros legten mitfühlend ihre Hände auf meine Schulter und folgten ihrem Vater. Zurück in *meine* Küche.

»Was hat Mémis gesagt?«, fragte Lili, die sich neben mich auf Theológos' Stuhl gesetzt hatte. Nachdem sie nun fünf Sommer in Griechenland verbracht und jetzt zum ersten Mal eine Affäre mit einem Griechen hatte, interessierte sie sich endlich für die griechische Sprache. Fast jeden Tag kam sie zu mir mit einem Satz, den sie für Mémis ins Griechische übersetzt haben wollte, Sätze, die man in keinem Sprachführer findet, zum Beispiel »Es gefällt mir, dass du keine Brusthaare hast.«

»Mémis hat gesagt, ›Das weiß nur Gott‹«, sagte ich.

»Gott!«, bemerkte sie spöttisch. »Wie hilfreich!«

»Es *gibt* etwas, was du tun könntest«, sagte Alíki, »wenn es wirklich der böse Blick ist. Du kannst dich davon befreien lassen.«

Ich starrte sie ungläubig an.

»Ich kenne da eine Frau in Chóra«, sagte sie, »von der man sagt, sie könne den Teufel austreiben.«

Ich sah zu Danielle hinüber, die sich ein Lächeln verkniff.

Alíki fuhr fort: »Ich glaube nicht, dass du Feinde hast, ich meine, richtige böse Feinde, obwohl es da schon jemanden aus Athen geben könnte, der vielleicht –«

»Und was ist mit Melyá?«, fragte Danielle.

Alíki sah sie überrascht an. »Melyá? Sie ist doch eure Freundin?«

»Wir hatten ... ein paar Meinungsverschiedenheiten«, sagte ich zögernd, »aber dass sie zur Polizei gehen würde – nein, das glaube ich nicht.«

»Ha ha!«, spöttelte Danielle.

Sara stand auf. »Ich gehe jetzt mit Matt an den Strand«, sagte sie, ganze sechs Jahre alt und schon hinreißend diplomatisch. Sie streckte ihrem kleinen Bruder die Hand entgegen. »*Élla*«, sagte sie in dem Sprachenmischmasch, in dem die beiden miteinander kommunizierten. »Komm. *Viens avec moi.*«

Nachdem die Kinder fort waren, sagte Alíki: »Nun, über Melyá kann ich nichts sagen – da halte ich mich lieber raus –, aber wenn es der böse Blick ist, kann ich diese Frau anrufen und einen Termin vereinbaren. Jetzt. Heute Abend. Ehe du morgen zum Polizeichef gehst.«

»Warum nicht?«, rief Lili. »Ich fahr dich hin und bring dich wieder zurück.«

Ich sah Danielle an. »Kommst du mit?«

»Nein«, sagte sie. »Wer soll denn auf die Kinder aufpassen?«

Plötzlich fiel mir wieder ein, dass Melyá am Morgen im Jeep ihres Sohnes an der Taverne vorbeigerauscht war. Sie hatte eine Sonnenbrille aufgehabt und im Vorbeifahren nicht zu mir hingesehen, aber ich erinnerte mich, ein verkniffenes Lächeln um ihren Mund gesehen zu haben. Hart und unnachgiebig hatte sie gewirkt, entschlossen, den Bruch zwischen uns aufrechtzuerhalten. Jetzt fragte ich mich, ob sie am Morgen bereits gewusst hatte, was mir bevorstand, ob dieses Lächeln nicht Ausdruck ihrer Vorfreude gewesen war.

»Einverstanden«, sagte ich ergeben zu Alíki. »Warum nicht?«

Die Frau lebte in der Altstadt von Chóra in einer Sackgasse, die sich an die Granitmauern des Klosters schmiegte. Ihr Haus schien förmlich aus dem blanken Felsen herausgewachsen zu sein, auf dem seine Grundmauern standen.

Sie empfing uns an der massiven Haustür, die direkt in ihre Küche führte. Alíki machte uns miteinander bekannt – die Frau hieß Sofía –, und dann ging sie mit Lili in ein nahe gelegenes Café, um auf mich zu warten.

Sofía sah Warwára so ähnlich, dass man sie für Schwestern halten konnte – wahrscheinlich waren sie um verschiedene Ecken miteinander verwandt, wie die meisten Patmier. Sie hatte die gleichen breiten Wangenknochen, das schimmernde weiße Haar war zu einem strengen Knoten geschlungen, und auch ihre Augen waren strahlend blau. Im Gegensatz zu Warwára hatte sie jedoch kaum Falten im Gesicht, und ihre Wangen waren auch nicht wegen fehlender Backenzähne eingesunken. Sie musste wohl um die sechzig sein, aber sie hätte auch als eine frühzeitig ergraute Fünfzigerin durchgehen können.

Ihre Küche war, wie in den meisten alten Häusern von Chóra üblich, einfach riesig, und die modernen Geräte darin wirkten winzig und deplatziert. Ein mächtiger gewölbter Rauchfang über einer offenen Feuerstelle und einem Backofen dahinter beherrschte allein fast eine ganze Wand. Auf dem hüfthohen Sims vor dem Backofen stand ein winziger dreiflammiger Gaskocher, der durch einen Gummischlauch mit einer zerbeulten Gasflasche auf dem Fußboden verbunden war. Schränke und Glasvitrinen aus poliertem Zedernholz bedeckten die Wände von dem Ziegelboden bis zu den schweren Zedernbalken, die die Decke trugen. Ein kleiner weißer Kühlschrank stand verloren neben einer Tür und wirkte völlig fehl am Platz.

In einer Ecke des Raums ragte ein Teil des gewachsenen Felsens, der mir schon draußen vor dem Haus aufgefallen war, in die Küche hinein. Er war aus dem gleichen Gestein wie die Decke der Grotte der Offenbarung und erinnerte in seiner Farbe und Form an eine grau-schwarze, sich auftürmende Gewitterwolke.

Seitlich neben der Eingangstür war unter dem einzigen, mit einem Spitzenvorhang geschmückten Fenster, eine Art Frühstücksnische eingerichtet. Auf dem Tisch stand ein Silbertablett mit einem Glas Wasser und einer winzigen Phiole, die Öl enthielt. Das einzige Geräusch im Raum war das Ticken der Uhr, die neben dem Kamin an der Wand hing.

Auf der Fahrt nach Chóra hatte Alíki Lili und mir erzählt, dass das Wasser und Öl, das Sofía verwendete, während der Messfeier im Kloster geweiht und ihr dann von einem der Mönche übergeben wurde. Die Kirche missbilligte zwar offiziell diese Art von Exorzismus, aber gleichzeitig duldete sie stillschweigend, dass geweihtes Wasser und Öl für diese Zeremonien verwendet wurden. Denn falls die Teufelsaustreibung erfolgreich verlief, konnte die Kirche den Erfolg für sich beanspruchen.

Die erforderlichen Riten, die bis in vorgeschichtliche Zeit zurückreichen, wurden von den Griechen traditionell mit höchstem Respekt betrachtet. Personen, welche die Gabe hatten, den Fluch des bösen Blicks zu vertreiben, waren meist weiblichen Geschlechts, und man sprach sie normalerweise nicht mit *kíria*, Frau, an, sondern mit *osséa*, Gesegnete.

»Dann sind sie also eine Art Priesterinnen«, hatte ich zu Alíki gesagt.

»Ja«, antwortete sie. »Ganz bestimmt.«

Sofía bedeutete mir, mich an den Tisch zu setzen. Sie fragte mich, wie es mir in letzter Zeit ergangen und was passiert sei. Ich erzählte es ihr. Sie nickte stumm. Dann machte sie über meinem Kopf das Kreuzzeichen und murmelte rasch eine Kette von Wörtern, die mir so unverständlich waren wie die Rechnungen, die Theológos mir immer präsentierte. Später erfuhr ich, dass sie Teil der orthodoxen Liturgie waren.

Sodann wies mich Sofía an, einen Schluck von dem Wasser zu trinken. Ich tat wie geheißen. Als Nächstes hielt sie das Glas in Höhe meiner Augen, damit ich sehen konnte, was nun geschah, und kippte langsam die Phiole mit dem heiligen Öl über das Glas, bis ein einziger Tropfen davon in das Wasser fiel.

Er sank sofort auf den Grund.

Sofía schüttelte traurig den Kopf.

»*T'ócho?*«, fragte ich gespannt. »Habe ich es?«

Sofía nickte. Dann tauchte sie ihren Finger in das ölige Wasser und zeichnete damit auf meiner Stirn ein Kreuz, das ich kühl auf meiner Haut spürte. Wieder rezitierte sie einen Teil der Liturgie, viel länger diesmal, und dabei schlug sie mehrere Male hintereinander vor meinem Gesicht blitzschnell mit der Hand das Kreuzzeichen.

Schließlich reichte sie mir das Glas und wies mich an, das Wasser zu trinken.

»Einen Schluck?«, fragte ich zögernd und dachte an das Öl darin.

Sie lächelte. »Alles.«

Alíki und Lili saßen in dem Café und warteten auf mich, vor ihnen auf dem Tisch eine kleine Karaffe mit Ouzo und ein Teller mit gegrilltem Oktopus.

»Und?«

»Sie hat gesagt, ich soll in einer Woche wiederkommen.«

»Ja«, sagte Alíki. »Dann gibt sie wieder einen Tropfen Öl in das heilige Wasser. Wenn er oben schwimmt, bist du geheilt.«

»Öl schwimmt *immer* auf Wasser«, sagte Lili.

»Nein, das stimmt nicht«, sagte ich.

Auf der Fahrt zurück nach Livádi redete Lili ununterbrochen über Mémis.

»Er ist fantastisch!«, schwärmte sie. »So ein netter Kerl! Und so direkt! Keine albernen Spielchen, wie die Männer sie sonst so gerne treiben. Der redet nicht um den heißen Brei herum, sagt man so? Wenn er dich haben will – bumm! So einfach ist das.«

»Bumm.«

»Genau.« Als wir auf der kurvenreichen Straße von Chóra hinunter nach Skála einen geraden Abschnitt erreichten, nahm sie ihre Hände vom Lenkrad, um eine Zigarette in ihren langen weißen Zigarettenhalter zu stecken, und war kaum damit fertig, als schon die nächste Haarnadelkurve ansetzte.

»Und er hat eine große künstlerische Begabung«, fuhr sie unbeirrt fort. »Er macht Collagen, mit Treibholzstückchen und so.«

»Tatsächlich?«

»Ja.« Sie blickte mich vorwurfsvoll an. »Wenn er Zeit hat! Du könntest ihm ruhig am Abend etwas früher freigeben, weißt du.«

Ich wollte ihr gerade meine Gegenargumente vortragen, als mir plötzlich wieder einfiel, wie sinnlos diese Unterhaltung war.

»Lili«, sagte ich betrübt. »Damit habe ich jetzt nichts mehr zu tun.«

Am nächsten Morgen trottete ich den Hügel von unserem Haus zur Straße hinauf und bestieg den Acht-Uhr-dreißig-Bus nach Skála. Ich hätte es mir leichter machen, zum Strand hinuntergehen und von dort den Bus nehmen oder mit einem *kaíki* mitfahren können, aber nach Theológos' feiger Reaktion vom Vortag hatte ich keine Lust, ihn oder die Schöne Helena zu sehen, jedenfalls nicht auf meinem Weg zur Polizei.

Am Abend zuvor hatten Danielle und ich über unsere Optionen gesprochen und festgestellt, dass wir offensichtlich nur eine einzige hatten, nämlich die sofortige Rückkehr nach Rethymnon – falls ich nicht ohnehin wegen meines Verstoßes aufgefordert wurde, das Land zu verlassen. Vielleicht würde ich meine Arbeit an der Sprachenschule wieder aufnehmen können oder, im schlimmsten Fall, in Socrátes' Restaurant. Während ich zwischen Wut und Verzweiflung hin und her gerissen war, wirkte Danielle seltsam ruhig. Für sie bestand das Hauptproblem darin, wie wir von Theológos möglichst viel von unserem Geld zurückbekommen konnten.

Daran hatte ich gar nicht gedacht. Ich wollte immer noch nicht darüber nachdenken, was ein weiterer Grund dafür war, dass ich auf meinem Weg in die Stadt nicht in der Taverne vorbeigeschaut hatte. Ich hatte eine ebenso große Abneigung gegen eine Kraftprobe wie Theológos.

Im Bus legte ich mir zurecht, wie ich dem Polizeipräsidenten gegenüber argumentieren würde – sollte ich meine Liebe zu Patmos und Griechenland anführen; meinen Wunsch, den Kindern einen Sommer in Livádi zu ermöglichen, wo sie den größten Teil ihres bisherigen Lebens verbracht hatten? Sollte ich meine Wertschätzung der griechischen Küche betonen? Ich würde alles vorbringen, alles, bis auf die schlichte Wahrheit, nämlich, dass ich zurückgekommen war, um hier den großen Reibach zu machen.

Die Polizeistation befand sich – und befindet sich immer noch – im oberen Stockwerk des im italienischen Stil erbauten Zollgebäudes direkt am Hafen. Die Bushaltestelle lag gleich gegenüber dem Eingang, eine Tatsache, für die ich dankbar war, denn die Schande des peinlichen Zwischenfalls in der Taverne am Tag vorher machte mir immer noch zu schaffen, und ich wollte niemandem begegnen, der mich womöglich darauf angesprochen hätte.

Rasch betrat ich das Gebäude und stieg hinauf in den oberen Stock. Als ich das Vorzimmer betrat, wandten sich die beiden Polizisten, die hellgraue Uniformhemden und dunkelgraue Hosen mit scharfen Bügelfalten trugen, mir zu und schauten mich an, als wäre ich irgendein anonymer Tourist. »Ja?«, fragte einer knapp.

Ich nannte meinen Namen und sagte, dass der Polizeichef mich zu sprechen wünsche. Sie wiesen mich an, Platz zu nehmen, dann ging einer der Beamten aus dem Zimmer, während der andere weiterhin in einem Stoß Papiere blätterte.

In einer Ecke summte ein Ventilator. Die Jalousien vor den Fenstern an der Ostseite waren zum Schutz vor der Morgensonne heruntergelassen, und der Raum war in gelbliches diffuses Licht getaucht. Von der Straße drangen die Geräusche des geschäftigen Montagmorgens herauf – das Knattern von vorbeifahrenden Motorrädern, Geschrei und Gelächter der Griechen, die sich lautstark miteinander unterhielten –, die Geräusche eines ganz normalen Werktags, die in mir den plötzlichen schmerzlichen Wunsch auslösten, wieder dazugehören zu dürfen.

Der Beamte kam zurück und forderte mich auf, ihm zu folgen. Er führte mich zu einem Zimmer am Ende des Korridors und bedeutete mir einzutreten.

Zu meiner Überraschung stellte ich fest, dass der Polizeichef derselbe war, der damals Dienst tat, als wir wegen unseres Umzugs nach Rethymnon die Insel verlassen hatten. Wir waren zwar nicht gerade befreundet gewesen, aber wir hatten uns doch gelegentlich miteinander unterhalten und sogar mehrmals in einem Restaurant oder Café an einem Tisch gesessen. Er war in meinem Alter, vielleicht sogar etwas jünger, und hatte dunkles, ordentlich geschnittenes Haar, das an den Schläfen bereits leicht ergraute. Sein schimmernder, makelloser Teint zeugte von guter Gesundheit und guter Ernährung, wie bei so vielen griechischen Polizisten – zumindest in den höheren Rängen.

Sobald sein Untergebener die Tür hinter sich geschlossen hatte, lächelte er mich an.

»*Ti kánis, Thomá?*«, sagte er. »Wie geht es dir? Und der Frau und dem Töchterchen?«

Ich erzählte es ihm. Und ich wollte ihm gerade von Matt erzählen und von meiner Liebe zu Patmos und Griechenland und zur griechischen Küche, als er ohne Umschweife zur Sache kam.

»Du darfst nicht ohne Arbeitserlaubnis arbeiten, Thomá. Das weißt du doch.«

»Ich weiß. Aber Ausländer helfen doch oft in Restaurants und Läden aus, und niemand hat was dagegen, und da dachte ich –«

»Jemand hat sich beschwert.«

»Aha!« Ich wartete ab, ob er nun Namen nennen würde, aber er schaute mich nur an und nickte mitfühlend, als ob auch er angewidert sei wegen der Verhaltensweise bestimmter Leute.

»Also«, sagte er. »Was machen wir jetzt?«

Er blickte mir fragend in die Augen, als erwartete er, dass ich eine Lösung für mein Problem parat hätte. Obwohl dieser Polizeichef einen makellosen Ruf hatte, habe ich später oft darüber nachgedacht, ob ich ihm in jenem Moment hätte Geld anbieten sollen. Auch andere haben mich das gefragt. Warum war mir dieser mögliche Ausweg damals nicht in den Sinn gekommen? Im Lauf meiner Jahre in Griechenland war ich immer wieder in ähnliche Situationen geraten, hatte aber nie mit dieser Möglichkeit gespielt. Die meisten Amerikaner – zumindest die Normalbürger –, nehme ich an, würden diese Art der Problemlösung nicht in Erwägung ziehen. Unser Verstand arbeitet nicht in dieser Richtung, was den meisten Amerikanern in der realen Welt gewiss einen entscheidenden Nachteil verschafft.

Deshalb blickte ich ihn einfach nur stumm an.

Doch auf einmal kam mir eine Idee, die so einfach und genial schien, dass es nur göttliche Eingebung sein konnte.

»Kann ich eine Arbeitserlaubnis beantragen?«

Der Polizeichef dachte nach, dann zuckte er die Achseln und meinte: »Ja. Natürlich. Aber du wirst keine bekommen.«

»Aber wäre es legal, wenn ich weiterarbeiten würde, solange ich auf den amtlichen Bescheid warte?«

Wieder dachte er nach, etwas länger diesmal, dann sagte er: »Ja.«

»Und wie lange dauert so eine Antwort normalerweise?«

Diesmal lächelte er fast. »Aus Athen? Drei, vier Monate …«

»Oktober«, sagte ich grinsend.

Er beugte sich vor und drückte auf einen Knopf seiner Gegensprechanlage. »Kostá! Bring mir einen Antrag für eine Arbeitserlaubnis!«

Dann schaute er mich wieder direkt an und erlaubte sich den Anflug eines Lächelns. Und was mich anging, ich musste mich regelrecht beherrschen, um ihm nicht vor Freude um den Hals zu fallen.

Nachdem ich heimgeeilt war und Danielle die freudige Nachricht überbracht hatte, lief ich sogleich jubelnd in meine Taverne, wo das Mittagsgeschäft noch gar nicht begonnen hatte. Démetra, Mémis und die beiden Jungs freuten sich mit mir. Ein verwunderter Theológos jedoch starrte mich nur ungläubig an, sprachlos, denn sein ganzes Weltbild war erschüttert worden. »Was hast du dafür tun müssen?«, wollte er wissen.

»Nichts«, sagte ich. »Nur eine Arbeitserlaubnis beantragen.

Der Polizeichef sagt, ich darf weiterarbeiten, bis der Bescheid eintrifft.«

Ich wusste, dass er mir kein Wort glaubte. Eine derartige Lösung war viel zu einfach, zu sauber und korrekt. Er war überzeugt, dass dunklere Machenschaften im Gange waren, Bestechung etwa oder gute Beziehungen zu den richtigen Leuten.

Ich war so erleichtert, wieder arbeiten zu dürfen, dass es mir völlig egal war, was Theológos dachte. Und deshalb machte ich mir in der folgenden Woche auch nicht die Mühe, wieder nach Chóra zu fahren, um herauszufinden, ob der Fluch des bösen Blicks inzwischen von mir genommen war.

Wer hatte denn Zeit für so etwas?

Juli

Trotz der hochsommerlichen Temperaturen und im Gegensatz zu der lähmenden Gluthitze des August haftet dem Juli immer noch eine gewisse Frische, eine Vorfreude an, das Gefühl, noch sei alles möglich. Die Urlauber legen mit ihren Kleidern gleichsam auch ihr Alltagsgesicht ab und salben ihre Körper mit Ölen und Lotionen, und in der Luft, die geschwängert ist von diversen kosmetischen Düften vermischt mit einem Hauch von Schweiß, liegt der würzige Geruch der Verheißung.

Glücklich und erleichtert, dass mir der Polizeichef einen Aufschub gewährt hatte, schlief ich in der darauf folgenden Nacht wieder mit Danielle, zum ersten Mal seit einer Ewigkeit, wie mir schien. Dass ich den Versuch, mich loszuwerden, vereitelt hatte – und dabei tatsächlich einen Einheimischen mit seinen eigenen Waffen geschlagen hatte –, verschaffte mir ein Hochgefühl, als hätte ich eine lebensbedrohende Krankheit überstanden. Mein Appetit erwachte plötzlich wieder, ich fühlte mich jung und beschwingt, und das Leben schmeckte so süß wie damals auf dem Höhepunkt meiner Pubertät. Mit Danielle zu schlafen fühlte sich nun wieder an wie früher, leidenschaftlich und hingebungsvoll, vibrierend vor Sinnlichkeit. Für diese eine Nacht wenigstens waren wir endlich in das wahre Patmos zurückgekehrt, das Patmos von damals, als wir noch jünger waren und berauscht vom Sommer.

Mit neuem Schwung stürzte ich mich in meine Arbeit in der Taverne, die mit vollen Segeln auf das Fest am fünften August, dem Vorabend des Feiertags der Verklärung Christi, zusteuerte, jene Nacht, in der sich jede Drachme, die wir investiert hatten, in das pure Gold des Profits verwandeln würde. Ich verließ mich dabei nicht nur auf das Gerede der Leute. Acht Sommer lang hatte ich das Fest mitgefeiert und mit eigenen Augen gesehen, welche Menschenmassen in der Schönen Helena von etwa acht Uhr abends bis vier, fünf Uhr früh wahrhaft bacchanalische Exzesse feierten und die Taverne wie geplündert zurückließen. Wir würden garantiert gehörig absahnen und den großen Gewinn einstreichen, und zwar an einem einzigen Abend.

Aber auch jetzt schon floss das Geld in einem stetigen Strom in unsere Kasse, aber es strömte auch wieder heraus, und zwar mit einer derartigen Geschwindigkeit und in solchen Mengen, dass nur jemand, der sich nicht selbst im Kampfgetümmel befand – also die ganze Zeit an der Registrierkasse saß –, den Weg dieser Geldströme hätte nachvollziehen können.

Einen solchen Luxus gab es bei uns nicht, wir besaßen überhaupt keine Kasse, ja nicht einmal Rechnungsblocks mit Kohlepapier zwischen den Blättern, um Durchschläge der Restaurantrechnungen vorliegen zu haben. Selbst wenn wir Letzteres gehabt hätten, wäre es viel zu zeitaufwändig gewesen, Ordnung in die voll gekritzelten Zettel zu bringen. Am Ende unseres Arbeitstages, etwa gegen zwei, drei Uhr morgens, waren wir so erschöpft, dass wir nur noch ins Bett fallen konnten, und morgens um sieben wiederum erschienen selbst die einfachsten mathematischen Berechnungen als die reinste Qual, genau wie damals auf der Grundschule.

Während der Essenszeiten achtete ich möglichst darauf, die Rechnungen für meine Tische selbst zu schreiben, aber wenn der Ansturm der Gäste zu groß wurde, musste ich bisweilen Sávas und Lámbros erlauben, die Summen auszurechnen. Unser Wechselgeld entnahmen wir einer Schuhschachtel, die sich in einer Schublade unter der Theke befand, und dort hinein warfen wir auch die Einnahmen, ohne sie nachzuzählen, ehe wir uns so schnell wie möglich dem nächsten Gast widmeten. Unsere einzige Buchführung bestand darin, dass wir ein Anschreibebuch führten, wie es die alte Tavernentradition forderte, gemäß der vertrauenswürdige Stammkunden anschreiben lassen konnten – auch ich hatte in den vergangenen Sommern meine Restaurantrechnungen so gehandhabt. Manche Gäste schuldeten uns Summen bis in die Zehntausende von Drachmen, die manchmal erst am Ende der Saison ganz abbezahlt wurden. Wenn überhaupt. Deshalb hatten wir auch nie einen genauen Überblick, wie wir finanziell tatsächlich dastanden.

Mit flinker Hand erledigte Theológos die Einkäufe, die den Nachschub für die Taverne sicherten. An den Wänden und Pfeilern im Inneren der Taverne stapelten sich die Kästen mit Bier, Wein und alkoholfreien Getränken bis unter die Decke, weshalb für neue Gäste der Versuch, in diesem Labyrinth die Toilette zu finden, eine gewisse Herausforderung darstellte.

Wenn es ganz hektisch wurde, sprang Danielle ein und hackte Zwiebeln, schälte Knoblauch, schnippelte Tomaten und Gurken, doch sie konnte nie längere Zeit bleiben, weil wir uns dann bereits wieder Sorgen um die Kinder machten. Man wusste ja nie, was ihnen alles passierte, angesichts der vielfältigen Sicherheitsrisiken, die es im Tal, auf der Straße, am Strand, im Wasser gab, wo Motorräder, Autos, Skorpione, Schlangen, Esel, Maulesel, Tod durch Ertrinken und unzählige andere Gefahren, die wir vor unserem inneren Auge sahen, auf sie lauerten.

Ich erinnere mich sehr gut, wie erstaunt ich manchmal war, wenn Sara oder Matt auf dem Höhepunkt des Mittags- oder

Abendgeschäfts zu mir in die Küche marschierten und irgendetwas haben wollten – diese kleinen Fremdlinge, die sich verhielten, als hätten sie einen Anspruch auf meine besondere Aufmerksamkeit. Aber es gab auch Zeiten, wo ich sie nebeneinander am Tisch sitzen sah, Sara mit ihren Zöpfchen, Matt, der mit großen Augen an seinem Schnuller saugte, und spürte, mit welchem Stolz sie ihren Papa beobachteten, der da bravourös mit seinen Gästen umging und zehn, fünfzehn Tische gleichzeitig bediente und dabei jedem einzelnen Gast das Gefühl gab, die ungeteilte Aufmerksamkeit seines Wirtes zu genießen.

Immer mehr Freunde von früher tauchten auf, Bekannte aus vergangenen Sommern, die erfahren hatten, dass wir wieder auf der Insel waren, und die nun, neugierig geworden, sehen wollten, was wir alles zu bieten hatten. Doch obwohl es immer sehr schön war, alte Bekanntschaften aufzufrischen, musste ich, bald nachdem wir uns begrüßt hatten, ihre Bestellung aufnehmen, und schon setzte der unvermeidliche Wandel in unserer Beziehung ein. Rasch kam die Frage, warum das Essen so lange dauerte oder wo der Feta-Käse blieb, den sie bestellt hatten, oder ob sie *bitte, Tom*, noch etwas Wasser haben könnten.

Die Polizeibeamten tauchten nun auch wieder auf, gute Bekannte inzwischen, und bestanden darauf, ihre Rechnungen zu bezahlen, obwohl ich sie gerne eingeladen hätte. Während ihres Besuchs hielt Theológos sich stets im Hintergrund, offensichtlich unsicher, ob er nicht doch irgendwie Gefahr lief, in meine Angelegenheiten hineingezogen zu werden.

Magnus und Anna kehrten in der zweiten Juliwoche nach Patmos zurück und zogen in das große Haus, das Lili in Livádi gemietet hatte, um in Mémis' Nähe sein zu können. Die drei wurden nun zu Stammgästen der Taverne. An den Nachmittagen, wo sie unter sich an einem Tisch saßen, gesellte sich Danielle oft zu ihnen. Magnus war einer der wenigen Ausländer, den Danielle ehrlich mochte. Sie lachte, wenn er seine deftigen Norwegerwitze zum Besten gab, und gelegentlich sah ich, wie sie sich zu ihm hinbeugte und ihm leicht die Hand auf den Arm legte, während er ihr Feuer gab. In früheren Tagen, jenem letzten Sommer, bevor sie schwanger geworden war, hatte ich mich oft gefragt, ob damals in jener Nacht, als ich mit Melyá auf einer Party in Chóra war, zwischen den beiden nicht etwas gelaufen war. Auch Anna bemerkte diese kleinen Gesten der Vertrautheit zwischen Danielle und Magnus, und ich spürte, wie sie eine Unterhaltung mit mir suchte, immer wenn ich einen Moment Zeit erübrigen konnte und mich zu ihnen an den Tisch setzte. Ich sann über den Zufall nach, dass sie jetzt im gleichen Alter war wie damals Danielle, als wir uns kennen lernten, und dass sie, wie Danielle, Jura studierte. Sie hatte Sommersprossen auf der Nase und den Wangen, und ihre Augen, die einen mit entwaffnender Direktheit anschauten, waren von einem auffallenden Kornblumenblau, strahlend und voller Hoffnung wie ein Frühlingsmorgen.

Wie Mémis es schaffte, mit Lili zusammen zu sein und dennoch jeden Morgen am Arbeitsplatz zu erscheinen, war mir immer wieder ein Rätsel. Er arbeitete bis spätnachts in der Taverne, half uns beim Aufräumen und Saubermachen und war doch bereits pünktlich am nächsten Morgen, wenn das Frühstück serviert wurde, wieder auf seinem Posten. Er schien einfach nie müde zu werden.

Genau wie Theológos. In krassem Gegensatz zu Démetra, Lámbros, Sávas und mir, die wir alle bleich wie ungebackener Brotteig aussahen und immer größere dunkle Ringe unter den geröteten Augen bekamen, wirkte Theológos viel jünger und gesünder als in all den Jahren zuvor, wie ein wohl genährter Seehund. Seine Haut war tief gebräunt, da er ständig Touristen mit seinem Boot um die Insel schipperte, und sein braunes Haar und der Schnurrbart schimmerten golden von der Sonne und der salzigen Luft.

Immer wenn es ihm möglich war, brachte er eine Ladung Touristen in die Bucht von Livádi, und wenn dann das Boot in Sicht kam, sah man ihn gebieterisch an der Pinne stehen, den Panamahut verwegen auf dem Kopf, die Augen hinter der billigen Sonnenbrille unbeirrt auf sein Ziel gerichtet. Dann liefen Sávas und Lámbros jedes Mal sofort hinunter an den Strand, um bei der Landung behilflich zu sein, während Theológos mit einem gekonnten Manöver an der Mole anlegte.

Die Kunden, die er in Skála aufgetrieben hatte, oft an die zwanzig Personen, saßen zusammengepfercht im Boot und hielten sich krampfhaft irgendwo fest. Meist waren es gutbürgerliche griechische Urlauber mittleren Alters, die eine Tour machten, um ihre heimische Inselwelt kennen zu lernen. Sobald sie in der Schönen Helena eingetroffen waren, dirigierte sie Theológos zu ihren Tischen, die wir für diese Gelegenheit aneinander gestellt hatten, um sodann, statt mir und seinen Söhnen beim Bedienen zu helfen, seinen Ehrenplatz am Kopfende der Tafel einzunehmen. Von dort aus brüllte er uns dann die Bestellungen seiner Gäste zu und benahm sich, als hätte er den Vorsitz am Kapitänstisch eines Ozeanriesen.

Am Abend half er meist kurz beim Servieren, aber bald schon gesellte er sich zu seinen patmischen Freunden, die etwas abseits von den anderen Restaurantgästen an einem Tisch saßen, während ich, mit jedem Tag etwas ausgelaugter und erschöpfter, mein Bestes gab, um die Touristen glücklich zu machen. Am Ende unseres Arbeitstages, wenn ich hundemüde zu unserem Haus auf dem Hügel zurücktrottete und Sávas und Lámbros sich erschöpft auf ihre Pritschen in der kleinen Kammer fallen ließen, kümmerte sich Theológos, der immer noch voller Energie war, um Démetra. Ich berufe mich hierbei auf Magnus, der die beiden angeblich eines Nachts auf dem Heimweg von einer Party ertappt hatte, wie sie es unter einem Tisch im hinteren Bereich der Restaurantterrasse miteinander trieben – offensichtlich hatten sie nicht warten können, bis sie in ihrem Haus waren, das gut einen halben Kilometer entfernt an der Straße zum Dorf lag.

Ich hingegen schlief nun immer allein. Ende Juli begann mein zweiundvierzigjähriger Körper unter dem körperlichen Stress zusammenzubrechen. Wenn ich spätnachts heimkam, gegen drei, vier Uhr, war ich weder zur Liebe noch zu schlichtem Sex, ja nicht einmal mehr zum Kuscheln fähig. Und oft war ich sogar zu erschöpft, um mich vor dem Zubettgehen zu waschen. Ich riss mir meist nur die Kleider vom Leib – nicht immer – und fiel wie ein gefällter Mammutbaum ins Bett neben die arme Danielle, die mich sodann in den wenigen kostbaren Minuten, die mir bis zum Morgengrauen noch blieben, immer wieder schüttelte und rüttelte, damit ich endlich mit meinem entsetzlichen Schnarchen aufhörte. Ich wusste, was sie durchmachte – ich habe das Schnarchen von meinem Vater geerbt und erinnere mich sehr wohl, wie oft er mich damit um meinen Schlaf brachte, denn meine entnervte Stiefmutter schickte ihn mit schöner Regelmäßigkeit nach oben ins Gästezimmer, das neben meinem Zimmer lag, wo er dann schnarchte, dass die Wände zitterten.

Deshalb kamen Danielle und ich überein, dass ich fortan in Saras Bett im Kinderzimmer nächtigen würde und Sara und Matt bei ihrer Mutter im Ehebett schliefen. Obwohl die dünne Tür mit der Glasscheibe nur schlecht mein Pfeifen und Sägen dämpfte, das nur von der gespenstischen Stille vor einer neuerlichen Explosion unterbrochen wurde, musste Danielle nun wenigstens nicht mehr diesen nach Schweiß, Alkohol und Küchendunst stinkenden Leichnam ertragen, der ich buchstäblich geworden war und der wie ein Sack neben ihr lag.

Wie sie es schaffte, diese schwierige Phase mit mir auszuhalten, erfüllt mich noch heute, während ich dies niederschreibe, mit tiefem Erstaunen und Dankbarkeit.

Schlimmer noch als das Schnarchen war für mich das plötzliche und unerwartete Auftreten von Krampfadern, die sich, dick wie Würmer, auf der Innenseite meiner hässlich lila verfärbten Beine zeigten. Diese Krampfadern gingen einher mit zunehmend starken Schmerzen, die nur dann etwas nachließen, wenn ich mich so oft wie möglich hinsetzte und die Beine hoch legte – ein freundschaftlicher Rat der stets weisen Alíki. »Du wirst dich schon daran gewöhnen«, meinte sie. »Das ist der Preis, den du in diesem Geschäft bezahlen musst.« Und Démetra und Theológos, statt entsetzt das Ausmaß meines Leidens zu kommentieren, lächelten nur – und zeigten mir ihre eigenen Krampfadern. Die Beine der beiden waren in einem weit schlimmeren Zustand als meine. Démetras waren fast schwarz von dem Blut, das sich unter der Haut gestaut hatte; die Venen auf Theológos' Beinen waren knotig wie der Stamm eines alten Olivenbaums. Die beiden zuckten nur wie immer schicksalsergeben die Achseln, »*Ti na kánume, Thomá?*«, »Was können wir machen?«, während der junge, vitale Mémis, noch voll im Saft, grinsend daneben stand. Sávas und Lámbros waren die einzigen Griechen, die so etwas wie Mitgefühl zeigten. Mit langen, traurigen Gesichtern, wie sie sonst nur Sara und Matt fertig brachten, standen sie wie Trauergäste bei einer Beerdigung um mich herum und sahen zu, wie ich meine gequälten Gliedmaßen auf einen der hinteren Tische im Restaurant legte.

Tief in meinem Inneren hörte ich eine Stimme, die mir zuflüsterte, dass ich vielleicht doch nicht mehr ganz so jung sei und es vielleicht an der Zeit wäre, dies einzusehen und mich entsprechend zu verhalten, ehe es zu spät war. Eine junge Amerikanerin griechischer Abstammung, die eines Tages zum Mittagessen in der Taverne erschien, äußerte ähnliche Bedenken, als ob sie, einer Sybille gleich, weitaus besser über mich Bescheid wüsste als ich selbst. »Wissen Sie«, sagte sie wie aus heiterem Himmel, »Sie sollten sich überlegen, ob Sie nicht als Lehrer arbeiten wollen. Es gibt da eine amerikanische Privatschule in Nordgriechenland, für die Sie wie geschaffen sind. Die haben dort ein Theater. Und Tennisplätze. Hier ist die Telefonnummer. Verlangen Sie George Draper. Er ist der stellvertretende Direktor. Und sagen Sie, ich hätte Sie geschickt.« Sie drückte mir einen Zettel mit der Nummer und ihrem Namen in die Hand, bezahlte ihre Rechnung und ward nie mehr gesehen. Die Begegnung mit dieser Frau, ihr Beharren zu wissen, was am besten für mich sei, war mir so seltsam erschienen, dass ich versucht war, ihren Zettel sofort wegzuwerfen. Aber in Griechenland lernt man, dass man solche Dinge besser nicht ignoriert. Und so behielt ich ihn.

Inzwischen hatte die Taverne dank des geschäftlichen Erfolges eine eigene Dynamik entwickelt. In gewisser Weise gehörte die Schöne Helena nun eher den Gästen und ihren Bedürfnissen als jenen, die dort arbeiteten. Wir wurden einfach mitgerissen wie in einem Strudel, und bei dieser Geschwindigkeit schien es unmöglich abzuspringen. Jeden Morgen schleppten wir uns aufs Neue aus dem Bett, ungeachtet unserer Müdigkeit oder Schmerzen, in dem Gefühl, offensichtlich keine andere Wahl zu haben, als erneut den erschöpften Körper, das benebelte Hirn zu zwingen, den Kampf mit diesem Ungeheuer wieder aufzunehmen, das wir selbst geschaffen hatten. Es war die reinste Sisyphusarbeit: den Felsbrocken des Mittag- und Abendessens den steilen Berg hinaufzurollen, nur um zu erleben, dass er um drei Uhr morgens donnernd wieder herabrollte, diese schwere, drückende Last, die am nächsten Morgen darauf wartete, erneut hoch gerollt zu werden, mühsam, Zentimeter um Zentimeter, den ganzen Tag lang, bis dann nachts …

Andererseits geschah täglich, egal, wie erschöpft und ausgelaugt man war, das Wunder des Adrenalinstoßes, immer wenn die Mittagsgäste in die Taverne strömten. Es bewirkte, dass man weitermachen konnte, und zwar mit voller Leistung, bis zum Ende des Abends, allzeit der freundliche, bemühte Wirt.

Die Taverne war nun auch am Abend immer sehr gut besucht, da manche Leute sogar ein Boot mieteten oder gar die acht Kilometer lange Wanderung von Skála auf sich nahmen, nur um bei uns zu Abend zu essen. Und ein-, zweimal ging sogar eine Yacht in der Bucht vor Anker, deren Passagiere mit einem Beiboot an den Strand fuhren, um sich in dieser heimeligen kleinen Kneipe unters Volk zu mischen, die, man stelle sich vor, von einem Amerikaner geführt wurde. Immer mehr Gäste, so stellten wir fest, kamen wieder, wenn sie einmal bei uns gegessen hatten, zufrieden und dankbar, dass sie, wie viele meinten, »eine Heimat in der Fremde« gefunden hatten.

Nicht einmal die Snack-Bar störte uns, die am anderen Ende des Strandes eröffnet hatte. Der Besitzer, ein tatkräftiger junger Patmier mit Namen Théo (Kurzform für – na, was wohl – Theológos) hatte sie auf einem Grundstück seiner Tante eingerichtet, und sie stellte schon bald eine willkommene Abwechslung zu unserer überfüllten lauten Schönen Helena dar. Théo war herumgekommen, servierte schicke Salate, Toasts und Cocktails mit Papierschirmchen, und er vermietete auch Liegestühle und Sonnenschirme; bald hatte er eine treue Schar von Mittagsgästen – zu der, wie wir erfahren hatten, auch Melyá mit ihrem Gefolge von Freunden aus Athen und dem Ausland gehörte. Aber wen kümmerte das schon? Es war Juli, es waren genug Gäste für alle da.

Jene betriebsamen letzten Tage des Monats wurden immer hektischer, je näher das Fest am Vorabend von *panijíri* rückte. Ich erinnere mich, dass eines Tages Stélios und Warwára völlig verschreckt auf der Straße vor der Schönen Helena standen und ungläubig auf die zahlreichen Essensgäste schauten, die die Terrasse und auch die zusätzlichen Tische bevölkerten, die wir, um den Ansturm der Gäste zu bewältigen, über der Straße Richtung Strand unter den Tamariskenbäumen aufgestellt hatten.

Es muss wohl ein Sonntagmittag gewesen sein, denn die beiden trugen ihre besten Kleider, die für den Kirchgang reserviert waren. Warwára hatte ein frisch gebügeltes weißes Kleid mit einem Muster aus verwaschenen rosa und lila Blümchen an, und Stélios präsentierte sich in seiner guten grauen Hose mit den Bügelfalten, rissigen braunen Lederschuhen und einem weißen Hemd (ohne Krawatte), das er bis obenhin zugeknöpft hatte.

Ich ließ sofort alles stehen und liegen und ging zu den beiden hinüber. »Es dauert nur noch eine Minute«, sagte ich, »dann wird ein Tisch frei –«

»Nein, Thomá«, wehrte Stélios ab. »Das ist nicht nötig. Wir wollten nur mal vorbeischauen.«

»Ihr wollt gar nicht essen?«, rief ich enttäuscht. »Aber –«
Warwára lächelte mich aus ihren trüben blauen Augen an. »Ein anderes Mal.«

»Thomá!« Lámbros rief mich zurück ins Kampfgetümmel. »Die Rechnung!«

Ich wandte mich zu Stélios und Warwára. »Wartet noch einen Moment.«

Dann eilte ich zu dem Tisch und schrieb die Rechnung. Als ich mich wieder umdrehte, um Warwára und Stélios an den jetzt freien Tisch zu lotsen, waren die beiden verschwunden.

Später, als ich sie am Haus wieder traf, lächelten sie entschuldigend. »So viele Leute, Thomá.«

Am letzten Julitag hatte Lili Geburtstag und wollte aus diesem Anlass eine Party geben; nicht in der Schönen Helena, sondern an einem Strand an der Nordostspitze der Insel. Er hieß Ágrio Jialí, Wilder Strand, wegen seiner Ursprünglichkeit und wohl auch wegen seiner Entfernung von dem zivilisierenden Einfluss von Chóra und dem Johannes-Kloster. Es war ein wunderbarer einsamer Fleck, zu dem keine Straße hinführte, der aber mit dem Boot in zwanzig Minuten von Livádi aus zu erreichen war.

Die Party sollte beginnen, wenn das Gros der Essensgäste am Abend gegangen war, also etwa gegen Mitternacht. Danielle und ich waren eingeladen, ebenso ein paar Freunde von Lili, Ausländer und Griechen, nicht aber Theológos, Démetra und die beiden Jungen. Lili wollte Mémis möglichst für sich allein haben.

In der letzten Zeit hatte es zwischen den beiden offenbar Spannungen gegeben. Ich mutmaßte das nur und zog meine Schlüsse aus den paar Sätzen, die Lili von mir ins Griechische übersetzt haben wollte. Einer lautete: »Warum kommst du so spät?«, der andere: »Ich habe es nicht so gemeint.«

Mémis war nicht nur ein sehr ansehnlicher junger Mann, sondern besaß auch einen überaus unabhängigen Geist, der sich in seinen Freiheiten nicht beschneiden lassen wollte. Mit seinen blonden Locken, dem glatten, unbehaarten Körper und seinem Lächeln erinnerte er an einen jungen Pan und übte deshalb eine ungeheure Anziehungskraft auf unsere weiblichen Gäste aus, die ihn regelmäßig bei mitternächtlichen Strandspaziergängen begleiteten oder ihn gar, im Schutz der Felder hinter der Taverne, einmal sogar in einer Kapelle am Straßenrand, zu einem kleinen »Bum-Bum« einluden, um es mit Madame Hortense aus dem Film *Alexis Sorbas* auszudrücken.

So ist es nicht verwunderlich, wenn es hin und wieder etwas später wurde, bis Mémis endlich zu Lili nach Hause kam. Was Lili anging, so wollte sie mit dieser Party entweder das Ende ihrer Beziehung oder einen neuen Anfang markieren.

Wie erwartet, wollte Danielle nicht zu der Party mitkommen. In all den Jahren, die wir auf der Insel gelebt hatten, war sie nur zu Partys gegangen, deren Gastgeber Griechen waren, vor allem solche, die am Tage gefeiert wurden, wie etwa Ostern. Sie hatte nicht die geringste Lust, andere Leute kennen zu lernen oder sich auf einen europäisch-amerikanischen Plausch einzulassen, und fühlte sich, wie Stélios und Warwára, in der Gegenwart allzu vieler Leute unwohl.

Ich hatte auch keine Lust. Ich war zu müde. Meine Beine taten mir weh. Ich brauchte Ruhe. Es war reine Zeitverschwendung. Und so weiter. Aber dann setzte sich ein kleiner Teufel auf meine Schulter und flüsterte mir ins Ohr: »Du verdienst etwas Ablenkung. Und stell dir mal vor, du könntest was verpassen!« Anna und Lili waren ebenfalls sehr überzeugend. Vor allem Anna. Magnus hatte es sich angewöhnt, mit seinen griechischen Freunden tagsüber zum Fischen zu gehen. Er verschwand im Morgengrauen und kehrte erst am Spätnachmittag zurück, wo er Anna dann seinen streng riechenden Fang Fische vor die Füße legte, damit sie ihn ausnahm und zubereitete. Daher war sie tagsüber immer allein am Strand oder in der Taverne und wirkte ein wenig verloren und einsam inmitten all der anderen fröhlichen jungen Leute. »Ist Magnus früher auch so oft Fischen gegangen?«, fragte sie mich eines Tages, als ich ihr einen Salat servierte. »Ja«, antwortete ich. »Mach dir keine Sorgen, es liegt bestimmt nicht an dir. So ist Magnus eben. Es gefällt ihm einfach, mal wieder unter Männern zu sein.«

Sie blickte mich mit ihren großen blauen Augen an. »Und warum hat er mich dann überhaupt nach Patmos mitgenommen?«

Im Hintergrund sah ich unten am Strand Danielle am Wasser entlangwaten und versonnen die Wellen betrachten, die um ihre Füße spielten. Weiter hinten saßen die Kinder und spielten im Sand.

»Er wollte nicht allein sein«, sagte ich und lächelte. Anna verstand nicht gleich, aber dann schmunzelte auch sie.

Danielle fand auch, ich solle zu der Party gehen. »Soll doch Theológos zur Abwechslung mal früher aufstehen und kochen«, meinte sie. Aber das kam natürlich nicht in Frage. Erstens stand er sehr wohl früh auf, aber nur, um nach Skála zum Einkaufen zu fahren und anschließend Touristen für einen Bootsausflug anzuwerben. Und zweitens hatte ich wirklich keine Lust, meinen guten Ruf als Koch in seine groben Pranken zu legen.

Den Ausschlag jedoch gab schließlich Mémis, als er mich fragte: »Thomá? Du kommst doch auch, oder? Vielleicht sehen wir die Geister!«

»Welche Geister?«

Er blickte verstohlen um sich. »Hat dir das noch niemand erzählt? Von dem ermordeten Nazi? Und …« Theológos kam gerade in die Küche, und sofort sprach Mémis nur flüsternd weiter. »Ich erzähle es dir später, wenn wir dort sind.«

Der wilde Strand

»Wo ist denn diese Party?«, fragte Theológos, als ich verlauten ließ, dass ich hingehen würde.

»Ágrio Jialí«, antwortete ich.

»Ágrio Jialí?!« Überrascht wandte sich Theológos an Mémis. »Wieso ausgerechnet dort?«

»*I Lili to théli*«, antwortete dieser. »Lili möchte es so.«

Theológos sah ihn nachdenklich an. »Das ist aber weit weg.«

»Ja«, gab Mémis zu.

»Und noch dazu mitten in der Nacht.«

Mémis zuckte die Achseln. »Was können wir machen?!« Er hob einen Eimer mit Kartoffeln hoch und trug ihn nach draußen zum Schälen.

Theológos schien es zu befürworten, dass ich zu dieser Party gehen wollte. Er und Démetra meinten, eine kleine Abwechslung würde mir gut tun, und sie bestanden darauf, dass ich eher Schluss machte. Überdies versprach Démetra, am nächsten Morgen die Moussaka genau nach meinem Rezept zuzubereiten, damit ich ausschlafen konnte. Da am Ende des Monats viele Touristen die Insel verließen und der nächste Schwung noch nicht eingetroffen war, ging es an diesem Abend in der Schönen Helena ausnahmsweise recht ruhig zu. Auch am folgenden Tag würde sich der Ansturm der Gäste in Grenzen halten. Danielle und die Kinder waren, wie es ihre Gewohnheit war, schon vor Stunden zurück zum Haus gegangen. »Schlaf dich morgen ruhig aus«, hatte Danielle zu mir gesagt. »Ich gehe mit den Kindern früh hinunter an den Strand.« Und dann hatte sie die Kinder gebeten: »Wir werden morgen früh Papa zuliebe schön leise sein, nicht wahr?«

Sara nickte ernsthaft, dass ihre Zöpfchen flogen. »Ja.« Sie packte ihren kleinen Bruder Matt am Arm. »Sag: ›Ja, Papa.‹«

Matt grinste. »Nein!«

Oben am Himmel stand die dünne Sichel des Mondes, und es war nahezu windstill, als Mémis und ich in dem kleinen Boot ablegten, das wir uns von einem Freund im Tal geborgt hatten. Doch es hatte einen Vierzig-PS-Außenbordmotor, und schon bald glitten wir mühelos über das glatte Meer dahin, hinein in das Mondlicht, das sich im Wasser spiegelte.

Eigentlich wollte ich Mémis während der Fahrt über diese Geistergeschichte ausfragen, aber der Motor machte so einen Lärm, dass eine Unterhaltung unmöglich war. Außerdem schien Mémis nicht zum Reden aufgelegt zu sein, sondern starrte nur unverwandt auf das Wasser vor uns, mit einer todernsten Miene, wie ich sie noch nie bei ihm gesehen hatte.

Lili, Magnus, Anna und die anderen waren schon am Strand, und wir konnten schon von weitem die Lagerfeuer sehen, die sie entzündet hatten.

Sobald Mémis' Boot in Fahrt gekommen war und mir die Gischt ins Gesicht sprühte, war die Erschöpfung, die ich kurz vorher noch gespürt hatte, wie weggeblasen. Draußen auf dem Meer riecht es für mich immer nach Abenteuer, besonders in der Nacht, wenn hinter der Dunkelheit, die einen umfängt, das Unbekannte wartet.

Lili erkannten wir schon von weitem, ehe die anderen am Strand Gestalt annahmen. Sie trug ein langes weites Kleid aus weißer durchsichtiger Baumwolle, das sich, auch wenn sich kaum ein Lüftchen regte, bei jeder Bewegung bauschte, als wäre sie in Rauchschwaden gehüllt. Als wir dann näher kamen, sahen wir, dass der spinnwebenfeine Stoff kurz offenbarte und gleich darauf wieder reizvoll verdeckte, dass sie darunter nur die nackte Haut trug.

»*Fántasma?*«, fragte ich Mémis scherzhaft. »Ein Geist?«

Mémis schüttelte den Kopf. »Nein. *Mágissa.*«

Eine Zauberin.

Sein Gesicht blieb ernst.

Lili schwebte an den Rand des Wassers, um uns zu begrüßen, breitete die Arme aus und hüllte Mémis in ihre Baumwollschleier.

Hinter ihr röstete über einem Feuer, einem Opfer gleich, eine junge Ziege. Der glänzende, fetttriefende, rötlich braune Körper steckte auf einem Spieß, den Magnus drehte, während Anna das Fleisch immer wieder mit einem Büschel Thymianzweige bestrich, das sie in eine Mischung aus Olivenöl und Zitronensaft tauchte. Wenn sie sich vorbeugte, sah man deutlich ihre braun gebrannten Brüste unter dem orangefarbenen Baumwollhemd.

Jens, Gunnar und Carl, die in der Woche zuvor eigens wegen Lilis Party nach Patmos gekommen waren, saßen ebenfalls am Strand. Wie immer sah Gunnar abgearbeitet und unrasiert aus, bleich von den vielen Stunden, die er im Studio mit Filmen und Schneiden verbracht hatte. Jens dagegen war tief gebräunt, denn er hatte in Oslo die meiste Zeit im Freien an seinem Boot gearbeitet, mit dem er eines Tages nach Griechenland segeln wollte. Er wirkte ausgelassen und fröhlich von dem ersten Retsina, den er seit seiner Ankunft getrunken hatte. In seiner Begleitung befand sich seine Freundin Lizbet, eine dunkelhaarige, mütterlich wirkende Ladenbesitzerin aus Oslo, die laut Magnus schon seit zehn Jahren geduldig auf einen Heiratsantrag von Jens wartete.

Chrístos, aus dem Reisebüro in Skála, saß auf einem Felsen neben einem zweiten Feuer, seine Gitarre im Arm, während eine geschmeidige junge blonde Australierin namens Penny zu seinen Füßen kauerte, den Kopf an sein Bein gelehnt, und versonnen in die Flammen starrte.

Hinter dem Strand erkannte man im schwachen Licht des Mondes undeutlich die Umrisse eines leer stehenden, dem Verfall preisgegebenen Bauernhauses, das mitten auf einem von Unkraut überwucherten Acker stand, umgeben von Hügeln, die sich in der Dunkelheit verloren.

Mémis, der normalerweise mit seiner überschäumenden Lebensfreude alle anderen mitriss, war an diesem Abend nicht wiederzuerkennen. Vielleicht wegen Lili. Er war viel zu jung, um mit einer Frau ihres Alters und Niveaus zurechtzukommen. Und mit ihren Bedürfnissen. Anfang Juli hatte alles so viel versprechend begonnen. Jetzt zeigten sich allmählich die Risse und Spannungen in ihrer Beziehung.

Wir zerlegten den Ziegenbraten und häuften die diversen Salate, die Lili und Anna aus Kartoffeln, Bohnen, Roter Bete und Nudeln zubereitet hatten, auf unsere Teller. Dann setzten wir uns alle im Kreis um das Feuer. Eine Zeit lang hörte man nur lustvolles Kauen und Schmatzen und zufriedenes sattes Stöhnen. Wir ließen Lili mehrmals auf skandinavische Art hochleben, indem wir unsere Gläser mit höllisch starkem Aquavit, den Gunnar und Carl anlässlich der Feier gestiftet hatten, in einem Zug leerten und mit Bier nachspülten. Dann spielte Chrístos auf seiner Gitarre melancholische griechische Liebeslieder, in denen junge Frauen sich nach ihren Männern verzehrten, die in irgendeinem Balkankrieg kämpften, und junge Männer über unerwiderte Liebe und das bittere Leben auf See klagten.

Schließlich hielt ich es nicht länger aus.

»Mémis«, sagte ich, »erzähl uns von den Geistern.«

»O ja!«, rief Lili sogleich entzückt. Sie wandte sich an die anderen. »Das ist der Grund, weshalb ich meine Party hier an diesem Ort feiern wollte. Mémis hat mir erzählt, dass es hier spukt. Er wollte mir aber nicht verraten, welche Geister hier erscheinen. Und er hatte ein bisschen Angst herzukommen. Hab ich nicht Recht, Mémis?«

Mémis tat diese Bemerkung mit einem gleichmütigen Achselzucken ab. Seine ungezähmten blonden Locken schimmerten im Schein des Feuers, und seine blauen Augen blickten voller Unschuld drein.

Chrístos sah ihn befremdet an, in seinem Blick lag der gleiche strenge Ausdruck, den ich bei der Erwähnung von Ágrio Jialí bei Theológos bemerkt hatte. »*Fantásmata?*«, fragte er. »Geister?«

»*Xéris*«, antwortete Mémis. »Das weißt du doch.«

»Nein«, erwiderte Chrístos auf Englisch. »Ich weiß es nicht.«

Alle blickten nun wie gebannt auf Mémis. Dieser zögerte, schaute erst Chrístos an, dann mich.

»Mémis, komm schon. Bitte!«, flehte Lili. Sie wandte sich an Chrístos. »Ich habe schließlich Geburtstag. Ich liebe Geistergeschichten.«

»Thomá«, fragte Mémis. »Du übersetzt, ja?«

Ich nickte.

Mémis nahm einen Schluck Retsina und starrte in die Dunkelheit hinaus. Dann kroch plötzlich ein schelmischer Zug in seine Augen, offensichtlich genoss er die ungeteilte Aufmerksamkeit, die ihm nun sicher war. Er beugte sich nach vorne, sah uns einen nach dem anderen an und flüsterte verschwörerisch: »*Énas ítan Jermanikós aksiomatikós ...*«

»Es gab mal einen deutschen Offizier ... einen Nazi«, übersetzte ich. »Die Einheimischen nannten ihn *Capitánios Tromerós*, den schrecklichen Hauptmann, wegen der Gräueltaten, die er der patmischen Bevölkerung antat. Und er hatte einen Freund, einen jungen Griechen ...«

»*Élla, Mémis!*«, unterbrach ihn Chrístos. »Was redest du da?!«

»Es stimmt aber«, beharrte Mémis.

Chrístos antwortete ihm auf Griechisch: »Woher willst du das wissen? Du warst ja damals noch nicht einmal auf der Welt.«

»Aber alle sagen es«, verteidigte sich Mémis, ebenfalls auf Griechisch.

»Wer sagt das?«

»Es gibt viele Leute – *Livadióti* –, die sich noch daran erinnern!«

Lili packte mich am Arm. »Worüber reden die beiden?«

Chrístos sprang auf. »Viele Geschichten!«, sagte er auf Englisch zu uns allen. »Ihr wisst ja, wie die Leute sind. Sie übertreiben immer, sowohl im Guten als auch im Schlechten. Nie hört man die Wahrheit, nicht mal in den Geschichtsbüchern. Hab ich Recht, Thomá?« Er half Penny auf. »Wir müssen jetzt gehen. Ich habe viel Kundschaft morgen früh.« Er blickte in die Runde. »Will jemand von euch mitfahren?«

Natürlich nahm niemand sein Angebot an.

Nachdem Chrístos und Penny in seinem kleinen Motorboot Richtung Skála davongebraust waren, fragte Lili: »Was hat er denn?«

Mémis zuckte die Achseln. Ich aber wusste sehr wohl, was

Chrístos zu schaffen machte. Mémis war im Begriff, eine jener zahlreichen Geschichten zum Besten zu geben, die nicht für die Ohren von Fremden bestimmt waren. Es waren Geschichten über die Einheimischen, Familiengeschichten. Und selbst ich hatte sie noch nicht gehört.

»Und was war dann?«, fragte Lili, lehnte sich an Mémis und lächelte mir zu. »Erzähl schon.«

»Ja!«, stimmten die anderen ein, Magnus, Jens, Lizbet, Gunnar und Carl, und rückten noch näher ans Feuer. Ihre Lippen und Finger glänzten noch immer von unserem Festschmaus.

Mémis' Augen schimmerten im Licht des Feuers, er reckte sich ein wenig und erzählte weiter. »*Étsi* ...«

»Dieser junge griechische Freund. War er aus Patmos?«, unterbrach ihn Magnus.

Mémis zögerte. »Ich – weiß nicht«, sagte er. Und dann fuhr er fort: »*Alá* –«

»Aber –«, übersetzte ich, »er war ein Informant der Nazis, und die griechische Widerstandsbewegung beschloss, beide entführen und nach Arkoi bringen zu lassen –«, Mémis deutete zum Meer hinaus. »Eine kleine Insel dort drüben – wo sie von einem britischen U-Boot an Bord genommen werden sollten.«

Mémis beugte sich noch weiter vor.

»Und so schickte eine Gruppe patmischer Männer«, flüsterte Mémis, »einen anderen Jungen, vierzehn, fünfzehn Jahre alt, zu *Capitánios Tromerós*, einen Jungen, an dem er ebenfalls interessiert war – und den er vielleicht auch schon zum Sex gezwungen hatte, ich weiß es nicht –, welcher ein Rendezvous mit dem *capitánios* und seinem Freund an einem Strand außerhalb von Skála arrangieren sollte. Als die beiden dann tatsächlich dort eintrafen, warteten die patmischen Männer schon auf sie. Sie überwältigten sie, fesselten sie, setzten sie in ein Ruderboot und brachten sie hierher an diesen Strand. Hier sollten sie auf ein Boot warten, das sie nach Arkoi bringen würde. Es war im Sommer, in einer Nacht wie heute, im Juli ...«

Er sah sich um, in die Nacht hinaus, weg von dem heimeligen Licht des ersterbenden Feuers.

»Und dann?«, fragte Carl mit rauer Stimme.

Mémis fuhr fort: »Der Freund von *Capitánios Tromerós* beteuerte immer wieder, dass er unschuldig sei, dass er den *capitánios* hasse und dass der ihn gezwungen habe. Aber natürlich wussten alle, dass er ein Spitzel war. Der andere junge Mann starrte ihn unverwandt an, und in seinen Augen brannte der Hass wie glühende Kohlen. Sie brachten den *capitánios* und seinen Freund zu diesem Haus –«, Mémis deutete auf die dunklen Schatten hinter dem Strand, wo sich die Umrisse des leer stehenden Bauernhauses grau und geisterhaft in der Finsternis abzeichneten. »Dort wollten sie auf das Boot warten. Aber dann wurde einer der patmischen Männer ungeduldig. Oder vielleicht waren es auch alle. Sie hatten so viel Hass in sich. Einer von ihnen griff nach einem Gewehr, und ehe man ihn daran hindern konnte, erschoss er den Nazi. Und natürlich –«

Mémis schwieg und schaute in unsere gespannten Gesichter.

»– mussten sie auch seinen Freund, den griechischen Spitzel, erschießen.«

Er deutete auf das Feld hinter uns.

»Die Leichen wurden irgendwo dahinten verscharrt. Die griechische Widerstandsbewegung war wütend. Und die Deutschen waren es auch. Die Leichen wurden nie gefunden. Und so nahmen die Deutschen eben Rache. Sie erschossen eine Anzahl Patmier. Und die Männer, die *Capitánios Tromerós* entführt hatten, die Helden sein wollten, konnten nicht einmal von ihrer Heldentat erzählen. Aber jeder auf der Insel wusste Bescheid …«

Alle schwiegen, während Mémis nachdenklich in die Flammen starrte. Der Wind hatte ganz aufgehört, und es herrschte Totenstille. Selbst die Zikaden waren verstummt.

»Die *Patmióti* sagen, dass es hier in Ágrio Jialí spukt«, fuhr Mémis nach einer Weile fort. »Die Geister der Toten warten darauf, dass jemand die Leichen findet. Sie gehen in Sommernächten wie diesen um.« Mémis blickte sich mit großen Augen um und flüsterte. »Besonders am einunddreißigsten Juli …«

Lili schrie leise auf und schlang die Arme um ihn. »Ist er nicht wundervoll?«, rief sie. Alle lachten.

»Komm mit«, sagte Lili, sprang auf und zog Mémis mit sich fort. Sie führte ihn zu den Felsen am Ende des Strandes.

»Mémi – warte doch«, rief Magnus.

Lili lachte. »Ich habe doch Geburtstag!«, rief sie, ehe die beiden in der Dunkelheit verschwanden.

Magnus blickte uns fragend an. Dann sprach er aus, was uns allen auf der Zunge lag. »Glaubt ihr, dass von denen noch welche leben? Hier auf Patmos? Diese Männer? Der andere Junge?«

»Schon möglich«, sagte ich.

»Mein Gott«, rief Carl.

Wir saßen noch eine Weile ums Feuer und dachten über ein Patmos nach, das uns völlig fremd war; das mit dem Patmos der Ansichtskarten und Sagen, den Geschichten der wundertätigen Ikonen, den Menschen fressenden Ungeheuern, ja selbst mit dem versteinerten Yénoupas im Hafenbecken so rein gar nichts zu tun hatte.

Plötzlich zerriss ein geisterhaftes Geheul die Stille, das mir die Haare zu Berge stehen ließ. Erschrocken fuhren wir herum. Mémis tauchte splitternackt hinter den Felsen am Ende des Strandes auf, in seinen Armen eine ebenfalls nackte, wild um sich schlagende, kreischende Lili. Mémis schleppte sie an den Rand des Wassers, wo sie beide lachend und prustend in die Wellen stürzten.

Ein betrunkener Gunnar rappelte sich hoch. »Muss jetzt gehen«, lallte er. Sogleich stimmte Carl ihm zu. Desgleichen Jens und Lizbet.

Die Party war zu Ende.

Während der Bootsfahrt zurück nach Livádi wirkte Lili gelöst und glücklich. Auch Mémis, vom Aquavit und Wein beseelt, lächelte, aber in der Art und Weise, wie er mit Vollgas die Wellen so anschnitt, dass wir garantiert alle pitschnass und durchgerüttelt wurden, lag ein Anflug von Wahnsinn.

Am Strand erfuhr ich dann den Grund dafür. Während Mémis im seichten Wasser stand und das Boot vertäute, winkte Lili Magnus, Anna und mich zu sich hin – Jens und die anderen rasten in seinem großen Schlauchboot mit Außenbordmotor zurück nach Skála.

»Er geht mit mir nach Oslo!«, flüsterte sie. »Ich werde ihm eine Arbeit beim Film beschaffen.«

Während Anna Lili umarmte, schauten Magnus und ich einander mit der wissenden Skepsis alter Griechen an, die solche Behauptungen von verliebten Touristinnen unzählige Male gehört hatten.

Dann halfen wir Mémis, die Überreste unserer Party vom Boot zur Taverne hinaufzutragen, die still und dunkel dalag. Wir verstauten alles unter einem Tisch.

Während wir durch den Sand trotteten, fragte Magnus plötzlich: »Mémis, es war der Junge, nicht wahr?«

Mémis stapfte weiter. »Welcher Junge?«

»Der den deutschen Offizier erschossen hat.«

Mémis zuckte nur die Achseln.

»Wer war es?«, beharrte Magnus. »Er muss doch noch auf der Insel leben. Und die anderen auch, stimmt's?«

Mémis blieb stehen. »Wer weiß? Ich hab nur die Geschichte gehört. Keine Namen. Man nennt keine Namen.« Dann schaute er mich an. »Niemanden interessieren Namen.«

Magnus glaubte ihm nicht, aber er bohrte nicht weiter nach. Wir wünschten einander eine gute Nacht, und die vier machten sich auf den Heimweg, die Straße hinauf zu Lilis Haus.

Als ich den Pfad zu meinem Haus einschlug, sah ich, wie Mémis zurück zur Taverne lief.

»Wir haben den Aquavit vergessen!«, rief er.

Mit einer Handbewegung gab er mir zu verstehen, ich solle auf ihn warten, und nachdem er die Schnapsflasche zwischen all den anderen Sachen unter dem Tisch hervorgezogen hatte, nahm er mich beiseite, sodass niemand, der womöglich im Inneren der Schönen Helena noch wach lag und lauschte, uns hören konnte.

»Thomá!«, flüsterte er, und seine weit aufgerissenen Augen glänzten im Licht der Straßenlaterne. Seine blonden Locken schimmerten. »Man sagt, der andere Junge war Theológos! *Er* soll den *capitánios* erschossen haben!«

Ehe ich etwas erwidern konnte, verschwand er, die Flasche Aquavit schwenkend, in der Nacht.

Apokálypsi

Plötzlich stand *panijíri*, das große Fest, vor der Tür, riss uns mit der Gewalt einer Flutwelle mit sich, sodass wir für die nächsten vier Tage keine Zeit hatten, an irgendetwas anderes zu denken.

Theológos und die anderen Kaffeehausbesitzer aus dem Dorf Livádi fuhren bereits früh am Morgen nach Skála und feilschten mit den Gemüsehändlern und Kleinbauern, die feilboten, was die karge, trockene Insel an Kartoffeln, Zwiebeln, Tomaten und Gurken hervorbrachte. Beim Metzger wurden alle verfügbaren Ziegen und Hühner, die bereits Wochen vorher gekauft und bar bezahlt worden waren, geschlachtet, auf einen Lieferwagen geworfen und nach Livádi transportiert. Theológos hielt auf seinem kleinen Grundstück hinter der Taverne ein paar Ziegen, und diese schlachtete er nun am Tag vor dem großen Fest unten am Strand, vor den Augen unserer Gäste, die sich gerade ihr Mittagessen zu Gemüt führten, und brachte dann, Hände, Arme und Hosenbeine blutverschmiert, die gehäuteten Tierkörper in einem Schubkarren hinauf zu uns.

Während meiner Jahre auf Patmos hatte ich *panijíri* immer sowohl oben im Dorf als auch unten am Strand mitgefeiert und wusste daher, dass das Fest oben in den beiden Cafés nicht mit dem unten in der Schönen Helena zu vergleichen war. Die beiden *kafeníon*, kleine Steinhäuser, die nur aus einem Raum bestanden, lagen am Rand des winzigen, mit Kieselsteinen gepflasterten Dorfplatzes vor der Kirche. Sie boten gerade Platz für vier sehr kleine Tische innen und sechs bis zehn draußen auf dem Platz. In gegenseitigem Einvernehmen hatten die Wirte beider Lokale Lichterketten mit bunten Glühbirnen quer über den Platz gehängt und eine primitive Lautsprecheranlage installiert, aus der die Musikkassetten aus dem *kafeníon* von Alékos dröhnten, Stélios' und Warwáras Schwiegersohn. Oben im Dorf feierte man von acht Uhr abends bis Mitternacht, und obgleich beide Cafés rappelvoll waren, war die Zahl der Gäste, die sich unten am Strand in der Taverne vergnügten, mindestens doppelt so hoch. Wenn dann um Mitternacht die Cafés im Dorf zumachten, zogen deren Gäste einschließlich der Wirte hinunter an den Strand, wo in der Schönen Helena Live-Musik geboten wurde und es keine Sperrstunde gab.

Da Theológos bereits fünfzehn Jahre Erfahrung auf dem Buckel hatte und routiniert die gastronomischen Anforderungen, die das Fest an den Wirt stellte, bewältigen konnte, fügte ich mich dankbar in sein System ein und war zufrieden mit meiner Rolle als Rädchen in diesem primitiven, aber überaus gut funktionierenden Getriebe. Für diesen einen Abend zumindest gehörte die Schöne Helena Theológos wieder ganz allein.

Die Musikkapelle – Elektro-Bouzouki, Laute, *baglamá* (eine sehr kleine Bouzouki) und eine Art griechische Zither, genannt *sandúri* – stammte von der nahe gelegenen Insel Kalymnos. Ein Cousin von Theológos hatte sie für einen Spottpreis engagiert, nachdem dieser den Musikern versichert hatte, dass die zahlreichen Gäste großzügig dafür bezahlen würden, wenn sie deren Lieblingslieder und -tänze nur immer wieder aufs Neue spielten; überdies würden die Gäste ihre Wertschätzung auch dadurch bekunden, dass sie Drachmenscheine auf die Musiker und die Tanzfläche regnen ließen.

Der Einfachheit halber wollte Theológos an diesem Abend nur zwei Hauptgerichte anbieten – Ziegenfleisch mit Zwiebeln und Tomaten in Rotwein geschmort und gebratene fingerlange *maridáki*, eine Art Sprotten, die die Fischer aus dem Kreis unserer Stammgäste zu dieser Jahreszeit im Überfluss fingen. Als Beilagen sollte es Pommes frites geben (von denen man nie genug zubereiten konnte), Tomaten-Gurken-Zwiebel-Salat (Feta-Käse war auf der Insel ausverkauft), Weißbrot und natürlich die gewaltigen Mengen an Bier, Wein und alkoholfreien Getränken, die Theológos während der letzten sechs Wochen gehortet hatte. Dabei würden uns die Getränke mit ihrer Gewinnspanne von achtzig Prozent den größten Profit einbringen.

Am Vormittag und Nachmittag, während Démetra kochte und der arme Mémis einen wahren Berg an Kartoffeln schälte, zerkleinerte und die Stücke in wassergefüllte Eimer warf, trugen Theológos und seine Söhne lange Bretter hinunter an den Strand, legten sie auf große Olivenfässer aus Plastik und Hohlblocksteine und bauten provisorische Tische und Bänke auf, sodass etwa zwei- bis dreimal so viele Gäste Platz finden konnten wie in den Cafés oben im Dorf Livádi. Währenddessen hielt ich die Stellung in der Küche und kümmerte mich ums Mittagsgeschäft.

Wo Danielle, Sara und Matt während all dieser Vorbereitungen steckten? Ich kann mich nur vage erinnern. Bei all dem Stress, dem ich ausgesetzt war, waren sie in meiner Wahrnehmung an den Rand gerückt, schemenhaft wie Gesichter auf einem Foto, das zu lange in der Sonne gelegen hat, Gesichter, die lächelnd, von der Sonne geblendet, in die Kamera blinzeln, ein Schnappschuss, aufgenommen in einem Sommer, an den ich mich kaum erinnere. Später würde ich wieder für sie Zeit haben. Wenn ich genug Geld gescheffelt hatte.

Um vier Uhr nachmittags schlossen wir kurzzeitig die Taverne, um die letzten Vorbereitungen für den Abend zu treffen. Wir räumten die Tische und Stühle aus dem Gastraum und stellten unsere beiden Kühltheken und die Küchentische zu einer Art

Büffet zusammen, wo unsere Gäste vorbeidefilieren, ihr Essen aussuchen und anschließend selbst nach draußen tragen konnten.

»Démetra bleibt mit Mémis in der Küche, sie kocht und macht die Salate«, ordnete Theológos an. »Sávas und Lámbros geben das Essen aus, und du, Thomá, du übernimmst die Getränke. Ich stehe am Ende der Schlange« – er deutete auf einen kleinen Tisch neben der Tür, auf der die Zigarrenschachtel, unsere Kasse, stand –, »und schreibe die Rechnungen und kassiere.« Er schenkte mir ein Lächeln. »*Kouráio, Thomá!*«, sagte er. »Nur Mut! Heute Nacht ist unsere Nacht!«, und er klopfte mir aufmunternd mit seiner Pranke auf die Schulter.

Um sieben Uhr abends trafen die Musikanten ein und richteten sich auf einem kleinen Podium gleich neben dem Büffet ein, dann eilten sie in die Küche, um noch etwas zu essen, ehe das Fest begann.

Eine halbe Stunde später trudelten die ersten Gäste ein – Familien mit Kindern, einschließlich meiner, vermute ich. Um halb neun war es draußen bereits stockfinster, und eine, wie es nach einiger Zeit schien, nicht enden wollende Schlange von Essensgästen stellte sich am Büffet an.

Am Anfang ging es heiter und zivilisiert zu. Die Gäste nannten ihre Wünsche, bekamen ihre Teller gefüllt und waren zufrieden trotz der sündteuren Preise, die Theológos verlangte. Draußen an den Tischen gab es genügend Platz für alle.

Aber als nach einer Weile die Musikanten ihre Instrumente stimmten und zu spielen begannen, änderte sich die Atmosphäre schlagartig. Wie bei fast jeder Art griechischer Musik galt auch hier je lauter, desto besser. Aus diesem Grund sind die Griechen – und in dieser Hinsicht übertreffen sie selbst die Amerikaner – Fans von monströsen Megawatt-Musikboxen, die stets auch in den winzigsten Cafés auf volle Lautstärke aufgedreht werden. Und wenn nun Musikanten, die eigentlich überhaupt keine Verstärker nötig gehabt hätten, dazu noch den ganzen Strand, ja die gesamte östliche Ägäis, als Bühne zur Verfügung hatten und mit ihrer Musik voll dröhnen konnten, kann man sich leicht ausmalen, wie es an diesem Abend in der Schönen Helena zuging. Und bestimmt ist es nicht schwer, sich vorzustellen, wie es mir dabei erging, der ich gleich neben den Musikern und den Lautsprecherboxen in einem nahezu geschlossenen Raum stand und Getränke ausgab.

Während die Kapelle spielte – beinahe ohne Unterbrechung, sobald die Trinkgelder flossen –, war eine Unterhaltung, ohne dass die Stimmbänder Schaden nahmen, schier unmöglich. Wollte man sich verständigen, musste man versuchen, die nervenaufreibenden harten, hämmernden Riffs der elektrischen Bouzouki und *baglamá* zu übertönen. Die Gäste brüllten uns an, wir brüllten zurück, und bald mischte sich in dieses ganze Geschrei ein deutlicher Hauch von Hysterie und Gereiztheit.

Überdies wurden die Schmerzen in meinen Beinen immer schlimmer, je länger ich dort stand. Aber ich musste stehen bleiben, denn die Kühltheke, über die ich die Getränke ausgab, war schulterhoch, und wenn ich mich hingesetzt hätte, hätte mich keiner mehr gesehen.

Ich suchte Trost bei dem Gedanken, dass es der armen Démetra auch nicht besser erging, und sah sie immer wieder Mitleid und Aufmunterung heischend an. Sie stand vor dem Herd, Schweißperlen auf der Stirn, und der Schein der Gasflammen zuckte über ihr Gesicht, während sie, an Strapazen gewöhnt, die riesigen Frittierkörbe mit Pommes frites und kleinen Fischen herumwuchtete und ins siedende Öl tauchte. Kurzzeitig schämte ich mich wegen meiner Schwäche, aber dann sah ich hinüber zu Theológos, der zwar ebenfalls entzündete Venen hatte, nun aber gemütlich an seinem Kassiertisch saß, zufrieden Geldscheine in seine Zigarrenkiste stopfte oder ihren Inhalt in eine größere Schuhschachtel auf einem Stuhl hinter ihm leerte – ein Anblick, bei dem sich meine Qual, die ohnehin von Groll und Selbstmitleid geschürt wurde, ins Unerträgliche steigerte.

Wie durch ein Wunder – und mit Hilfe von mehr als einem

Glas Retsina – hielt ich durch und funktionierte, selbst als später meine Wahrnehmung dieses Abends zu einer überschwappenden Phantasmagorie von schrillen Geräuschen und grellen Bildern verschwamm.

Ich vermute, dass irgendwann einmal (ich habe keine Ahnung, zu welchem Zeitpunkt) Danielle und die Kinder vorbeikamen, um mir gute Nacht zu sagen. An Lili, Magnus, Anna oder die anderen Norweger erinnere ich mich überhaupt nicht. Ich sah nur Woge um Woge von schreienden, lachenden, bittenden Gesichtern, deren untere Hälfte vom Licht der Kühltheke erhellt wurde, während eine Kette mit bunten Glühbirnen, die Theológos zu Dekorationszwecken im Innenraum der Taverne aufgehängt hatte, ihr Haar in blaues, rotes und grünes Licht tauchte.

Draußen vor der Taverne fand das große Fest statt, aber mir war kaum ein Blick darauf vergönnt, auf dieses wunderbare, wilde Bacchanal, der Höhepunkt des Sommers in Livádi, jener Abend, der für Danielle und mich in der Vergangenheit so bedeutsam gewesen war. Ich hätte genauso gut irgendwo auf einem Hügel in einem anderen Teil der Insel stehen können. Gelegentlich erreichten uns Meldungen über den Verlauf des Abends – die Leute tanzten bereits auf den Tischen, jemand sei ohnmächtig geworden, ein anderer habe sich an einer zerbrochenen Flasche verletzt –, aber diese Gerüchte konnten kaum den Lärm der Musik und den Kokon durchdringen, in den ich mich zu meinem Schutz vor dem Chaos und den zermürbenden Schmerzen in meinen Beinen gehüllt hatte.

Einmal jedoch lichteten sich die Nebel, und ich erinnere mich deutlich, dass Alékos eintraf. Ich weiß, wie überrascht ich war, denn seine Ankunft bedeutete, dass er sein *kafeníon* am Dorfplatz geschlossen hatte und es also bereits nach Mitternacht war. In seiner Begleitung befand sich Pétros, der Besitzer des zweiten *kafeníon*, und beide sahen sie sehr glücklich und leicht betrunken aus. »He, Thomá!«, rief Alékos. »Ein wunderbarer Abend, nicht wahr? Viele Leute!«

»Ja?!«, erwiderte ich. Ich spähte hinüber zu Theológos, der an seinem Tisch bei der Tür mit Kassieren beschäftigt war, und wandte mich dann wieder unserer Konkurrenz zu. »Wie viel habt ihr eingenommen?«

»Eine Menge!«, sagte Pétros stolz.

»Fünfundsechzigtausend Drachmen!«, prahlte Alékos.

»Und ich«, ergänzte Pétros, »sechzigtausend!«

»*Bírra, Thomá!*«, rief Alékos. »Bier! Gib uns Bier!«

Eine Weile später, etwa gegen vier Uhr morgens, ging das Fest auf einmal abrupt zu Ende. Die Musik hörte auf, die Musikanten packten ihre Instrumente zusammen und verzogen sich, und bis auf ein paar Betrunkene waren alle Gäste auf einen Schlag verschwunden. Zögernd trat ich hinter meiner Kühltheke hervor. Der Boden war rutschig von verschütteten Getränken und übersät mit Papierfetzen und Essensresten.

Während Theológos die Einnahmen zählte, taumelte ich ins Freie, um etwas frische Luft zu schnappen und meine Beine hoch zu legen.

Draußen bot sich mir ein Bild der Verwüstung. Abgenagte Knochen und anderer Unrat bedeckten die Tische und den Sand. Leere Flaschen und Gläser, zum Teil in Scherben – in einigen schwammen die Überreste von Zigarettenstummeln –, lagen überall und glitzerten im Licht der Taverne wie riesige Hagelkörner. Zum Glück dämmerte es noch nicht. Wenig später, im gnadenlosen fahlen Licht des Morgengrauens, wäre dieser Anblick dann wahrhaft deprimierend, ein zerwühltes Gräberfeld der Exzesse des vergangenen Abends, und wir waren diejenigen, die alles irgendwie wieder in Ordnung bringen mussten.

Aber erst einmal mussten wir etwas in den Magen bekommen – und sehen, wie viel Geld wir verdient hatten. Démetra rief mich in den Gastraum, wo sie und die Jungen schnell einen Tisch für uns gedeckt hatten. Auf ihm türmten sich nicht Reste, sondern die besten Stücke der geschmorten Ziege, die Démetra bereits vor dem Fest für uns beiseite gelegt hatte. Daneben gab es frisch zubereitete Pommes frites und frittierte heiße *marídes*, und im Salat entdeckten wir sogar Brocken des angeblich ausverkauften Feta-Käses.

Theológos erschien und setzte sich ans Kopfende der Tafel, in der Hand den Zettel, auf dem er seine Zahlen addiert hatte. Erwartungsvoll schauten wir ihn an. Er strahlte.

»Wie viel?«, fragte ich gespannt.

»Sehr gut!«

»Wie viel?«

Er legte eine Pause ein, um den Effekt zu steigern. »Vierzigtausend Drachmen!« Mit einem breiten, zufriedenen Lächeln häufte er sich Fleischstücke auf seinen Teller.

Einen Moment war ich sprachlos. Dann sagte ich: »Das kann nicht stimmen.«

Er schaute mich aus großen Augen unschuldig an und nahm sich Kartoffeln.

»Wieso nicht?«

»Weil«, sagte ich mit schriller werdender, aber immer noch beherrschter Stimme, »Alékos und Pétros mir gesagt haben, dass sie jeweils fünfundsechzigtausend eingenommen haben!«

Er sah mir direkt in die Augen, dann lächelte er. »Thomá«, sagte er nachsichtig, »du glaubst doch nicht, dass sie die Wahrheit sagen?«

»Warum nicht?«

»Weil sie – wie sagt man? – als tolle Hechte dastehen wollen.« Mit spitzen Fingern nahm er sich ein frittiertes Fischchen und biss ihm den Kopf ab. »Jetzt komm schon, lass uns essen, dann zähle ich noch mal nach. Du kannst mir ja zuschauen.«

Eine leichte Übelkeit stieg in mir hoch.

»Zählen wir gleich nach.«

Im Raum war es plötzlich totenstill.

»Okay«, sagte er und schob seinen Stuhl zurück.

Er ging zu dem kleinen Tisch und öffnete die Zigarrenkiste und die Schuhschachtel. Beide waren randvoll mit Geldscheinen – Hundert-, Fünfhundert- und Tausend-Drachmen-Scheinen. Die Münzen waren zu Türmchen aufgeschichtet.

Totenstille. Démetra, die Buben und Mémis widmeten sich ihrem Essen. Ich saß an meinem Platz am Tisch. Ich hätte aufstehen und Theológos beim Zählen über die Schulter schauen sollen, aber ich brachte es nicht über mich. Absurderweise wollte ich immer noch den Anschein erwecken, als vertraute ich ihm.

Als er mit dem Geldzählen fertig war, sah er mich an.

»Thomá, du hattest Recht. Es ist mehr.«

Mein Herz machte einen Sprung. Es gab also doch noch eine Chance, dass die Ehrlichkeit siegen würde.

»Wie viel?«, fragte ich.

Er blickte mir voll ins Gesicht. »Neunundvierzigtausend Drachmen.«

Ich war sprachlos. Seine Unverfrorenheit, vor seinen Söhnen, Démetra und Mémis derart zu lügen, *mich* anzulügen, einen Mann, der seit neun Jahren sein Freund und wahrscheinlich der einzige Mensch auf der Insel war, der ihm vertraute – diese Dreistigkeit nahm mir buchstäblich den Atem.

Schließlich brachte ich ein gemurmeltes »Schon besser« heraus. Oder so etwas Ähnliches. Und alle lächelten erleichtert und wandten sich wieder ihrem Essen zu. Ich aber saß da, unfähig, auch nur einen Bissen anzurühren, denn die plötzliche Erkenntnis, wie blind ich ihm vertraut hatte, wie lachhaft naiv ich gewesen war, hatte mich förmlich gelähmt. Und alle meine großartigen und nun jäh zerstörten Illusionen versanken in einem Sumpf der Demütigung und Scham.

In Griechenland gibt es ein Sprichwort aus der Zeit der türkischen Herrschaft, das mir kürzlich ein in New York lebender Grieche auf meine Geschichte hin erzählte. Wenn es ums Geschäft geht, sagten die Türken, dann musst du dich darum kümmern, dass du Erfolg hast, und wenn du einen Teilhaber hast, dann liegt es an ihm, dafür zu sorgen, dass er zu seinem Erfolg kommt. Und so lautet das Sprichwort, das auch heute noch Gültigkeit besitzt: »Es ist besser, für einen Dieb gehalten zu werden als für einen Narren.«

Nun, nach jenem Abend in der Schönen Helena war es wohl sonnenklar, wer von uns beiden welcher war.

Verdienter Nachtisch

Verklärung

Danielle hätte – mit Recht – bemerken können: »Ich hab's dir ja gleich gesagt.« Doch sie war sehr verständnisvoll und versuchte mich zu trösten, eine Tatsache, die ich überrascht und ziemlich verlegen zur Kenntnis nahm.

Es war am Morgen danach, dem eigentlichen Festtag der Verklärung Christi, und wir saßen auf dem Bett und redeten. Ich erinnere mich nicht, ob ich nach dem Debakel mit Theológos nach Hause ging und gleich Danielle aufweckte oder ob ich etwas geschlafen hatte. Wahrscheinlich schlief ich die paar Stunden bis zum Morgen, und dann redeten wir über die Sache.

»Ich höre auf«, sagte ich.

»Gut!«, sagte Danielle.

Sofort zweifelte ich meine Entscheidung wieder an. »Ja, aber –«

»Schau dir nur mal deine Beine an!«, sagte sie.

Widerwillig riskierte ich einen Blick, denn in letzter Zeit hatte ich tunlichst vermieden, genauer hinzusehen. Die Anstrengungen des vergangenen Abends hatten ihren Tribut gefordert, und eine neue schlimme Schwellung einer Vene, größer als selbst die auf Theológos' Beinen, war nicht zu übersehen.

»Gehen wir zurück nach Rethymnon«, schlug Danielle vor. »Nach Hause.«

Sara, die am Fußende des Bettes saß, rief aufgeregt: »Nach Hause?! Wir gehen wieder nach Hause?!« Und Matt, der in der Ecke spielte, war ebenfalls sofort Feuer und Flamme: »Mit dem Schiff! Dem Schiff!«

Ich nahm das erste wirklich heiße Bad seit Wochen, wusch mir die Haare, zog frische Kleidung an und ging dann in Begleitung von Danielle und den Kindern hinunter zur Taverne.

Unterwegs begegneten wir Stélios, der auf seinem Acker arbeitete. Fröhlich winkend rief er uns zu. »*Oréo vrádi!*«, rief er. »Ein schöner Abend war das!«

»Warst du auch da?«, fragte ich.

Er lachte. »Erinnerst du dich nicht mehr?«

»*Óchi!*« Nein.

Theológos saß auf einem umgedrehten Bierträger im Inneren der Taverne, im Unterhemd, die Hosenbeine hochgekrempelt, Gummischlappen an den Füßen, und war damit beschäftigt, das aufgefaserte Ende einer Trosse neu zusammenzudrehen und mit Klebeband zu umwickeln.

Die traurigen Überreste des Fests und der ganze Müll waren verschwunden, und das Lokal und der Strand sahen aus wie an jedem Morgen, blitzsauber, einladend, bereit für einen weiteren paradiesischen Sommertag.

Démetra war bereits wieder auf ihrem Posten in der Küche und kochte. Als sie mich sah, rief sie strahlend: »*Kaliméra, Thomá! Kimíthikes kalá?*« »Guten Morgen! Hast du gut geschlafen?«

Wortlos winkte ich ihr zu.

Theológos, geblendet von der Morgensonne, kniff die Augen zusammen. »*Jásu, Thomá!* Wie geht's dir?«

»Nicht gut«, erwiderte ich.

In jenem Moment erging es mir wie einem Ertrinkenden, und vor meinem geistigen Auge zogen all die Jahre in der Schönen Helena in einem einzigen Moment vorbei. Ich sah die verklärten, wunderbaren Tage jenes ersten Sommers, als Eléni (hatte es sie wirklich einmal gegeben?) noch in der Küche werkelte und die beiden Jungs unschuldige kleine Kinder waren; die heiteren Vormittage und Nachmittage, wenn das Sonnenlicht, gefiltert durch den alten Tamariskenbaum, goldene Sprenkel auf die Terrasse zeichnete; jenen denkwürdigen Tag, als ich Sara in die Taverne mitnahm und sie zum ersten Mal den Strand, die Sonne und das Meer erlebte; die wilden Winternachmittage, wenn Stürme aus dem Süden das sonst so friedliche Gewässer der Bucht zu riesigen Wellen auftürmten, die krachend an den Strand schlugen, während wir geborgen in der Taverne bei reichlich Ouzo redeten und lachten, bis die Fenster sich beschlugen. Ich sah jene unvergesslichen Frühlingsabende vorbeiziehen, wenn in der Taverne, in der zu dieser Jahreszeit nur Einheimische verkehrten, ein Namenstag, eine Hochzeit oder Taufe gefeiert wurde oder einfach der selige Zustand von *kéfi* plötzlich alle möglichen Gäste befiel und man spontan anfing zu tanzen – die Frauen bewegten sich in einem geordneten Kreis, die Männer vollführten, einer nach dem anderen, Drehungen und akrobatische Sprünge, wobei sie sich nur am Taschentuch des Hintermanns festhielten. Und ich sah jenen denkwürdigen Morgen des ersten September vorbeiziehen – Danielle hatte die Nacht bei mir verbracht und war gerade wieder nach Hause gegangen, um zu malen –, und ich taumelte den Pfad hinunter zur Taverne. Unterwegs fing mein Herz plötzlich so rasend an zu klopfen, dass mir der Brustkorb wehtat und ich schon befürchtete, einen Arzt rufen zu müssen. Theológos aber hatte mich beruhigt und mir stattdessen lächelnd einen Cognac hingestellt: »Dir fehlt nichts, Thomá. Du bist nur verliebt.«

»*Ti échis?*«, fragte Theológos und schaute mich aus zusammengekniffenen Augen an.

»Thomá!«, rief Démetra aus der Küche. »Wie viele Eier gibst du in die Béchamelsoße für die Moussaka?«

»Komme gleich«, antwortete ich. Und wandte mich wieder Theológos zu.

Eine rasende Wut und die Scham über die Demütigung kochten in mir, und diese Gefühle drohten mich zu überwältigen. Wenn ich jetzt den Mund aufmachte, würde ich nur ein Stammeln hervorbringen. Ich versuchte, mich zu beruhigen, mich darauf zu konzentrieren, was Danielle und ich uns überlegt hatten. Ich würde mein Geld zurückfordern, und wenn er sich weigerte, würde ich damit drohen, jedem auf der Insel zu erzählen, was er getan hatte. Und ich würde mit meiner Arbeit aufhören. Sofort.

»Thomá!«, rief Mémis, der aus dem rückwärtigen Bereich der Taverne auftauchte, wo wir unsere Vorräte lagerten. »Wir haben keine Kartoffeln mehr! Was sollen wir jetzt tun?«

Ich ignorierte ihn einfach.

»Theológo«, sagte ich fest, »ich will mein Geld zurück.«

»Was –?«

»Seit Wochen erzählst du mir, ich solle nur abwarten bis *panijírí*. Seit Wochen haben wir keinen Gewinn gemacht! Ich soll warten! Und gestern Abend sagst du mir, wir haben nur neunundvierzigtausend Drachmen eingenommen!« Meine Stimme überschlug sich. »Sogar Pétros und Alékos haben sechzig, fünfundsechzigtausend gemacht. Du hast behauptet, die beiden wären Lügner! Sag mal, für wie blöd hältst du mich eigentlich?«, schrie ich. »*Maláka!*«

Das war eine schwere Beleidigung: Das Schlimmste, was man einem griechischen Mann antun kann, ist, ihn einen Wichser zu nennen. Während die Griechen dieses Wort unter sich im Scherz ständig verwenden, ist es aus dem Mund eines Ausländers eine fürchterliche Schmähung. Und ich machte keine Scherze. Theológos ließ das Tau, an dem er arbeitete, fallen und sprang auf, puterrot im Gesicht. Er packte mich an der Kehle. Und genauso schnell waren Mémis, Danielle und Démetra zur Stelle und rissen ihn von mir weg. Sara und Matt bekamen Angst und fingen an zu weinen, Danielle kniete sich hin und legte schützend die Arme um sie.

»Was willst du von mir, Theológo?«, brüllte ich. »Willst du mich umbringen?! Wie diesen Nazi?!«

Theológos wurde leichenblass, während er versuchte, sich aus dem Griff von Mémis und Démetra zu befreien.

Draußen auf der Straße blieben ein paar Touristen stehen, Badegäste mit Strohhüten, Strandlaken und Gummitieren, und starrten neugierig und verwirrt auf mich, der ich Theológos auf Griechisch mit Schimpfwörtern bombardierte.

»Ich höre auf!«, brüllte ich. »Und ich möchte mein Geld zurück, die ganzen hundertfünfzigtausend – und wenn du mir das Geld nicht gibst – morgen« – ich war nun völlig außer mir und dachte nicht mehr über meine Worte nach –, »dann geh ich zur Polizei!«

Plötzlich herrschte tiefe Stille.

Die Touristen flüsterten miteinander, gingen eiligst weiter, drehten die Köpfe und blickten verstohlen zu uns zurück.

Theológos schaute zuerst Mémis an, dann mich.

»Wer hat das gesagt?«, fragte er. »Das über den Nazi?«

»Jeder weiß es«, erwiderte ich rasch.

»Dass ich dort war?«

Ich zögerte. »Kann schon sein.«

Theológos musterte Danielle und die Kinder.

»Du redest, aber du hast keine Ahnung, Thomá!« Ich sah, wie die Wut in ihm zurückkehrte und sein Gesicht wieder feuerrot anlief. »Dieser Mann damals war ein Ungeheuer! Was er uns alles angetan hat! Er hat es verdient –«

Plötzlich kamen Sávas und Lámbros um die Ecke der Taverne gerannt. »Wir haben Tomaten organisiert!«

Ich starrte die beiden Halbwüchsigen an, die in meinen Augen immer noch kleine Jungs waren und die mir fast so nahe standen wie eigene Söhne.

Theológos drehte sich zu ihnen herum. »Gut.«

Die Röte in seinem Gesicht verschwand, er holte tief Luft und beugte sich nieder, um das Tau wieder aufzuheben, an dem er gearbeitet hatte, und strich das Klebeband glatt. Dann sagte er leise. »Okay. Ich geb es dir zurück.«

Ich brachte keine Antwort heraus.

»Fünfzigtausend jetzt«, fuhr er fort, »und den Rest morgen.« Er schwieg eine Weile. »Okay?«

Während die Wut meinen Körper verließ, lief mir plötzlich ein eiskalter Schauer über den Rücken, und ich fühlte mich so schwach, dass ich fürchtete, meine Beine würden unter mir nachgeben.

»Okay«, erwiderte ich.

»Hör zu«, sagte Theológos und räusperte sich. »Ich kann heute nicht in der Taverne arbeiten. Ich muss eine Gruppe Touristen hinüber auf die Insel Léros bringen. Ich komme erst spät in der Nacht zurück. In einer halben Stunde muss ich in Skála sein, die warten dort auf mich. Könntest du heute noch bleiben? Nur heute?«

»Thomá?« Mit flehenden Augen schaute mich Démetra an.

»Bitte«, sagte Theológos.

Ich traute mich nicht, Danielle anzuschauen, da ich selbst nicht glauben konnte, was ich da im Begriff war zu tun. Aber dann holte ich tief Luft und machte einen Rückzieher.

»Einverstanden. Aber nur heute.«

Démetras Goldzahn blitzte auf, als sie erleichtert lächelte. Mémis' Gesicht blieb ausdruckslos. Die Jungen standen da und versuchten zu begreifen, was da eben geschehen war, ein verwirrtes Lächeln im Gesicht.

»Danke«, sagte Theológos.

Ich schaute ihn an.

Und sagte kein Wort.

Endzeit

»Du bist ja verrückt«, sagte Danielle, sobald wir unter uns waren.

»Ich kann die anderen nicht einfach im Stich lassen, Démetra und die Jungen und Mémis. Sie kommen nicht allein zurecht. Und sie haben keine Zeit, jemand anderen zu suchen.«

»Das ist ihr Problem! Du schuldest ihnen rein gar nichts!«

»Ja, aber sie können nichts dafür«, erwiderte ich.

Am Spätnachmittag, als wir das Abendessen vorbereiteten, fuhr plötzlich eine riesige schwarze Yacht, ein Dreimaster mit gerefften Segeln, um die Landspitze und glitt majestätisch in unsere

Bucht hinein, wo sie etwa dreihundert Meter vom Strand entfernt vor Anker ging.

Lange schauten wir zu dem Schiff hinüber, erwarteten, dass jemand an Deck erscheinen und ein Beiboot ins Wasser lassen würde, aber keine Menschenseele ließ sich blicken. Die Yacht wirkte geisterhaft, unbemannt, still und geheimnisvoll, wie jener schwarze Monolith in dem Film *2001: Odyssee im Weltraum*.

Nach einiger Zeit hatten wir, vertieft in unsere Arbeit, das Schiff fast vergessen, und als es dunkel wurde, war es völlig aus unseren Gedanken verschwunden.

Es war Samstagabend, die Taverne war bis auf den letzten Platz besetzt. Und doch fand ich – besser, nahm ich mir – einen Moment Zeit, dem Chaos in der Küche zu entrinnen und draußen außerhalb des Lichtscheins der Taverne rasch eine Zigarette zu rauchen.

Während ich so dastand und mit tiefer Erleichterung daran dachte, dass ich bald diesen Job und die damit verbundene Enttäuschung los sein würde, tauchte plötzlich aus der Dunkelheit eine junge Frau auf, die vom Strand herauf auf mich zuging. Sie war etwa zwanzig, sehr schön, braun gebrannt, hatte lange glatte schwarze Haare, funkelnde braune Augen und einen Schönheitsfleck im Mundwinkel, genau an der richtigen Stelle. Begleitet wurde sie von einem gut aussehenden, ganz in Weiß gekleideten Mann mittleren Alters mit grauen Schläfen, der, so vermutete ich, ihr Liebhaber war.

»Hi«, sagte sie mit weichem französischem Akzent. »Erinnern Sie sich an mich?«

»Natürlich«, log ich.

»Schön.« Sie lächelte. »Ich habe Ihre Taverne nicht vergessen.« Sie hielt inne. Dann sagte sie fröhlich: »Ich möchte Sie etwas fragen. Ich würde gerne morgen mit ein paar Freunden hier bei Ihnen zu Abend essen. Könnten Sie uns diese Hausspezialitäten wieder zubereiten, Sie wissen schon, Chinesisches Hühnchen mit Gurken und das Curry?«

Plötzlich kehrte die Erinnerung zurück, an sie – natürlich, dieser Schönheitsfleck genau an der richtigen Stelle – und an die Gruppe Franzosen, mit der sie ganz am Anfang des Sommers hier gewesen war.

Sie schaute ihren Begleiter an. »Es hat so köstlich geschmeckt!« Dann fragte sie mich: »Ginge das in Ordnung? Acht Personen? Morgen Abend?«

Ihre Augen schimmerten im Licht der Taverne, voller Erwartung und Vorfreude, und die Antwort, die ich ihr nun geben musste, fiel mir sehr schwer.

»Es tut mir Leid. Heute ist mein letzter Arbeitstag.«

»Wieso?«

»Ich – es gibt da ein Problem mit dem Besitzer. Meinem Geschäftspartner. Ich höre auf.«

»Aber können Sie nicht noch einen einzigen Abend bleiben?« Sie wirkte plötzlich viel jünger, wie ein kleines Mädchen, dem die Enttäuschung ins Gesicht geschrieben stand.

»Das ist unmöglich. Es tut mir wirklich sehr Leid.«

Der Mann trat einen Schritt nach vorne.

»Entschuldigen Sie. Ich will mich nur ungern einmischen, aber diese junge Dame hier ist meine Tochter. Morgen hat sie Geburtstag. Gestern Abend habe ich ihr versprochen, sie bekommt eine Geburtstagsparty am Ort ihrer Wahl. Sie wollte hier bei Ihnen feiern. Und so sind wir eigens von Mykonos hierher gesegelt. Das Boot da draußen gehört mir.«

Er deutete auf den schwarzen Dreimaster, der in der Dunkelheit kaum zu sehen war.

»Wenn Sie es sich also noch einmal überlegen würden ...«, fuhr er fort.

In diesem Augenblick trafen Danielle und die Kinder in der Taverne ein, zum Abendessen. Ich sah sie am Straßenrand stehen, wo sie nach mir Ausschau hielten. Und ich sah auch, wie es weitergehen würde. Diesen Abend war ich wegen Démetra und den beiden Jungen geblieben. Morgen würde ich wegen dieser jungen Frau wieder arbeiten. Und am nächsten Tag gäbe es sicher wieder einen neuen Anlass. Meine Beine taten höllisch weh. Meine Familie wartete.

Ich habe in der Zwischenzeit vielen Leuten diese Episode erzählt, und einhellig hätten sie an meiner Stelle nachgegeben und wären diesen einen Abend für die Geburtstagsfeier der jungen Frau noch geblieben. Danielle hingegen, der ich ein paar Minuten später davon berichtete, rief entsetzt aus: »Du hast doch nicht etwa Ja gesagt?!«

Nein. Ich konnte es nicht. Ich hatte meine Lektion gelernt und war nun nicht länger bereit, mich Illusionen hinzugeben, mich selbst zu täuschen.

Ich erzählte der jungen Französin und ihrem Vater in allen Einzelheiten, was geschehen war; wie Theológos mich den ganzen Sommer über betrogen hatte, wie er den Gewinn jenes ersten Abends, als ich gebeten hatte, für meine abreisenden norwegischen Freunde kochen zu dürfen, eingesteckt hatte und dass er, falls ich bliebe, vermutlich auch die Einnahmen aus dieser Geburtstagsfeier an sich reißen würde.

»Ich kann nicht mehr länger hier arbeiten«, wiederholte ich. »Es tut mir wirklich sehr Leid.«

Die junge Frau versuchte erneut, mich umzustimmen, aber ihr Vater berührte sacht ihren Arm. »Ich verstehe vollkommen«, meinte er und streckte mir seine Hand entgegen. Daraufhin schenkte mir die Frau ein leises, trauriges Lächeln, drehte sich um und verschwand mit ihrem Vater im Schatten der Tamariskenbäume.

Die letzten Dinge

Am nächsten Abend fuhren wir, Danielle, die Kinder und ich, nach Skála, um die Tickets für die Rückfahrt nach Rethymnon zu besorgen und gemeinsam essen zu gehen, das erste Mal, seit die Plackerei in der Schönen Helena begonnen hatte.

Am Nachmittag hatten wir Stélios und Warwára von meinem Streit mit Theológos erzählt. Die beiden Alten hatten nur wissend genickt. »*Xérume, Thomá*«, sagte Stélios. »Wir wissen Bescheid. Aber was hätten wir tun sollen? Du musstest es selbst herausfinden!«

Démetra und Mémis Lebewohl zu sagen, fiel uns sehr schwer. Aber da Theológos zugegen war und Gäste im Restaurant auf Bedienung warteten, fiel der Abschied zum Glück recht kurz aus. Sávas und Lámbros versprach ich, bald wiederzukommen.

»*Sígoura*«, drängten sie. »Ganz sicher!«

Ich nahm den Rest der einhundertfünfzigtausend Drachmen von Theológos entgegen und unterdrückte den Impuls, ihm anschließend die Hand zu schütteln. Die Widersinnigkeit dieser Geste und die Abneigung, noch einmal seine schwielige Pranke zu berühren, hielten mich zurück.

Einen Moment lang sahen wir einander direkt an, fragend bohrten sich seine wachsamen, braunen Augen in meine. Ich aber drehte mich rasch um, steckte das Geld in meine Hosentasche und ging.

In Skála traf ich mich mit ein paar Freunden und erzählte ihnen, wie überrascht ich sei, dass Theológos wegen des Geldes so rasch klein beigegeben habe.

Chrístos lachte. Wir saßen in einem *kafeníon* und wollten vor dem Abendessen noch einen Schluck trinken, Chrístos, ich, Danielle und die Kinder, Lili, Magnus, Jens und Nikos, ein pensionierter amerikanischer Grieche Mitte sechzig, der erst ein paar Tage vorher aus den Vereinigten Staaten zurückgekehrt war, nachdem er dort bei Freunden seinen Sommerurlaub verbracht hatte. Nikos hatte meiner Erzählung reichlich amüsiert gelauscht, ohne jedoch einen Kommentar dazu abzugeben, und zündete sich nun eine Zigarre an.

»Natürlich hat er dir das Geld zurückgegeben!«, rief Chrístos aus. »Er hat Angst vor der Polizei.«

»Aber was hätte denn die Polizei ausrichten können?«, entgegnete ich. »Ich habe ja nicht einmal eine Arbeitserlaubnis. Das, was ich gemacht habe, war völlig illegal.«

»Aber die Polizei hat dir doch erlaubt, weiterzuarbeiten, nicht wahr? Und deshalb ist es ganz offensichtlich, dass du die richtigen Beziehungen haben musst.« Chrístos lächelte. »Vielleicht zur CIA?«

»Nein!«

Er schaute mich viel sagend an. »Ist ja auch egal. Jedenfalls hat Theológos deswegen Angst gekriegt.«

»Mach dir bloß keine Gedanken wegen Theológos«, meinte Lili. »Er behält ja schließlich das ganze Geld, das er sich mit dem Einkauf eurer Vorräte erschwindelt hat.«

Chrístos blickte mich erstaunt an. »Das hast du nicht zurückgefordert?«

Wieder spürte ich, wie sich mein Magen vor Scham verkrampfte. »Nein«, erwiderte ich. »Ich konnte ja nicht beweisen, wie groß die Summe war. Und außerdem wollte ich einfach raus aus dem Geschäft.«

Schweigen, während der Ober unsere Getränke servierte.

Dann sagte Magnus: »Und er war es also, der den Nazi umgebracht hat!«

»Wahrscheinlich.«

»Was zum Teufel redet ihr da?«, bemerkte Nikos mit seinem breiten amerikanischen Akzent, seine Zigarre im Mundwinkel.

Nikos und ich waren vor vielen Jahren schon Freunde geworden, seit wir uns eines Sommers in Livádi kennen gelernt hatten und auf den unglaublichen Zufall gestoßen waren, dass er drüben in den Staaten meinen Vater gekannt hatte.

Nikos war etwa 1930 auf Patmos geboren, aber hatte bereits als Halbwüchsiger die Insel verlassen, gemeinsam mit einer ganzen Gruppe junger Männer, einschließlich Theológos, die im Ausland ihr Glück machen wollten. Nach vier Jahrzehnten in Amerika war er zurückgekehrt und lebte nun von dem für griechische

Verhältnisse recht beträchtlichen Vermögen, das er sich in der Gastronomie, zumeist als Ober, verdient hatte. Mit seiner unvermeidlichen dicken Zigarre und seinem vollen silberweißen Haar, das er im Stil der Fünfzigerjahre sorgfältig in weichen Wellen nach hinten kämmte, entsprach er so sehr dem Urbild des reichen Amerikaners, dass wir nicht widerstehen konnten, ihn scherzhaft »Nick der Grieche« zu nennen.

Als Nikos und ich uns damals in Livádi unterhielten und er dabei ein sündteures Restaurant bei Washington, D. C., erwähnte, wo er gearbeitet und das auch mein verschwenderischer Vater mit Kunden und diversen Freundinnen gerne aufgesucht hatte, fragte ich ihn, ob er zufällig einen gewissen George Stone gekannt habe. »Mein Gott. Mr. Stone!«, rief Nick aus. »Ja, natürlich kannte ich den! Ihr Vater war das? Du lieber Himmel, ich war sein Ober!«

Daraufhin hatten wir natürlich sofort Freundschaft geschlossen, und ich hatte überdies unsere Begegnung als Zeichen dafür empfunden, dass mehr als nur ein glücklicher Zufall mich ursprünglich nach Patmos geführt hatte. In den vielen Jahren unserer Bekanntschaft hatte ich immer wieder Nikos' Rat vertraut, und im Nachhinein bereute ich sehr, vor dem Vertragsabschluss mit Theológos nicht mit ihm geredet zu haben. Aber natürlich hätte auch er mich gewarnt wie alle anderen, und natürlich hätte ich seine Warnungen in den Wind geschlagen wie alle anderen.

»Niemand weiß, wer den Nazi erschossen hat, außer denjenigen, die dabei waren«, fuhr er fort. »Und die haben niemandem je etwas verraten. Es gibt die wildesten Gerüchte, was damals eigentlich passiert ist und wer darin verwickelt war.« Er schwieg eine Weile. »Die meisten dieser Geschichten sind sehr schlimm. Menschen mussten deswegen sterben.«

Nikos blickte in die Runde.

»Ihr könnt euch überhaupt nicht vorstellen, wie es damals war. Diese Zeit werde ich nie vergessen. Es gab nichts zu essen. Die Deutschen hatten uns von der restlichen Welt regelrecht abgeschnitten. Wir krochen auf den Berghängen herum auf der Suche nach ein paar essbaren Kräutern. Die Leute fielen auf der Straße tot um vor Hunger. Ich erinnere mich – meine Tante Zoe ...« Er schüttelte traurig den Kopf. »Und dann dieser Mistkerl, dieser verfluchte Nazioffizier – *O Tromerós* wurde er genannt, ›der Schreckliche‹ –, der stolzierte wie ein Pfau am Hafen herum, und wenn man ihn schief ansah – wenn *er* glaubte, man würde ihn schief ansehen –, dann zog er einfach seine verdammte Pistole und knallte einen ab.«

Nikos wandte sich an Danielle. »Entschuldige meine Ausdrucksweise.« Er deutete auf die Kinder.

»Das ist schon in Ordnung«, sagte sie.

Dann schaute Nikos mich an.

»Warst du je dort, wo Theológos geboren ist? Da draußen in Ágios Nikólas?«

Ich nickte. Ich war ein einziges Mal dort gewesen, als ich wegen eines Buches, das ich schrieb, Recherchen machen wollte. Die Öde dieser Landschaft, die Einsamkeit, der eisige Nordwind, der einem vom Meer her ins Gesicht blies und einen fast umwarf, hatten mich tief beeindruckt. Ich hatte einen alten Bauern wegen einer kleinen Kirche dort ausgefragt, die aus weiß gekalkten Steinen erbaut war und direkt aus dem Erdboden gewachsen zu sein schien. Der Bauer erzählte mir: »Oh, die ist sehr, sehr alt.« »Wie alt?«, wollte ich wissen. »Sehr, sehr alt. Uralt!«, lautete die mit lebhaften Gesten untermalte Antwort. »*Pro Christóu!*«, fügte er hinzu. »Vor Christus.«

Nick wandte sich an die Norweger. »Ihr könnt euch nicht vorstellen, wie isoliert wir damals hier waren! Patmos war von der Außenwelt abgeschnitten, ja, ganz Griechenland war abgeschnitten, aber erst diese Gegend um Ágios Nikólas! Selbst heute noch kann man von Glück reden, wenn man es schafft, auf diesem Boden eine Tomatenpflanze zu ziehen. Und das Wenige, das dort gedeiht, ist verkrümmt und verwachsen von dem Wind, der dort ständig bläst. Und es gibt kein Wasser. Schrecklich!«

Er zündete seine Zigarre wieder an.

»Deshalb ging es den Leuten dort wirklich schlecht. Selbst nach dem Krieg noch. Deswegen bin ja auch ich fortgegangen. Arm? Ihr wisst ja gar nicht, was arm bedeutet. Die Armut frisst ein Loch in einen hinein, und diese Wunde heilt nie mehr richtig zu. An all das solltet ihr denken, ehe ihr jemanden einen Dieb nennt.« Er warf mir einen viel sagenden Blick zu. »Oder einen Mörder.«

»Aber theoretisch hätte Theológos dabei sein können«, warf Magnus ein. »Als der Nazi umgebracht wurde.«

Nick blickte ihm fest in die Augen.

»Klar. Auch ich hätte dort sein können.«

Betroffen starrten wir Nick an.

Er senkte die Lider, und plötzlich huschte ein Lächeln über sein Gesicht. »Aber ich war nicht dort.«

Dann wandte er sich wieder mir zu. »Dein Vater war genau wie du, weißt du das? Der hat nie sein Wechselgeld nachgezählt. Die Versuchung ist eben zu groß, Thomá!« Nick blickte in die Runde. »Aber Mr. Stone hat immer großzügig Trinkgeld gegeben! Wirklich großzügig, so war er.«

Nun, da man den neuen Hafen gebaut hatte, wurde Patmos von Touristen regelrecht überschwemmt. Es herrschte ein Treiben wie Samstagabend am Times Square. Während wir in dem Hafencafé unseren Aperitif tranken, glitt ein riesiges Kreuzfahrtschiff in den Hafen, vom Bug bis zum Heck über und über mit Lichterketten geschmückt, und türmte sich vor uns auf wie eine jener großformatigen Leuchtreklamen am Broadway. Je näher es kam, desto kleiner fühlten wir uns.

Ich musste daran denken, wie ich vor vielen Jahren zum ersten Mal in Patmos angekommen war und wie öde und verfallen mir der Ort Chóra damals erschienen war. Ich erinnerte mich an ein frühes Graffito, das ein Unbekannter in die Mauer einer kleinen Klosterkirche geritzt hatte, wahrscheinlich während der großen Plünderung im sechzehnten Jahrhundert. Darauf ist die gewaltige venezianische Flotte zu sehen (die unter dem Kommando von Francesco Morosini stand, jenes Admirals, der später den Parthenon in die Luft sprengte), wie sie gerade die patmischen Handelsschiffe, die wehrlos im Hafen liegen, angreift und zerstört.

Auch ein patmisches Volkslied schildert diese Plünderung und die Verwüstungen, die die Venezianer anrichteten: »Siebentausend landeten«, heißt es da anklagend, »sie sollten nur drei Stunden bleiben ... aber die gesetzlosen Hunde blieben drei Tage! Unser Öl floss in Strömen dahin, überall verstreut lag unser Weizen ... Und Wein und Branntwein ergossen sich in unseren Straßen ...«

Doch jetzt waren die Patmier vorbereitet. Busse, Taxis, *kaïkia* und Motorboote warteten am Hafen, bereit, die Touristen an jedes beliebige Ziel zu bringen. Neue Restaurants, Cafés, Konditoreien, Snack-Bars und Schmuckgeschäfte schossen wie Pilze aus dem Boden, und überall entstanden neue Hotels und Pensionen. Motorräder in jeder Größe und Lautstärke waren zu mieten. Und Autos. Und Boote. Und Ferienhäuser. Und wenn man nun die Touristen sah, wie sie mit Souvenirs beladen nach einem Inselaufenthalt wieder ihr Kreuzfahrtschiff bestiegen, dann konnte man leicht den Eindruck gewinnen, dass nun sie es waren, die man gehörig ausgeplündert hatte.

Es war sehr schwierig, für Danielle, die Kinder und mich einen freien Tisch in einem Restaurant zu finden, selbst in den abgelegensten Tavernen in den Seitenstraßen von Skála. Als wir endlich nach langem Suchen Glück hatten – in einem großen Restaurant am Hafen –, war die Bedienung langsam und das Essen fetttriefend und lauwarm. Trotzdem war es ein Vergnügen, einfach dasitzen zu können und bedient zu werden und Essen zu verzehren, das jemand anderer für mich gekocht hatte, auch wenn es noch so schlecht war! Und selbstverständlich ließ ich ein großzügiges Trinkgeld da – nicht um Eindruck zu schinden, sondern um mein aufrichtiges Mitgefühl mit dem Personal zu bekunden.

Ein Taxi für den Rückweg nach Livádi zu bekommen, war schier unmöglich, noch dazu, weil in Kürze eine Fähre vom Festland erwartet wurde, die nach dem Kreuzfahrtschiff im Hafen anlegen würde. Lili, Magnus und Anna blieben in der Stadt, um neu ankommende Freunde in Empfang zu nehmen, und so versuchten wir, ein *kaíki* für die Rückfahrt aufzutreiben. Zum Glück war Poditós, einer der Fischer, den wir aus Livádi kannten, gerade in der Stadt und wollte bald heimfahren. Er versprach, uns mitzunehmen.

Als wir am Fischerhafen warteten, kam Lili plötzlich auf uns zugelaufen, in der Hand ihr Notizbuch. »Tom! Eine Sache noch!«, rief sie und blieb stehen, um Atem zu schöpfen.

»Also, Folgendes ist passiert – Mémis und ich hatten letzte Nacht ein langes Gespräch. Ich glaube nicht, dass er wirklich dazu bereit ist, mit mir nach Oslo zu gehen. Eigentlich weiß ich, dass er es nicht ist. Diesen großen Schritt schafft er nicht. Wie heißt es so schön: ›Man kann das Pferd zum Brunnen führen, aber trinken muss es selbst.‹ Na ja, jedenfalls …« Sie zog einen Kugelschreiber aus der Tasche. »Ich möchte ihm das gerne sagen, verstehst du? Also, wie heißt das auf Griechisch – ich bin frei, du bist frei?«

Danielle und ich warfen uns einen viel sagenden Blick zu, und ich übersetzte ganz langsam, damit Lili mitschreiben konnte: »*Egó íme eléftheri, esí isse eléftheros.*«

»Danke.« Lili lächelte ziemlich verlegen. »Wahrscheinlich ist es so am besten.«

Draußen auf dem Meer musste ich zwangsläufig an jenen Abend im vergangenen Juni denken, als Theológos uns am Schiff abgeholt und mit seinem Boot nach Livádi gebracht hatte. Danielles Augen verrieten mir, dass ihr dasselbe durch den Kopf ging, und sie lächelte und ergriff meine Hand.

Als wir um die Landspitze vor der Bucht von Livádi fuhren, sahen wir vor uns an Land die strahlenden Lichter der Taverne zur

Schönen Helena, und aus der Musikbox dröhnte laute Musik über das Wasser zu uns herüber. In der Mitte der Bucht lag immer noch der schwarze Dreimaster vor Anker.

Poditós redete nicht viel, aber als wir angelegt hatten und auf der gemauerten Mole standen, murmelte er: »He, Thomá!« und umarmte mich.

Nachdem Poditós gegangen war, blieben wir noch eine Weile am Strand und schauten zur Schönen Helena hinauf. Das Lokal war voll besetzt, und das Lachen und Geplauder der Gäste drang mit der Musik zu uns herunter. Theológos bediente, das unvermeidliche Geschirrtuch über der Schulter. Ich entdeckte auch die junge Französin und ihren Vater. Sie saßen mit Freunden an zwei aneinander geschobenen Tischen und feierten Geburtstag, und wir hörten ihr fröhliches, lautes Lachen.

Danielle und ich standen unten am Strand, gleich neben der Mole. Vor neun Jahren hatten wir an genau derselben Stelle den Versuch unternommen, auf dem Wasser zu gehen. Plötzlich sah ich jenen Abend so deutlich vor mir, dass ich ihn fast auf der Zunge schmeckte, und fast spürte ich, wie ich damals Danielle an der Hand genommen hatte.

Die Taverne hatte einem Tollhaus geglichen. Eine Bouzouki-Kapelle, in jener Zeit ausschließlich Musikanten aus Livádi (die sich inzwischen längst anderen, wichtigeren Dingen wie Vaterschaft und Bootsbau widmeten), spielte auf dem Podium, und wie immer hatte man aus Brettern, Fässern und Hohlblocksteinen am Strand provisorische Tische und Bänke aufgebaut. Theológos, im Unterhemd und mit schweißglänzendem Gesicht und Oberkörper, servierte das Essen, kassierte und rackerte sich genauso ab wie Eléni, die am Herd und hinter der Theke arbeitete. Seine beiden Söhne und ein paar von Elénis Verwandten, die eigens für den Abend vom Festland angereist waren, eilten geschäftig zwischen der brodelnden Masse der Feiernden hin und her, deren Zahl, selbst damals, als es auf der Insel noch kaum Touristen gab, mindestens hundert betragen haben musste.

Ich hatte die letzten Wochen damit zugebracht, Danielle aus der Ferne anzuschmachten, da ich schlicht nicht den Mut aufgebracht hatte, sie entweder in Skála anzusprechen oder sie in ihrem kleinen Haus in einer Bucht beim Hafen zu besuchen und sie um eine Verabredung zu bitten. Doch hatte ich im Gespräch mit Freunden ununterbrochen diese Möglichkeiten erwogen, schwärmerisch und überschwänglich, wie ein Vierzehnjähriger vor seinem ersten Schulball, aber auch voller Hemmungen, weil ich nicht sicher war, ob sie mich erhören würde.

Zwei dieser Freunde waren Alíki und ihr Mann Andréas, der Athener Architekt. Sie zeigten sich mir und meinen Problemen gegenüber sehr mitfühlend, doch in Wirklichkeit gingen ihnen nach einiger Zeit, wie Alíki mir später gestand, meine Schüchternheit und Passivität fürchterlich auf die Nerven. Als sie erfuhren, dass ich *panijíri* mitfeiern wollte, überredeten sie, um etwas Schwung in die Angelegenheit zu bringen, die arme, scheue Danielle, zu dem Fest mitzukommen, ja machten fast den Kauf zweier ihrer Ikonen von ihrer Teilnahme abhängig. Weder ihr noch mir hatten sie ein Wort von ihrem Plan verraten.

Als ich bei dem Fest eintraf, sah ich, erschrocken und verzückt zugleich, Danielle bei meinen beiden Freunden sitzen. Sobald Alíki mich erspähte, wechselte sie rasch den Platz, wobei sie den armen Andréas fast von der Bank schob, sodass ich zwischen ihr und Danielle Platz nehmen konnte.

Ich kann mich nicht erinnern, worüber Danielle und ich uns unterhielten, während wir eng zusammengepfercht nebeneinander saßen, denn wir mussten fast schreien, um die laute Musik zu übertönen, und produzierten dabei ein fürchterliches Kauderwelsch aus Englisch und Französisch, aber im Nachhinein habe ich den Eindruck, dass uns der Gesprächsstoff nie ausging und alle anderen auf diesem Fest Luft für uns waren. Viel gegessen haben wir wohl nicht. Dafür tranken wir jede Menge Retsina.

Für diejenigen, die damals dabei waren, sind die nun folgenden Ereignisse inzwischen zur Legende geworden. Heute noch redet

Alíki immer wieder davon und behauptet steif und fest, dass die Initiative von Andréas ausging, doch ich weiß genau, dass das Ganze meine Idee war. Ich war an jenem Abend geradezu berauscht von der Nähe von Danielles Körper, ihrem kehligen französischen Akzent, ihren grünen mandelförmigen Augen, dem kastanienbraunen Haar mit den goldenen Strähnen, ihren wunderbaren Brüsten, die sich so deutlich unter ihrem T-Shirt abzeichneten. Verzaubert wie ich war, schlug ich ihr also vor, mit mir zusammen zu versuchen, auf dem Wasser zu gehen, denn wenn dies tatsächlich gelingen könnte, dann hier auf dieser Insel, diesem Ort der Offenbarungen und Wunder, und jetzt sei genau der richtige Moment dafür.

Danielle war sofort hellauf begeistert von dieser Idee, wer auch immer sie gehabt hatte. »Ja«, rief sie entzückt, »das finde ich auch!« Und in diesem Moment wusste ich, dass ich verloren war, dass ich mich bis über beide Ohren in sie verliebt hatte.

Gleichzeitig standen Danielle und ich auf und gingen – leicht wankend – hinunter an den Strand. Alíki und Andréas erzählten inzwischen den anderen am Tisch von unserem Vorhaben, und als wir das Wasser erreichten, hörte plötzlich die Musik zu spielen auf, und eine Menschenmenge versammelte sich um uns herum am Strand und feuerte uns an. Auch Theológos fand sich dort unten ein, mit glühenden Wangen von der Aufregung und dem geschäftlichen Erfolg dieses Abends, und klatschte wie die anderen begeistert in die Hände. Sogar Eléni hatte sich aus ihrer Küchenfestung hervorgewagt, neugierig, was da vor sich ging.

Und als ich so dastand und die Hand dieser Frau hielt, die ich liebte, obwohl ich sie bis jetzt noch nicht einmal geküsst hatte, und das rhythmische Klatschen und Rufen der Zuschauer in meinen Ohren dröhnte, spürte ich förmlich, wie ich anfing zu schweben. Einen kurzen Moment lang hatte ich das irre Gefühl, unser Vorhaben könnte tatsächlich gelingen.

Danielle blickte mich an, auch sie voller Zuversicht, und drückte meine Hand. Dann setzten wir den Fuß auf das Wasser, das in jener windstillen Nacht wie ein Spiegel aus poliertem schwarzem Marmor schimmerte.

An diesem Teil des Strandes, gleich neben der kleinen Mole, wo die Fischerboote anlegten, war der Meeresgrund mit großen und kleinen Steinen übersät, die allesamt ziemlich glitschig waren.

Danielle und ich schafften vielleicht drei Schritte (im, nicht auf dem Wasser), rutschten dann aus und plumpsten, nicht ohne eine gewisse Anmut, ins kühle Nass, wo wir uns lachend und prustend umarmten, während meine Zigaretten und Geldscheine – wie Alíki mir später erzählte, hatte ich mich strikt geweigert, sie ihr zum Aufbewahren zu überlassen – um uns herum aus dem Meer auftauchten. Unter donnerndem Applaus wateten wir, die klatschnassen Jeans und Hemden an unseren Körpern klebend, zurück ans Ufer.

Natürlich mussten wir daraufhin unsere Kleider trocknen, und natürlich bestand Alíki darauf, dass ich Danielle zu diesem Zweck mein kleines Haus auf dem Hügel zur Verfügung stellte. Sie und ihr Mann begleiteten uns sogar ein großes Stück des Weges, damit sie auch ja sicher sein konnten, dass wir tatsächlich dort ankamen.

Ich führte Danielle ins Schlafzimmer und zog mein Hemd aus, Danielle entledigte sich ihres T-Shirts, dann sahen wir uns an und prusteten los. Lachend streckte sie mir ihre Arme entgegen; ich umfing sie, und unsere nassen Körper fühlten sich gleichzeitig kalt und heiß an. Dann ließen wir uns aufs Bett fallen, wo ich zum ersten Mal ihre Lippen auf meinen spürte.

Tja, so war es gewesen, und nun standen wir wieder an derselben Stelle am Strand und blickten hinauf zu Theológos und seiner Taverne. Dort führte nicht mehr Eléni das Regiment, der Tamariskenbaum war gefällt, und mir wurde endlich klar, dass das Lokal schon längst nicht mehr die Schöne Helena war, sondern *I Orea Théa*, die Taverne Die schöne Aussicht. Und wie es schien, würde das Geschäft in der Zukunft auch ohne mich florieren.

Neben uns plantschten die Kinder mit den Füßen im Wasser und versuchten, durch die Bewegung ein phosphoreszierendes

Leuchten zu erzeugen, wie vorhin, als wir in Poditós' Fischerboot durch die Wellen geglitten waren.

Eigentlich hätte ich jetzt von Kummer und Enttäuschung überwältigt sein müssen, denn schließlich waren alle meine Illusionen und Träume jäh zerstört worden, doch so übel erschien mir dieser Moment eigentlich gar nicht.

Ich legte meine Hand auf Danielles Arm. »Weißt du noch, wie wir versucht haben –«

»– auf dem Wasser zu gehen?«, beendete sie lächelnd den Satz.

»Ja.« Ich schüttelte den Kopf. »Aber wenigstens haben wir den Versuch gemacht.«

»Ja, du hast Recht.«

Sie strich mit den Fingern leicht über meine Wange. »Du siehst müde aus.«

Ich lächelte. »Mir geht's gut.«

Während uns die Kinder am Ufer entlang vorausliefen, schlenderten wir zum anderen Ende des Strandes, wo schon von weitem die Lichter von Théos neuer Snack-Bar leuchteten.

Als wir vor ein paar Stunden in Skála beim Abendessen gesessen hatten, hatte uns ein Junge eine Botschaft überbracht. Théo habe angerufen und uns auf einen Drink eingeladen. Einige unserer Freunde, die sich mit uns treffen wollten, würden in seiner Snack-Bar auf uns warten.

»Ein besonderer Freund«, sagte der Junge.

»Wer?«, fragte ich.

»Eine gewisse Melyá.«

Während wir uns immer weiter von der Schönen Helena entfernten, sagte ich zu Danielle: »Weißt du, ich denke, ich erkundige mich mal bei dieser Schule in Nordgriechenland, vielleicht ist da gerade eine Stelle als Lehrer frei. Die Frau, die mir davon erzählte, sagte, es gäbe dort ein Theater.«

»Wirklich?«

»Ja, klingt zu gut, um wahr zu sein, ich weiß, aber – stell dir nur mal vor ...«

Abrechnung

Wie sich herausstellte, hatte die Schule in Nordgriechenland tatsächlich ein eigenes Theater – nun ja, eigentlich war es nur eine sehr kleine Aula mit einem erhöhten Podium am Ende, aber es gelang mir, beim Einstellungsgespräch die Schulverwaltung zu überreden, etwas Geld für ein paar Scheinwerfer und eine winzige Schalttafel bereitzustellen, und damit waren wir im Geschäft.

Ebenso wie Danielle verkniff sich auch Melyá den Satz »Ich hab's dir ja gleich gesagt«, aber an jenem Abend in Théos Snack-Bar trug sie doch das selbstzufriedene Grinsen einer Katze zur Schau, die gerade einen sehr großen Kanarienvogel verschluckt hat – sprich in meinem Fall jedes Fünkchen Stolz, das mir noch verblieben war. In ihrer großen Güte verzieh sie mir alles Unrecht, das ich ihr ihrer Meinung nach angetan hatte, während sie sich gleichzeitig nicht von ihrer Überzeugung abbringen ließ, ich hätte mich mit Theológos gegen sie verschworen, um sie aus dem Geschäft zu drängen. Die Tatsachen hätten sie eigentlich vom Gegenteil überzeugen müssen.

Seither sind wir noch engere Freunde geworden. Nachdem Melyá die ersten Kapitel dieses Buches gelesen hatte, rief sie mich spontan aus Griechenland an, um mir zu sagen: »Thomáki, du hast dich kein bisschen verändert! Du kannst wunderbar Geschichten erzählen, aber du lässt die Dinge immer in einem viel besseren Licht erscheinen, als sie tatsächlich sind. Küsschen!«

Es dauerte eine Zeit, bis ich wieder nach Patmos fuhr. Ich hatte Verpflichtungen meiner Schule gegenüber und bekam Aufträge, unter anderem sollte ich für die Reiseführer von Frommer und Fodor Beiträge über Nordgriechenland schreiben. Hauptsächlich aber mied ich die Insel, weil ich eine Begegnung mit Theológos scheute.

Schließlich kehrte ich doch wieder zurück, unter dem Vorwand, die Lager der Buchläden aufzustocken, die meine Bücher über die Geschichte der Insel verkauften. Doch in Wirklichkeit suchte ich nur eine Gelegenheit, noch einmal in die Geborgenheit dieses Ortes zurückzukehren, der offensichtlich – wie dieses Buch verrät – immer einen Platz in meinem Herzen haben wird.

Die dramatischen Veränderungen, die in Skála vor sich gegangen waren, wurden schon deutlich, noch ehe die Fähre in den Hafen einlief. Die unzähligen Lichter der neuen Geschäfte und Restaurants glitzerten rund ums Hafenbecken, und Reklameschilder auf den Dächern, zum Teil von Scheinwerfern angestrahlt, warben für moderne Hotels und Pensionen. Dank der neu gebauten Hafenanlage konnte ein Kreuzfahrtschiff gleichzeitig mit der riesigen Autofähre anlegen, die mich vom Festland hierher gebracht hatte, darüber hinaus lagen die Kreuzfahrtschiffe von zwei weiteren Schifffahrtslinien draußen vor Anker und warteten, in den Hafen einlaufen zu dürfen. Es gab auch, wie ich anderntags erfuhr, eine Flotte von Tragflächenbooten, Flying Dolphins genannt, die die Touristen, die das nötige Kleingeld, aber wenig Zeit hatten, in Windeseile zu den nächst gelegenen Inseln mit eigenem Flugplatz transportierten. Im Hafen und der dazu führenden Straße staute sich ein Pulk von Privatfahrzeugen, darunter viele mit ausländischen Nummernschildern, und verstopfte die Zufahrt zu den Anlegestellen. In der Menschenmenge, die sich um die zwei Laufplanken der Fähre gebildet hatte, sah ich kaum bekannte Gesichter.

Schließlich fand ich den Taxifahrer, den Melyá mir bestellt hatte, einen jungen Mann mit kurzem schwarzem, von grauen Strähnen durchzogenem Haar, blasser, fahler Haut, geröteten Augen und einem Drei-Tage-Bart. Nachdem wir den Stau in Skála hinter uns gelassen hatten und die neue Asphaltstraße nach Livádi entlangrollten, erzählte er mir, er wohne eigentlich in Athen und sei mit Frau und Kindern nur für den Sommer nach Patmos gekommen, weil hier die Luft und das Meer noch sauber seien und es so viel Arbeit gebe.

»Nächstes Jahr«, verkündete er, »mache ich vielleicht ein Restaurant auf.«

Ich biss mir auf die Zunge.

Auf dem Dorfplatz von Livádi saßen Melyá, Magnus, Jens und Magnus' neueste Freundin an einem Tisch vor Alékos' *kafeníon*, das vor kurzem vergrößert worden war, und erwarteten mich.

Beruhigt stellte ich fest, dass meine Freunde sich nicht verändert hatten: Melyá, temperamentvoll wie immer, blond wie immer, ihr Gesicht strahlend und faltenlos; Magnus mit seinem typischen breiten Grinsen, athletisch und stämmig wie ein Rugby-Spieler; Jens, blassgesichtig, unrasiert und deutlich gezeichnet von zu viel Nikotin und Alkohol wie eh und je; und selbst das junge Mädchen, eine frische nordische Schönheit, wohl auch sie ein Model, erschien mir wie eine Kopie ihrer ewig jungen Vorgängerinnen. Außerdem hieß auch sie Anna.

Nach ein paar Sekunden erst dämmerte mir, wer fehlte.

»Lili?«, fragte ich.

»Die ist in Oslo.« Magnus lachte. »Mit Mémis!«

»Das gibt's doch nicht!«

»Erinnerst du dich an diese Collagen, die er gemacht hat, aus Muscheln und Tauen und Sand und so Zeug? Nun, sie hat eine Galerie für ihn gefunden!«

»Tatsächlich?«

»Er ist der große Hit«, murmelte Jens mit einem boshaften Grinsen, das seine fehlenden Backenzähne verriet.

Ich berichtete, was sich in der Zwischenzeit bei uns getan hatte. Auch Danielle hatte eine Galerie gefunden und arbeitete viel, weil sie eine eigene Ausstellung vorbereitete. Meine Schule, zu der ein Gelände von etwa dreißig Hektar gehörte, lag gleich vor den Toren von Thessaloniki, einer wunderbaren Hafenstadt mit einer langen kulturellen Tradition. Und ich hatte sogar wieder beim Theater Fuß fassen können, denn sobald bekannt wurde, dass ich ursprünglich vom Theater kam, hatte man mir eine Stelle beim alljährlich im Oktober stattfindenden Theater-Festival angeboten. Ich sollte für eine Ballettaufführung die Beleuchtung konzipieren. Unsere Kinder gingen inzwischen auf eine kleine internationale Schule, die auf demselben Gelände lag, auf dem sich auch meine Schule befand, und die in zehn Minuten zu Fuß von unserem Haus aus zu erreichen war. Alles in allem war unser Umzug, fand ich, eine glückliche Entscheidung gewesen. Zugegeben, viel Zeit zum Schreiben blieb mir nun nicht mehr, da ich Vollzeit unterrichtete und mich auch noch um die Schüler-Theatergruppe kümmern musste, aber …

Mehrere Autos rollten über den Dorfplatz und bogen dann in die Straße ein, die hinunter zum Strand führte. Ich schaute auf die Uhr. Fast Mitternacht.

»Sie fahren runter zu Theológos«, sagte Magnus.

Ich warf Melyá einen kurzen Blick zu und schaute rasch wieder weg. Aber sie hatte mich ertappt.

»Ich gehe auch hin«, erklärte sie. »Aber nur manchmal. Es ist immer so voll.«

»Mitten am Strand hat ein neues Restaurant aufgemacht«, sagte Magnus. »Leute aus Athen. Es ist ganz nett dort.«

»Meistens aber sind wir in Théos Bar«, fuhr Melyá fort.

»Wie geht es ihm? Wie immer?«

Melyá schaute mich an. »Wem? Théo?«

»Nein, Theológos. *O Ladós.*«

Sie zögerte. Dann meinte sie: »Es hat sich viel verändert.«

»Ach?«

Sie lächelte. »Du wirst schon sehen.«

Ich schaute Magnus und Jens fragend an. Anscheinend hatten sie keine Ahnung, was Melyá andeuten wollte.

»Ich finde seine Söhne sehr nett«, sagte Anna.

Es dauerte ein paar Tage, bis ich den Mut aufbrachte und mich an den Strand und in die Taverne wagte. Ich hätte keine Zeit, behauptete ich, hätte in Skála und Chóra geschäftlich zu tun, wegen meiner Bücher. Abends war ich dann zu müde. Melyás Haus, von dem aus man das ganze Tal überblicken konnte, stand auf dem Hügel gleich außerhalb des Dorfes von Livádi. Zum Strand musste man zwanzig Minuten zu Fuß laufen, für den Rückweg bergauf brauchte man eine halbe Stunde. Nach dem Essen saßen Melyá und ich meist auf ihrer Terrasse und plauderten, und ich genoss es, zurück in Livádi zu sein, gab mich den warmen Sommerabenden hin, dem leichten Wind, der geschwängert mit den Düften von Thymian und Oregano war, dem weiten Sternenhimmel, der sich endlos über mir wölbte.

Morgens wurde ich von dem leisen Gebimmel der Ziegenglocken geweckt, wenn die Tiere auf der Suche nach den letzten saftigen Halmen des Frühjahrs allmählich den Hügel hinunterwanderten. Bisweilen vernahm ich auch das heisere Krächzen einer Krähe oder das – zum Glück – ferne Krähen eines Hahns oder das Knattern eines Motorrads auf dem Weg vom Strand herauf zum Dorf. Aber meistens umfing mich Stille, eine geradezu göttliche, allumfassende, Ehrfurcht gebietende Stille, jenseits von Raum und Zeit.

Am dritten Morgen nach meiner Ankunft, während ich vor Melyás Haus stand und Melyá den Jeep ihres Sohnes wendete, erfreute ich mich aufs Neue an dem grandiosen Blick auf das Tal von Livádi, das sich unter uns erstreckte. Im Gegensatz zu Skála hatte sich diese Gegend hier seit meinem ersten Sommer nicht verändert. Immer noch verliefen niedrige Steinmauern, Eselspfade und trockene Bachbetten kreuz und quer durch das Tal, das hier und da gesprenkelt war mit den vertrauten weiß gekalkten Kapellen und Bauernhäusern (einschließlich unseres Hauses Comnénus!), und wie früher schmückten üppige Feigenkakteen, Feigen-, Zitronen- und Olivenbäume die braun-grüne Landschaft. Und während gerade die Sonne über einem Vorgebirge im Osten aufging, glitzerte und funkelte hinter dieser Kulisse das blaue Wasser der Ägäis, voller Verheißung, wie ehedem.

Wir fuhren nach Skála, holten die Post ab und erledigten ein paar Einkäufe. Anschließend kehrten wir zurück nach Livádi und bogen dann in die Straße ein, die hinunter an den Strand führte. Auch diese Straße, die einst Euripides' *areopláno* so viel abverlangt hatte, war inzwischen asphaltiert und nun mühelos zu befahren. Ich sah hinüber zum Haus auf dem Hügel. Eine Gestalt bewegte sich auf der Terrasse, aber ich konnte nicht erkennen, wer es war. Ich erkundigte mich bei Melyá, wie es Stélios und Warwára ginge. »Wie immer!«, rief sie, während sie im letzten Moment das Lenkrad herumriss, um dem Bus auszuweichen, der vom Strand zum Dorf hinauffuhr.

Wenig später standen wir schon auf dem kleinen Parkplatz vor Theológos' Taverne. Melyá ließ mich aussteigen und brauste gleich weiter, da sie mit Freunden in Théos Bar verabredet war.

Ich blieb kurz stehen und ließ die Taverne auf mich wirken. Sie erschien mir viel kleiner als früher, als ob ich sie zuletzt als kleines Kind gesehen hätte. Melyá hatte zwar gemeint, es hätte sich einiges verändert, aber abgesehen von meiner eigenen inneren Einstellung konnte ich keine Anzeichen dafür erkennen. Selbst die Plastiktischdecken schienen dieselben wie früher zu sein.

Dann entdeckte ich innen im Gastraum Sávas und Lámbros.

Beinahe hätte ich sie nicht erkannt.

Sie waren nun junge Männer. Lámbros, der ehemals Kleinere, überragte nun seinen Bruder und hatte die stämmige Gestalt eines Fußballspielers. Sein blondes Haar war etwas nachgedunkelt, aber seine Wangen waren immer noch auffallend rot – ein Erbe seiner Mutter – und seine Augen strahlend blau. Sávas hingegen, wohl in dem Versuch, ein Gegengewicht zu schaffen zu seinem schmächtigen Körper und den langen dunklen Wimpern – ebenfalls ein mütterliches Vermächtnis – ließ sich einen Schnurrbart wachsen wie sein Vater, aber noch bedeckte nur ein leichter Flaum seine Oberlippe.

Beide erkannten mich, ließen auf der Stelle alles liegen und stehen, kamen auf mich zu und umarmten mich. Melyá hatte sie über meine Ankunft informiert, und deshalb war mein Erscheinen nicht völlig unerwartet für sie.

Kurz darauf kam auch schon Démetra aus der Küche. Sie umarmte mich zwar nicht – sie hielt einen Kochlöffel in der einen Hand, ein Geschirrtuch in der anderen –, aber sie lächelte mich freudestrahlend an und klopfte mir auf die Schulter, wobei sie über und über rot wurde wie ein Schulmädchen. Ihr Goldzahn war noch vorhanden, aber der Nachbarzahn fehlte inzwischen, und dieser Zahnlücke würden mit der Zeit bestimmt viele weitere folgen.

Mit Démetra war eine junge Frau aus der Küche gekommen, mit kurzen rötlich-blonden Haaren, runden Apfelbäckchen, kornblumenblauen Augen und einem Lächeln, das so warm und ansteckend war, dass im Vergleich dazu Démetras Goldzahn matt wirkte. Sie trug eine nagelneue karierte Schürze und trocknete sich die Hände an einem Geschirrtuch ab.

Lámbros grinste übers ganze Gesicht, plusterte sich ein wenig auf und fasste das Mädchen am Arm. »Das ist meine Freundin Nicoletta aus Amsterdam. Nicoletta, das ist Thomá.«

»Ah. Sie sind der berühmte Thomá!«, antwortete sie in makellosem Englisch.

»Tja ...«

»Wir führen jetzt die Taverne«, sagte Lámbros stolz.

»Ach, tatsächlich?«

»Ja«, ergänzte Sávas. »Unser Vater hat sich zurückgezogen.«

Ich spähte an ihnen vorbei ins Lokal.

»Er sitzt drinnen«, sagte Lámbros mit etwas leiserer Stimme. Ich blickte angestrengt ins Dunkel, konnte aber nichts erkennen.

»Meint ihr, ich soll ihn begrüßen?«, fragte ich.

Die beiden Brüder schauten erst einander an, dann mich.

»Wenn du möchtest«, meinte Sávas.

Ich sah genauer hin, und diesmal glaubte ich, die Konturen einer Gestalt zu sehen, die auf einem Stuhl in der Ecke neben der Tür saß.

Eine Gruppe Touristen wanderte vom Strand herauf und setzte sich an einen Tisch.

»Entschuldige mich, Thomá«, sagte Sávas.

»Sehen wir uns später?«, fragte Lámbros.

»Natürlich«, antwortete ich.

Als ich das Restaurant betrat, dauerte es einen Moment, bis sich meine Augen an die Dunkelheit gewöhnt hatten. Dann sah ich ihn. Er saß an einem Tisch in der Ecke, seinem Beobachtungsposten, von wo aus er alles überblicken konnte, was draußen vor sich ging, und er auch die Kühltheken und die Schuhschachtel mit dem Geld im Auge hatte. Bestimmt hatte er mich gleich gesehen, als ich aus dem Auto stieg. Er trug ein zerknittertes weißes Hemd und eine alte braune Hose und an den Füßen fleischfarbene Gummischlappen. In einer Hand hielt er ein Perlenkettchen, an dem ein kleines Medaillon in Form eines Auges befestigt war, ein Amulett gegen den bösen Blick.

»*Jásu, Thomá*«, grüßte er mich, als ich durch die Tür trat.

Seine Stimme war leise, sein Lächeln verhalten. Sein Schnurrbart war in der Zwischenzeit fast grau geworden und sein braunes Haar bereits schütter. Er sah aus, als wäre er dieses Jahr noch kein einziges Mal in der Sonne gewesen.

Er erkundigte sich nach meinem Befinden und dem von Danielle und den Kindern. Aber er lud mich nicht ein, Platz zu nehmen oder etwas zu trinken.

Ich fragte, wie es ihm gehe.

»Gut, Thomá«, antwortete er. Dann lächelte er und deutete mit einer weiten Handbewegung auf den Gastraum. »Die Jungen machen jetzt die ganze Arbeit.«

»Und dein Boot?«

»Hin und wieder.« Er zögerte. »Aber mir wird es zu viel, Thomá. Zu viel. Du wirst schon sehen.«

Er fing an, mit dem Kettchen in seiner Pranke zu spielen, schleuderte es immer wieder spielerisch herum und sah dabei aufs Meer hinaus.

»*Ti na kánume, Thomá!*«, sagte er. »Was können wir machen!«

Dann verfiel er in Schweigen, und rasch wurde mir klar, dass von seiner Warte aus unsere Unterhaltung nun beendet war, einfach so.

Nach einer kleinen Weile murmelte ich, ich hätte eine Verabredung mit Melyá. Er nickte, und ich ging.

Draußen verabschiedete ich mich von den Jungs und machte mich auf zu Théos Bar. Nach ein paar Schritten stach mir plötzlich ein Schild in die Augen, das an den Zweigen eines Tamariskenbaumes vor der Taverne hing. Es war das Plattheck eines alten Fischerbootes, offensichtlich hatten es die beiden Brüder bemalt und dort aufgehängt.

Eine leuchtend orangefarbene Sonne mit goldenen Strahlen war darauf zu sehen, die gerade aus einem azurblauen Meer aufstieg. Darunter stand in geschwungenen, dunkelblauen Lettern, weiß untermalt, der Name *I Oréa Avgí*.

Der schöne Sonnenaufgang.

Ich sah zu den beiden jungen Männern zurück. Sie standen zwischen den Restauranttischen und beobachteten mich, die Hände in die Hüften gestemmt und übers ganze Gesicht grinsend.

Hinter ihnen sah ich schemenhaft Theológos im Halbdunkel der Taverne sitzen.

Er blickte immer noch unverwandt aufs Meer hinaus und spielte dabei mit seinem Kettchen. Nur seine Finger bewegten sich, ansonsten saß er reglos da, wie in Stein gehauen.

Ithaka

Wenn du zur Fahrt aufbrichst nach Ithaka,
So bete, daß ein weiter Weg es werde
Voller Umschwünge, voller Einsichten.
Die Laistrygonen oder die Kyklopen,
Den zornigen Poseidon fürchte nicht,
Dergleichen triffst du nie auf deinem Weg,
Solang dein Denken hoch bleibt und erlesne
Erregung dir an Geist und Körper rührt.
Den Laistrygonen oder den Kyklopen,
Dem wütigen Poseidon wirst du nicht begegnen,
Wenn du sie nicht in deiner Seele schleppst,
Wenn deine Seele sich nicht vor dich stellt.

So bete, daß ein weiter Weg es werde.
Mögen der Sommermorgen viele sein,
Wo du – oh wie mit Dank, oh wie mit Freude! –
Einfährst in Häfen, die du siehst zum ersten Mal.
Mögest du halten an den Handelsplätzen
Phönikiens und schöne Ware kaufen:
Perlmutter und Korallen, Ebenholz und Amber
Und jeder Art erregende Duftflüssigkeit,
Je reichlicher du kannst, erregende Duftflüssigkeit.
Mögest du gehen in viele Städte nach Ägyptenland,
Damit du lernst – und lernst von Eingeweihten.

Behalte stetig Ithaka in deinem Geist.
Die Ankunft dort ist deine Vorbestimmung.
Doch haste mit der Reise nimmermehr.
Besser, sie daure vieler Jahre Lauf,
Und auf der Insel ankerst du als Greis,
An allem reich, was auf dem Wege du erwarbst,
Niemals erwartend, daß dir Reichtum schenke Ithaka.

Ithaka schenkte dir die schöne Reise.
Zu ihm allein bist du hinausgefahren.
Verlange andre Gaben nicht von ihm.

Findest du's arm, Ithaka trog dich nicht,
So weise, wie du wurdest, so erfahren,
Erkanntest du nun wohl, was Inseln Ithaka bedeuten.

Konstantin Kavafis

Nachschlag

Die Speisekarte in der Schönen Helena

Wie in den meisten Tavernen und häufig auch in den Restaurants Griechenlands üblich, hatte die Speisekarte, die in der Schönen Helena auflag, wenig mit dem zu tun, was tatsächlich angeboten wurde. Diese Speisekarten wurden von einer Ouzo-Brennerei zu Werbezwecken gedruckt und gratis an die Wirte verteilt und stellten lediglich eine Auflistung von Speisen und Getränken dar, die unter Umständen zwar vorrätig *sein konnten*, es aber meistens nicht waren. Aus diesem Grund war es in den meisten Lokalen, wie auch bei uns, Brauch, die Gäste vor dem Bestellen in die Küche zu bitten, damit sie einen Blick in die Töpfe werfen und sehen konnten, was an diesem Tag zur Auswahl stand.

Hätte ich jedoch die Möglichkeit gehabt, eine Speisekarte nach eigenen Vorstellungen zusammenzustellen, so hätte sie etwa folgendermaßen ausgesehen:

Vorspeisen *(Orektiká)*

Joghurt mit Gurke und Knoblauch *(Tzatzíki)*
 Cremiger Joghurt mit geschälter, geraspelter Salatgurke, Knoblauch und Olivenöl, abgerundet mit einer herzhaften Prise weißen Pfeffers.

Auberginenpaste *(Melitzánosaláta)*
 Im Backofen gegarte, geschälte und pürierte Auberginen mit Olivenöl, Zitronensaft und Knoblauch. Gehackte Walnüsse unterstreichen das köstliche rauchige Aroma.

Eierspeisen *(Avgá)*

Tsatsiki Omelett *(Oméleta me tzatzíki)*
Frisch gebackenes, heißes Omelett, gefüllt mit eisgekühltem Tsatsiki. Nur auf Vorbestellung.

Meeresfrüchte *(Thalasína)*

Muschel-Paella *(Mídia me rísi)*
»Arme-Leute-Paella« aus Muscheln aus der Dose, Reis, grünen Paprikaschoten, Tomaten, Zwiebeln und Knoblauch, in Hühnerbrühe geschmort.

Nudelgerichte *(Simariká)*

Spaghetti alla carbonara *(Makarónia me avgá ke báykon)*
Spaghetti mit Eiern, Räucherspeck, Kondensmilch, frisch gemahlenem schwarzem Pfeffer und geriebenem Parmesankäse. Nur auf Vorbestellung.

Fleischgerichte *(Kréas)*

Chili con carne *(Meksikániko fasólia me kimá ke tomátes)*
Originalgetreues Tex-Mex-Chili aus Rinderhackfleisch, roten Kidney-Bohnen, grünen Paprikaschoten und echtem amerikanischem Chili, direkt aus New York.

Griechische Fleischbällchen *(Keftédes)*
Fleischbällchen, gewürzt mit gehackten Zwiebeln, Zimt, Kreuzkümmel, Cayennepfeffer und gehackter Petersilie, knusprig goldbraun gebraten.

Fleischbällchen in Ei-Zitronen-Soße *(Juwarlákia avgolémono)* Rinderhackfleisch, vermischt mit Reis, Petersilie und Minze, pikant gewürzt mit einer köstlich duftenden Ei-Zitronen-Soße.

PFEFFERSTEAK *(Bon filé me trímeno pipéri ke konják)*
Rinderfilet in einer Kruste aus zerstoßenen schwarzen, weißen und grünen Pfefferkörnern mit flambierter Cognac-Butter-Soße. Nur auf Vorbestellung.

GEFLÜGEL *(Kotópoulo)*

RETSINA-HUHN *(Kotópoulo retsináto me stafília)*
Goldbraun gebratene Stücke vom Huhn in einer Soße aus geharztem Weißwein und halbierten grünen Weintrauben.

ÄGYPTISCHES HUHN MIT SPAGHETTI *(Ejiptiakó kotópoulo me makarónia)* Gekochtes, entbeintes Huhn, mit Spaghetti im Ofen gebacken, dazu eine Soße aus Hühnerbrühe, Zitronensaft, Öl, Zimt, Kardamom und Kurkuma.

CHINESISCHES HUHN MIT GURKEN *(Kinésiko kotópoulo me angúri)* Gewürfelte Hühnerbrüstchen, geschmort in einer Soße aus Knoblauch, Ingwer, Weißwein, Sojasoße und Chilischoten, mit hauchdünnen Scheiben geschmorter Salatgurke belegt.

HÜHNER-CURRY *(Kotópoulo kári)*
Hühnerschenkel, geschmort in einer mit Joghurt, Mandeln und Rosinen aromatisierten Curry-Soße.

SPEZIALITÄT DES HAUSES

TOMS MOUSSAKA *(Moussaká Thomá)*
Mein persönliches Rezept des griechischen Klassikers, eine Kombination der verschiedensten Versionen dieses Gerichts, wie sie mir in Athen, Kreta und New York serviert wurden. Ein Auflauf aus Schichten von gebratenen Kartoffel-, Zucchini- und Auberginenscheiben, mit einer mit Zimt, Piment, Rotwein und Oregano gewürzten Hackfleischsoße im Ofen sanft gegart, überbacken mit einer fein mit Zimt und geriebenem *kaséri*-Käse abgestimmten Ei-Béchamel-Soße.

Die Rezepte

Die folgenden Rezepte gelten für die in »meiner« Speisekarte als auch für die im Erzähltext aufgeführten Gerichte.
Zuerst die Rezepte der Speisekarte.

Anmerkung:
1 Tl   = 1 Teelöffel
1 El   = 1 Esslöffel
1 Tasse = 250 ml

Joghurt mit Gurke und Knoblauch
(Tzatzíki)

Dieses Rezept ist eine Variante einer der beliebtesten Vorspeisen der griechischen Küche. Normalerweise bereitet man Tsatsiki mit geraspelter Salatgurke, reichlich Knoblauch und Olivenöl und ohne Pfeffer zu. Aber gerade die Würze von weißem Pfeffer gibt diesem Gericht den letzten Pfiff. Auch hier gilt, je länger die Zutaten durchziehen können, desto besser – in diesem Fall mindestens vier Stunden vor dem Servieren zubereiten und im Kühlschrank gut durchkühlen lassen.

Für 6 Personen
500 g Magermilchjoghurt (siehe Anmerkung unten)
2 Knoblauchzehen
reichlich weißer Pfeffer

1–2 El Olivenöl oder anderes gutes Pflanzenöl
1 mittelgroße Salatgurke, geschält
1/2 Tl Salz

1. Ein Haarsieb mit einem Mulltuch auskleiden oder eine Kaffeefiltertüte in ein Spitzsieb stecken und den Joghurt hineingeben. Das Sieb über eine Schüssel hängen und den Joghurt mindestens 3 Stunden, am besten aber über Nacht im Kühlschrank abtropfen lassen. Das Resultat ist ein wunderbar fester, cremiger Joghurt – die Griechen nennen ihn *stragisméno* –, selbst wenn man das Magermilchprodukt verwendet.
2. Joghurt in eine Schüssel geben, den Knoblauch durch die Knoblauchpresse drücken und hinzufügen, weißen Pfeffer und Olivenöl dazugeben und alles gut vermischen. Bis zur Weiterverarbeitung kühl stellen.
3. Die Salatgurke raspeln und 1/2 Tl Salz untermischen. Etwa 30 Minuten stehen lassen, damit das Salz das Wasser zieht. Gurke in einen Durchschlag geben und gut ausdrücken. Mit dem Joghurt vermischen.
4. Tsatsiki mindestens 4 Stunden kühlen und gut durchziehen lassen.
5. Mit Selleriestangen, Karotten, Fladenbrot, Kräckern oder, auf griechische Art, mit knusprig frischem Weißbrot servieren.

Anmerkung: Die meisten bei uns im Supermarkt erhältlichen Joghurtsorten sind so gründlich homogenisiert, dass sie beim Abtropfen kaum Molke absondern. Kaufen Sie daher am besten Joghurt aus dem Reformhaus oder Naturkostladen.

Auberginenpaste
(Melitzánosaláta)

Diese Vorspeise ist die griechische Entsprechung einer Guacamole und gleichzeitig eine köstliche Alternative dazu. Sie schmeckt hervorragend mit Tortilla Chips oder geröstetem Pita-Brot. In Griechenland isst man diese Paste entweder mit der Gabel oder auf Weißbrotscheiben. Im Idealfall werden die Auberginen im Ganzen über einem Holzkohlenfeuer gegart, bis die Haut schwarze Blasen wirft und aufplatzt und das Fruchtfleisch schön weich ist. Das natürliche Raucharoma der Aubergine erfährt durch diese Art der Zubereitung eine geradezu himmlische Steigerung.

Heutzutage werden die Auberginen für dieses Gericht auch in Griechenland meistens im sehr heißen Backrohr gegart.

Das Hinzufügen von Walnüssen, eine Raffinesse, die ich kennen lernte, als ich im Anschluss an meinen Tavernensommer an einer Schule in Nordgriechenland unterrichtete, verleiht dem Gericht das gewisse Etwas.

Ergibt etwa 2 Tassen Paste
2–3 mittelgroße Auberginen (zusammen etwa 1 1/2 kg)
3–6 El Olivenöl
2 Knoblauchzehen
2 El gehackte Petersilie
Salz und weißer Pfeffer nach Geschmack
2–3 El Zitronensaft oder Weißweinessig
1/2 Tasse grob gehackte Walnüsse (nach Belieben)

1. Backofen auf 190 °C vorheizen.
2. Auberginen waschen, abtrocknen und rundum mit einer Gabel einstechen.
3. Auberginen etwa 1 Stunde im Backofen garen, bis die Haut schrumpelig wird und das Fruchtfleisch weich ist.

4. Wenn die Auberginen etwas abgekühlt sind, beide Enden abschneiden und die Früchte schälen. Verkohlte Schalenreste unter fließendem Wasser abwaschen und gleichzeitig die Auberginen ausdrücken, damit sie ihre Bitterstoffe abgeben.
5. Fruchtfleisch in eine Schüssel geben und mit einer Gabel zerdrücken. Zuerst das Olivenöl unterrühren, dann den Knoblauch dazupressen und Petersilie, Salz und Pfeffer unterrühren. Zitronensaft nach Geschmack teelöffelweise dazugeben. Zuletzt, nach Belieben, die gehackten Walnüsse untermischen.
6. Wie in Griechenland üblich, mit frischen Weißbrotscheiben oder mit diversen Chips und Kräckern servieren.

Anmerkung: Als Variante können Sie auch wie bei einer Guacamole fein gehackte Tomaten und Zwiebeln untermischen.

Tsatsiki Omelett
(Omeléta me tzatzíki)

Dieses Gericht wurde an einem faulen Tag erfunden, an dem der Kühlschrank so gut wie leer war. Der Clou ist die Kombination eines heißen Omeletts frisch aus der Pfanne mit einer Füllung aus eisgekühltem Tsatsiki.

Für 2 Personen
2–3 El Tsatsiki
4–6 mittelgroße Eier
4–6 Tl Wasser
Salz und weißer Pfeffer nach Geschmack
Pflanzenöl zum Ausstreichen der Pfanne

1. Tsatsiki (gekühlt) bereitstellen.
2. In einer Schüssel die Eier mit der gleichen Anzahl Tl Wasser verquirlen und salzen und pfeffern.
3. Eine Omelettpfanne mit Öl ausstreichen und stark erhitzen. Rasch die verquirlten Eier hineingeben. Nach ein paar Sekunden die Pfanne mehrmals kräftig rütteln und dabei die bereits gestockte Eimasse am Rand leicht anheben, damit die noch rohe Eimasse darunter gleitet.
4. Weiter so verfahren, bis das ganze Omelett gestockt ist. 2–3 El gekühltes Tsatsiki in die Mitte des Omeletts geben und in der Verlängerung des Pfannenstiels leicht verstreichen.
5. Pfannenstiel in die linke Hand nehmen, die Pfanne von der Kochstelle ziehen und das Omelett vorsichtig auf eine Servierplatte gleiten lassen, dabei das Omelett zusammenklappen.
6. Omelett in der Mitte durchschneiden und nach Belieben mit Tomatenscheiben, mit Oregano bestreut, garnieren. Mit geröstetem Pita-Brot servieren.

Muschel-Paella
(Mídia me rísi)

Das Rezept für dieses Gericht dachte ich mir während einer der tristen Fastenzeiten auf Patmos aus, wo man in den Metzgerläden und Lebensmittelgeschäften nicht einmal ein Tiefkühlhähnchen bekommen konnte. Aber es gab Dosenmuscheln aus Dänemark und frischen Tintenfisch, und da beides kein Blut enthält, war es während der Fastenzeit auch nicht verboten. Natürlich gehören auch Hummer und Krabben in diese Kategorie, aber das hier ist schließlich eine Arme-Leute-Paella.

Um das Rezept nicht unnötig zu verkomplizieren und zahlreiche »und/oder« zu vermeiden, ist hier nur von Muscheln die Rede. Aber natürlich können Sie sowohl Muscheln als auch Tintenfische verwenden oder auch nur Tintenfische, die vor der Weiterverarbeitung jedoch weich gekocht und in Stücke geschnitten werden müssen.

Für 4–6 Personen
2 El Olivenöl
1 mittelgroße Zwiebel, gehackt
1 Knoblauchzehe, fein gehackt
1 grüne Paprikaschote, Samen und Scheidewände entfernt, gewürfelt
1 1/2 Tassen Reis
kräftige Hühnerbrühe und die aufgefangene Flüssigkeit der Dosenmuscheln, zusammen etwa 3 Tassen
1/2 Tl Kurkuma
2 mittelgroße Tomaten, grob zerkleinert
frisch gemahlener schwarzer Pfeffer
Muscheln aus der Dose (etwa 350 g), dazu die aufgefangene Flüssigkeit
1/4 Tasse gehackte Petersilie

1. In einer tiefen breiten Pfanne oder einem Schmortopf das Olivenöl erhitzen und die Zwiebel und den Knoblauch goldbraun braten.
2. Gewürfelte grüne Paprikaschote zugeben und 2 Minuten anschwitzen.
3. Unter ständigem Rühren den Reis zugeben und 3 Minuten glasig dünsten.
4. In der Zwischenzeit in einem anderen Topf oder in der Mikrowelle Hühnerbrühe und aufgefangene Muschelflüssigkeit, insgesamt 3 Tassen, bis fast zum Siedepunkt erhitzen. Von der Kochstelle ziehen.
5. Kurkuma (oder auch echten Safran!) in die heiße Brühe rühren.
6. Die zerkleinerten Tomaten auf den Reis geben und mit der heißen Hühner-Muschel-Brühe angießen. Reichlich schwarzen Pfeffer darüber mahlen.
7. Zum Kochen bringen, einmal umrühren und zugedeckt bei schwacher Hitze 15 Minuten garen.
8. Die Muscheln auf den Reis geben, Petersilie darüber streuen, wieder zudecken und weitere 10 Minuten sanft garen, bis der Reis alle Flüssigkeit aufgesogen hat und weich ist.
9. Die Muscheln und Petersilie vorsichtig unter den Reis heben und servieren.

Spaghetti alla carbonara
(Makarónia me avgá ke báykon)

Wie schon eingangs in meinem Buch erwähnt, ist dieses Rezept eine Kombination verschiedener Versionen, wie ich sie in Rom und Mailand kennen lernte. Sie können natürlich als Zutat richtige Sahne verwenden, doch als ich auf Patmos mit diesem Gericht experimentierte, fand ich unter anderem heraus, dass man mit Kondensmilch, nachdem man sie erhitzt und stark eingekocht hat, eine noch viel »cremigere« Konsistenz erreicht als mit echter Sahne.

Das Geheimnis einer gelungenen carbonara *besteht darin, die Zutaten genau zum richtigen Zeitpunkt zusammenzumischen, dann nämlich, wenn der Topf mit den Nudeln so heiß ist, dass die Eimischung schön cremig wird und sich an die Spaghetti anschmiegt. Ist die Hitze jedoch zu groß, stocken die Eier, ist sie zu gering, gart die Eimasse nicht genügend.*

Für 4 Personen
125 g durchwachsener Speck, in kleine Würfel geschnitten
1 Knoblauchzehe
4 Eier
1/4 Tasse Kondensmilch, nach Belieben mehr
frisch gemahlener schwarzer Pfeffer
500 g Spaghetti
1/2 Tasse trockener Weißwein
1 Prise getrockneter Oregano
8 El Butter oder Margarine in Flöckchen
1 Tasse frisch geriebener Parmesankäse

1. In einer Pfanne die Speckwürfel bei milder Hitze hellbraun braten. Sobald das Speckfett glasig wird, Knoblauch dazupressen. Pfanne vom Herd ziehen und beiseite stellen.

2. In einer Schüssel die Eier mit 1/4 Tasse Kondensmilch verquirlen und kräftig mit schwarzem Pfeffer würzen.
3. In einem großen Topf Spaghetti in reichlich Salzwasser *al dente* kochen.
4. In der Zwischenzeit Weißwein und Oregano zu den Speckwürfeln in die Pfanne geben und bei mittlerer Hitze stark einkochen lassen.
5. Spaghetti abgießen und in einem Durchschlag abtropfen lassen. Rasch die Butterflöckchen in den heißen Nudeltopf geben und schmelzen lassen. Den Topf von der Platte nehmen, die Spaghetti zurück in den Topf geben und kurz in der Butter schwenken. Speckwürfel mit der eingekochten Flüssigkeit hinzufügen und rasch unter die Nudeln heben.
6. Eimasse über die heißen Spaghetti gießen und sorgfältig untermischen, bis die Soße cremig und zum Teil von den Nudeln aufgesogen ist.

Anmerkung: Wenn Sie die einzelnen Schritte relativ zügig erledigt haben, sollte die Temperatur des heißen Kochtopfs und der heißen Nudeln ausreichen, damit die Eisoße eine cremige Konsistenz bekommt. Falls dies jedoch nicht der Fall ist, kann der zuletzt beschriebene Vorgang auch auf der auf niedrigste Stufe geschalteten Herdplatte erfolgen, doch sollten Sie dabei unbedingt darauf achten, dass die Eier nicht zu stocken beginnen.

7. Zum Schluss den Parmesankäse vorsichtig unterheben und gut mit den Nudeln vermischen. Sofort servieren.

Chili con carne
(Meksikániko fasólia me kimá ke tomátes)

Dieses Rezept ist eine Kombination aus mehreren »authentischen« Chilirezepten, wie sie mir im Lauf der Jahre untergekommen sind. So wie das klassische Chili eine Mischung vieler guter Zutaten ist, hoffe ich, dass sich in meinem Rezept viele gute Versionen zur besten vereinigen.

Für 4 Personen
3 El Pflanzenöl
1 große Zwiebel, grob gewürfelt
2 Knoblauchzehen, fein gehackt
1 grüne Paprikaschote ohne Samen und Scheidewände, grob gewürfelt
1 El gemahlener Kreuzkümmel
3 El Chilipulver
500 g Rinderhackfleisch oder 500 g mageres Rindfleisch, durch den Fleischwolf gedreht
3 Tassen Rinderbrühe
400 g Tomaten aus der Dose oder 500 g frische Tomaten, grob zerkleinert
1 Tasse trockener Rotwein
1 Tl getrocknetes Basilikum
1 Tl getrockneter Oregano
1 Tl Selleriesamen
1 kleines Lorbeerblatt
1/4 Tl Cayennepfeffer, nach Belieben mehr
1–2 El Maisstärke zum Binden
etwa 500 g rote Kidney-Bohnen aus der Dose, abgetropft, oder 2 Tassen gekochte rote Kidney-Bohnen
Salz

1. Das Öl in einer Pfanne erhitzen und Zwiebel und Knoblauch bei geringer Hitze goldbraun braten.
2. Grüne Paprika, Kreuzkümmel und Chilipulver zugeben und unter ständigem Rühren 2 Minuten mitbraten. Durch das Anrösten der Gewürze und der anderen Zutaten können sich die Aromen besser entfalten, eine Methode, die an die indische Küche erinnert.
3. Fleisch zugeben und anbraten, bis es eine graue Farbe angenommen hat, dabei eventuelle Klumpen mit einem Kochlöffel zerdrücken. Das Fleisch auf keinen Fall braun werden lassen, da es sonst zu trocken wird.
4. Die Mischung in einen großen Schmortopf umfüllen und alle anderen Zutaten bis auf Maisstärke, Kidney-Bohnen und Salz zugeben.
5. Zum Kochen bringen, dann Hitze reduzieren und ohne Deckel bei geringer Hitze etwa 1 Stunde garen, bis die Soße dicklich und glänzend ist. Zum Binden 1–2 El Maisstärke in wenig kaltem Wasser anrühren und zugeben. Weitere 5 Minuten unter Rühren kochen, damit die Stärke keine Klumpen bildet.
6. Die Bohnen zugeben und weitere 5–10 Minuten garen. Mit Salz abschmecken. Das fertige Gericht möglichst lange durchziehen lassen, am besten über Nacht im Kühlschrank. Vor dem Servieren kurz erhitzen und das Lorbeerblatt entfernen.

Griechische Fleischbällchen
(Keftédes)

Kirschgroße Fleischbällchen eignen sich hervorragend als Vorspeise, größere als Hauptgericht. Je heißer Sie die keftédes *servieren, desto appetitlicher sind sie, da sonst das darin enthaltene Fett erstarrt.*

Fleischbällchen gibt es in Griechenland in unzähligen Variationen. Am besten schmecken sie mir, wie sie Eléni früher in der Taverne zubereitete, köstlich duftend nach den Gewürzen der Levante, wie man sie in der Küche Nordgriechenlands schätzt. Es wird behauptet, dass bereits im antiken Athen keftédes *auf dem Speisezettel standen – dafür habe ich allerdings noch keinen Beweis gefunden.*

Für 4–6 Personen
2–3 Scheiben Weißbrot, Rinde entfernt
500 g Hackfleisch vom Lamm oder Rind, mehrere Male durch den Fleischwolf gedreht, im Mörser zerstampft oder so lange geknetet, bis eine pastenartige Konsistenz erreicht ist
1 El Olivenöl oder anderes Pflanzenöl
4 El geriebene Zwiebeln
4 El fein gehackte Petersilie
4 El fein gehackte frische Minze oder 3 El getrocknete Minze
1/2 Tl getrockneter Oregano
1/2 Tl gemahlener Kreuzkümmel
1/4 Tl gemahlene Muskatnuss oder 1/2 Tl gemahlener Koriander
1/2 Tl gemahlener Zimt
1/8 Tl Cayennepfeffer (nach Belieben)
Salz und frisch gemahlener schwarzer Pfeffer nach Geschmack
1/2 Tasse Rotwein, trocken oder süß

Mehl zum Bestäuben
Öl zum Braten oder Frittieren

1. Weißbrot in Wasser einweichen und gut ausdrücken. Hackfleisch mit dem Weißbrot und allen anderen Zutaten außer dem Mehl gründlich vermengen. Aus dem Fleischteig Bällchen in Walnussgröße formen und mit Mehl bestäuben.
2. Öl in einer tiefen Pfanne oder Fritteuse erhitzen und die Fleischbällchen braten, sodass sie außen knusprig, innen aber noch saftig sind.

Varianten:
Würzen Sie den Fleischteig zur Abwechslung mit ein paar Pinienkernen und Minze, und lassen Sie dafür die Petersilie weg.
Sie können die Fleischbällchen auch auf Spieße stecken und braten oder grillen und sie dann entweder als Kebab servieren oder sie, wie Gyros, in ein Pita-Brot füllen.
Oder aber Sie reichen die Fleischbällchen als Hauptgericht mit einer Tomatensoße Ihrer Wahl (das kann eine ganz gewöhnliche Soße aus Tomatenmark und Wasser, gewürzt mit etwas Zimt oder Kreuzkümmel und einem Spritzer Zitronensaft sein) und Reis als Beilage.

Fleischbällchen in Ei-Zitronen-Soße
(Juwarlákia avgolémono)

Ein Gericht aus der klassischen griechischen Küche, das selbst in den einfachsten Tavernen meist tadellos zubereitet wird, auch wenn das übrige Speisenangebot ziemlich langweilig und fade ist. Der frische Dill, mit dem der Fleischteig gewürzt ist, und eine gelungene Ei-Zitronen-Soße geben dieser Speise das gewisse Etwas.

Für 4–6 Personen
Für die Fleischbällchen:
ein großer Topf Fleischbrühe
500 g Hackfleisch vom Lamm oder Rind, mehrere Male durch den Fleischwolf gedreht oder so lange geknetet, bis eine pastenartige Konsistenz erreicht ist
1/3 Tasse Kurzkornreis (nicht gekocht)
1/2 Tasse fein gehackte oder geriebene Zwiebeln
2 Knoblauchzehen
1–2 El fein gehackter frischer Dill
1/2 Tasse fein gehackte Petersilie
1 Tl getrockneter Oregano
1 Ei
Salz und frisch gemahlener weißer Pfeffer nach Geschmack
Für die Ei-Zitronen-Soße:
3 große Eier
Saft von 1–2 Zitronen

1. In einem großen Topf so viel Fleischbrühe erhitzen, dass die Fleischbällchen von Flüssigkeit bedeckt garen können.
2. In der Zwischenzeit Hackfleisch mit Reis, Zwiebeln, durchgepresstem Knoblauch, gehacktem Dill und Petersilie, Oregano und dem Ei vermischen. Salzen und pfeffern und alles gründlich vermengen.

3. Fleischteig zu Bällchen von 3–6 cm Durchmesser formen.
4. Fleischbällchen vorsichtig in die kochende Fleischbrühe gleiten lassen und bei mittlerer Hitze 35–40 Minuten garen, bis das Fleisch und der Reis weich sind. Wenn nötig, Brühe nachgießen, sodass die Fleischbällchen immer knapp bedeckt sind. Die fertigen Fleischbällchen aus der Brühe nehmen und warm stellen.

Anmerkung: Bis zum zuletzt beschriebenen Vorgang können Sie das Gericht im Voraus kochen. Die Ei-Zitronen-Soße sollte jedoch erst unmittelbar vor dem Servieren zubereitet werden.

5. In einer mittelgroßen Schüssel Eier und Zitronensaft mit dem Schneebesen schaumig aufschlagen.
6. 2 Tassen der Fleischbällchen-Brühe nach und nach in die Ei-Zitronensaft-Mischung geben, dabei ständig mit dem Schneebesen rühren, damit die Eier nicht stocken.
7. Ei-Zitronen-Mischung mit dem Schneebesen in die leicht abgekühlte Garflüssigkeit der Fleischbällchen rühren. Auf kleinster Stufe erneut erhitzen, bis die Soße dicklich wird, jedoch auf keinen Fall aufkochen lassen, da sie sonst gerinnt. Fleischbällchen in die Soße geben und sofort servieren.

Pfeffersteak
(Bon filé me trímeno pipéri ke konják)

Dieses Rezept ist das Ergebnis meines jahrzehntelangen Bemühens, das steak au poivre nachzukochen, das ich an meinem ersten Abend in Paris genießen durfte. Natürlich wird es nie an den Geschmack dieses inzwischen fast mythischen Mahls heranreichen, nichtsdestotrotz will ich es hier an dieser Stelle gerne anbieten.

Für 1 Person
1 Rindersteak, etwa 4 cm dick, vorzugsweise Filet
jeweils 1/4 Tl grüne, weiße und schwarze Pfefferkörner, nach Geschmack mehr, grob geschrotet
2 El Rapsöl
2 El Butter
2 El fein gehackte Frühlingszwiebeln
1/3 Tasse Rinderbrühe
3 El Cognac

1. Mehrere Stunden vor dem Zubereiten das Steak waschen, trocken tupfen und auf beiden Seiten in den Pfefferkörnern wenden, dabei die Körner gut in das Fleisch drücken. Der Pfeffer soll das Fleisch in einer Kruste umschließen. Zugedeckt bis zur Weiterverarbeitung in den Kühlschrank stellen.
2. Rapsöl in einer schweren Pfanne erhitzen, bis das Öl sehr heiß, aber nicht braun ist.
3. Das Steak auf beiden Seiten in dem heißen Öl kurz anbraten, dann 3–5 Minuten auf jeder Seite braten, je nachdem wie durchgegart Sie Ihr Steak wünschen.
4. Steak aus der Pfanne nehmen und auf einer vorgewärmten Platte warm stellen.
5. Bratöl bis auf einen kleinen Rest abgießen und 1 El Butter in die Pfanne geben. Butter erhitzen und unter ständigem Rüh-

ren die Frühlingszwiebel 30 Sekunden braten. Mit der Rinderbrühe ablöschen und dabei den Bratensatz mit einem Bratenwender vom Pfannenboden lösen.
6. Cognac in einer Schöpfkelle erhitzen, zu den Frühlingszwiebeln in die Pfanne gießen und anzünden. Pfanne schwenken, bis der ganze Alkohol verbrannt ist. Zum Kochen bringen und die Flüssigkeit auf etwa 2 El einkochen lassen.
7. Den restlichen Esslöffel Butter in die Soße geben und die Pfanne schwenken, bis die Butter geschmolzen ist.
8. Die Soße über das Steak gießen. Sofort servieren. Als Beilage eignen sich Bratkartoffeln, Pommes frites oder im Ofen gebackene Kartoffeln und grüner Salat.

Retsina-Huhn
(Kotópoulo retsináto me stafília)

Dieses Gericht entstand auf Mykonos im Haus eines Freundes. Nachdem ich frustriert Küche und Speisekammer nach Essbarem durchforstet und lediglich etwas Reis, ein Tiefkühlhähnchen, eine Flasche Retsina und die Trauben, die auf der Terrasse wuchsen, gefunden hatte, ersann ich dieses Rezept, in der Tat ein Geschenk der griechischen Götter, vor allem, wenn man bedenkt, wie hungrig wir beide waren!

Für 4–6 Personen
1 großes Brathuhn (etwa 2 kg, in Portionsteile zerlegt)
Salz und frisch gemahlener weißer Pfeffer
2–4 El Mehl
2 El Pflanzenöl zum Braten
2 El gehackte Zwiebel
1–2 Tassen Retsina
1–2 Tassen kernlose weiße Trauben, halbiert

1. Die Hähnchenteile waschen, trocken tupfen, nach Geschmack salzen und pfeffern und mit Mehl bestäuben.
2. Öl in einer schweren Pfanne erhitzen und die Hähnchenteile unter Wenden goldbraun anbraten.
3. Hähnchenteile aus der Pfanne nehmen, auf Küchenpapier abtropfen lassen und warm stellen.
4. Wenn nötig, noch etwas Öl in die Pfanne geben und die gehackte Zwiebel glasig dünsten.
5. Hähnchenteile zurück in die Pfanne geben, 1 Tasse Retsina angießen und bei mittlerer Hitze schmoren, etwa 30 Minuten, bis das Fleisch gar ist. Wenn nötig, zwischendurch noch etwas Retsina angießen.
6. Die halbierten Weintrauben zu den Hähnchenteilen in die Pfanne geben, aufkochen und die Schmorflüssigkeit bei star-

ker Hitze einkochen lassen, bis eine dickliche Soße entstanden ist und die Trauben weich sind.
7. Mit in Hühnerbrühe gekochtem Reis servieren und dazu eine Flasche gut gekühlten Retsina trinken – was sonst?

Ägyptisches Huhn mit Spaghetti
(Ejiptiakó kotópoulo me makarónia)

Die Idee für dieses Rezept kam mir nach der Lektüre des hervorragenden Buches von Claudia Roden, A Book of Middle Eastern Food *(Penguin, 1970). Meines Wissens wird dieses Kochbuch den Küchen und Zutaten der Länder rund ums östliche Mittelmeer am besten gerecht. Und überhaupt finde ich, dass es eines der besten Kochbücher ist, in die ich je meine Nase gesteckt habe.*

Für die Verwendung in unserer Taverne habe ich Ms. Rodens Rezept etwas verkürzt und vereinfacht.

Für 4–6 Personen
1 großes Huhn, gegart (vorzugsweise gekocht in einem Sud aus Wasser, Salz, weißem Pfeffer, 1/2 Zitrone, 1/2 Tl Kurkuma und einer aufgeschlitzten Kardamomkapsel. Wenn dies nicht möglich ist, eine gewürzte Brühe zubereiten aus 1 1/2 Tassen Hühnerbrühe, Salz und weißem Pfeffer nach Geschmack, 1 aufgeschlitzten Kardamomkapsel, 1/2 Tl Kurkuma, Saft von 1/2 Zitrone. Brühe beiseite stellen.)
500 g sehr dünne Spaghetti
2 El Pflanzenöl
1 Tl gemahlener Zimt, dazu etwas Zimt zum Bestreuen

1. Backofen auf 180 °C vorheizen.
2. Huhn enthäuten und entbeinen und das Fleisch in 2–3 cm große Würfel schneiden.
3. Spaghetti in reichlich Salzwasser *al dente* kochen.
4. In einem großen ofenfesten Schmortopf Pflanzenöl stark erhitzen. Die gut abgetropften Spaghetti hineingeben und bei mittlerer Hitze unter ständigem Rühren kurz anbraten, bis alle Nudeln mit Öl überzogen sind.
5. Eine Hälfte der Spaghetti herausnehmen und beiseite stel-

len. Die andere Hälfte auf dem Boden des Schmortopfes verteilen.
6. Das gewürfelte Hühnerfleisch auf dieser Schicht Spaghetti verteilen, mit 1 Tl Zimt bestreuen und mit den restlichen Spaghetti bedecken.
7. Die Kochflüssigkeit des Huhns oder die gewürzte Hühnerbrühe (siehe oben) angießen, mit etwas Zimt bestreuen und den Schmortopf zudecken.
8. Bei 180 °C 20–30 Minuten im Backofen garen. Auf einer Servierplatte anrichten und heiß oder abgekühlt servieren.

Chinesisches Huhn mit Gurken
(Kinésiko kotópoulo me angúri)

Die Idee für dieses Rezept stammt aus dem hervorragenden Buch von Jean Anderson, Processor Cooking (*Rezepte für die Küchenmaschine*), *das ich, Glückspilz der ich bin, in einem Athener Buchladen aufgestöbert habe.*

Im Originalrezept werden so exotische Zutaten wie frischer Ingwer, Sherry und Sellerie verlangt. Zu meiner Zeit jedoch war auf Patmos kein Ingwer aufzutreiben, und wenn, dann nur in pulverisierter Form. Fast ebenso unbekannt war Sherry und obendrein sündteuer. Sellerie gab es nur im Winter, und auch da nur, wegen des Wassermangels, Selleriegrün. Deshalb verfiel ich auf folgenden Ersatz:

Für 4 Personen
2 El Maisstärke
1 El plus 1/4 Tasse Retsina (oder Sherry)
1 Eiweiß, zu Schnee geschlagen
1 Prise Salz
2 ganze Hühnerbrüste, enthäutet, entbeint und in 2–3 cm große Würfel geschnitten
1 große Knoblauchzehe, fein gehackt
1/4 Tl Ingwerpulver oder 2 Tl geschälter und fein gewürfelter frischer Ingwer
1/4 Tasse Sojasoße
1/2 Tl getrocknete rote Chilischoten, zerstoßen
4 El Erdnussöl oder anderes Pflanzenöl
2 mittelgroße Zwiebeln, in dünne Scheiben geschnitten
6 Frühlingszwiebeln, grüne und weiße Teile, schräg in etwa 3 cm lange Streifen geschnitten
2 mittelgroße Salatgurken, geschält, längs halbiert und in sehr feine Scheiben geschnitten

1. In einer großen Schüssel Maisstärke mit 1 El Retsina, dem geschlagenen Eiweiß und Salz verrühren. Die gewürfelten Hühnerbrüste in diese Marinade geben und bei Zimmertemperatur 30 Minuten ziehen lassen.
2. In der Zwischenzeit für die Soße in einer kleineren Schüssel oder einer großen Tasse den restlichen Retsina mit Knoblauch, Ingwer, Sojasoße und Chilischoten verrühren und beiseite stellen.
3. Wenn das Fleisch lange genug mariniert ist, Erdnussöl im Wok oder in einer großen Pfanne stark erhitzen. (Geben Sie als Test ein Fleischstückchen in das Öl – wenn es brutzelt, ist die richtige Temperatur erreicht). Hühnerfleisch mit der Marinade hineingeben und unter ständigem Rühren in etwa 3 Minuten goldbraun braten, dabei zusammenklebende Fleischwürfel voneinander trennen.
4. Fleischwürfel aus dem Wok nehmen und auf Küchenpapier abtropfen lassen.
5. Das Bratöl im Wok bis auf 2 El abgießen und wegschütten. Zwiebeln und Frühlingszwiebeln in den Wok geben und unter ständigem Rühren 1 Minute braten.
6. Die vorbereitete Wein-Sojasoße-Mischung angießen, die gebratenen Hühnerfleischstücke dazugeben und alles bei großer Hitze 2 Minuten garen, bis die Flüssigkeit stark eingekocht ist, dabei ständig vorsichtig rühren.
7. Die Gurkenscheiben zugeben und 1 Minute mitschmoren. Kochplatte ausschalten, Wok zudecken und das Gericht 1 Minute ziehen lassen. Anschließend sofort servieren. Wenn das Gericht länger steht, etwa 15 Minuten, verlieren die Gurken ihren knackigen Biss, was zwar keine Katastrophe – in der Taverne passierte das die ganze Zeit –, aber doch sehr schade ist. Als Beilage passt gekochter Reis.

Hühner-Curry
(Kotópoulo kári)

Dieses Rezept ist eine Abwandlung meines Lieblings-Currygerichts, eines sehr würzigen Murghi oder Mughlai Korma, das sich wunderbar in Griechenland zubereiten ließ, da die Zutaten Joghurt, Mandeln, Rosinen, Gewürznelken und Zimt in der griechischen Küche sehr präsent sind, wenn auch nur in Süßspeisen!

Für 4 Personen
5 Knoblauchzehen
1 Stück frische Ingwerwurzel (etwa 4 cm lang, geschält und fein gehackt) oder 1/4 Tl gemahlener Ingwer
4 El blanchierte, gehäutete Mandeln, gehobelt
2 El Wasser
1 kg Hühnerkeulen, enthäutet und rundum mit einer Gabel eingestochen
2 El Öl oder mehr
2 Zwiebeln, in feine Scheiben geschnitten
1/4 Tl gemahlene Gewürznelken
1/4 Tl gemahlener Zimt
1 Tl gemahlener Kreuzkümmel
1/8 Tl Cayennepfeffer
5 Kardamomkapseln, aufgeschlitzt
1/2 Tasse Joghurt
1/2 Tasse Sahne oder Kondensmilch
1 Lorbeerblatt
1 El helle Rosinen
1 El Garam Masala
Salz

1. Knoblauch, Ingwer, Mandeln und Wasser im Mixer oder mit dem Pürierstab zu einer feinen Paste pürieren. Hühnerkeulen

mit dieser Paste bestreichen und 2 Stunden durchziehen lassen.
2. In einer schweren Pfanne 2 El Öl erhitzen und die Zwiebelscheiben bei mäßiger Hitze langsam braun braten, mindestens 15 Minuten. Die Zwiebeln aus der Pfanne nehmen und beiseite stellen.
3. Die Hälfte der Hühnerkeulen in die Pfanne geben und unter Wenden bei mittlerer Hitze rundum goldbraun braten, dabei unbedingt darauf achten, dass sie nicht anbrennen. Aus der Pfanne nehmen und beiseite stellen. Mit den restlichen Hühnerkeulen ebenso verfahren.
4. Wenn nötig, noch etwas Öl in die Pfanne geben und Nelken, Zimt, Kreuzkümmel, Cayennepfeffer und Kardamomkapseln unter ständigem Rühren 2–3 Minuten anrösten, bis sich das Öl von der Gewürzmischung absetzt.
5. 1 El Joghurt in die Pfanne geben und 30 Sekunden bei mittlerer Hitze unter die Gewürze rühren, dann unter Rühren einen weiteren El Joghurt dazugeben. Weiter so verfahren, bis der ganze Joghurt aufgebraucht ist und sich Joghurt und Gewürze gut vermischt haben.
6. Zwiebeln und Hühnerkeulen und den ausgetretenen Fleischsaft zu der Joghurt-Gewürz-Mischung in die Pfanne geben, 1/2 Tasse Sahne angießen und das Lorbeerblatt dazugeben. Deckel schließen und die Hühnerkeulen 20 Minuten bei geringer Hitze schmoren.
7. Rosinen zugeben, wenn nötig etwas Wasser angießen, damit die Hühnerschenkel nicht anbrennen. Pfanne schließen und weitere 10 Minuten schmoren, bis das Fleisch gar ist.
8. Lorbeerblatt entfernen, Garam Masala unterrühren, nach Geschmack salzen und mit gekochtem Reis, am besten Basmati-Reis, servieren.

Anmerkung: Eine ideale Beigabe zu diesem oder jedem anderen Currygericht ist griechisches Tsatsiki, das fast die gleichen Zutaten wie die indische Beigabe raita *enthält. Fragt man sich da nicht, ob Alexander der Große das Rezept aus Indien mitbrachte, beziehungsweise es dahin mitnahm?*

Toms Moussaka
(Moussaká Thomá)

Mein Rezept für Moussaka ist eine Kombination der verschiedensten Versionen dieses Auflaufgerichts, wie ich sie während meiner Reisen durch Griechenland kennen gelernt habe. Das beste Moussaka-Rezept verdanke ich einem Koch namens Socrátes, in dessen kleiner Taverne in Rethymnon ich einen Sommer lang arbeitete, ehe ich mich als Pächter der Schönen Helena auf Patmos versuchte.

Eine gute Moussaka in einem normalen (das heißt nicht luxuriösen) Restaurant in Griechenland aufzuspüren, ist etwa so schwierig wie die Suche nach dem versunkenen Atlantis. Dafür gibt es zwei Gründe. Zum einen enthält die Béchamelsoße, mit der das Gericht überbacken wird, oftmals zu viel Grieß und zu wenige oder gar keine Eier, oder sie ist, auch wenn sie Eier enthält, zusammengesunken, weil der Auflauf den Großteil des Tages oder noch länger warm gehalten wurde. Außerdem versäumt man es meistens, das Gemüse, das ja in Öl angebraten wird, vor dem Schichten und Backen des Auflaufs auf Küchenpapier genügend abtropfen zu lassen. Das Resultat ist dann eine völlig durchweichte und unbekömmliche Moussaka.

Die Zutaten für die Moussaka variieren je nach Region oder oft auch den individuellen Vorlieben des Kochs. In manchen Gegenden gehören unbedingt Kartoffeln hinein, in anderen sind sie verpönt. Dasselbe gilt für die Gewürze.

Die Zubereitung des Gerichts erfolgt in vier Phasen: 1. das Salzen, Anbraten und gründliche Abtropfen des Gemüses, eine Arbeit, die am besten bereits am Vorabend erledigt wird; 2. die Zubereitung der Fleischsoße (in Griechenland bolonése *genannt), auch hier empfiehlt sich Vorkochen; 3. die Zubereitung der Béchamelsoße zum Überbacken; 4. das Schichten und Backen des Auflaufs.*

Eine kleine Randbemerkung: Bitte beachten Sie, dass die Betonung auf der letzten Silbe liegt: MoussaKA.

Für 12 Personen

Für das Gemüse:

3 mittelgroße Auberginen, quer in etwa 1/2 cm dicke Scheiben geschnitten.
4 mittelgroße Zucchini, längs in etwa 1/2 cm dicke Scheiben geschnitten
Öl zum Braten
3 mittelgroße Kartoffeln, geschält und quer in etwa 1/2 cm dicke Scheiben geschnitten

Für die Hackfleischsoße:

1 Zwiebel, gehackt
2 El Olivenöl
500 g Hackfleisch vom Rind
1 Tomate, grob zerkleinert
1 Tl gemahlener Zimt
1/4 Tl gemahlener Piment
3 El Tomatenmark
1/2 Tasse Rotwein
1 Tl getrockneter Oregano
3 El fein gehackte Petersilie
Salz und Pfeffer nach Geschmack

Für die Béchamelsoße:

4 El Butter
4 El Mehl
2 Tassen kochend heiße Milch
Salz und frisch gemahlener weißer Pfeffer
1 El geriebener *kaséri*-Käse (oder mittelalter Gouda)
jeweils 1 Messerspitze gemahlener Zimt und gemahlene Muskatnuss
2 Eier, verquirlt
4 El geriebener *kefalotíri*-Käse (oder Parmesan)

1. Auberginen- und Zucchinischeiben salzen und in einem Durchschlag mindestens 1/2 Std. abtropfen lassen, damit die Früchte ihre Bitterstoffe abgeben.
2. Die Gemüsescheiben unter fließendem kaltem Wasser abspülen und gut ausdrücken.
3. Gemüse mit Küchenpapier trocken tupfen und anschließend entweder in der Fritteuse oder in der Pfanne in reichlich Öl goldbraun braten.
4. Gemüse auf Küchenpapier abtropfen lassen oder in einen Durchschlag geben und über Nacht im Kühlschrank aufbewahren.
5. Die Kartoffelscheiben in heißem Öl anbraten und auf Küchenpapier abtropfen lassen. (Diesen Vorgang besser am Tag der Zubereitung erledigen.)
6. Für die Hackfleischsoße die Zwiebel in heißem Öl bei mittlerer Hitze goldgelb braten.
7. Hackfleisch zugeben und bei mittlerer Hitze anbraten, bis das Fleisch grau wird, dabei eventuelle Klumpen mit dem Kochlöffel zerdrücken.
8. Die restlichen Zutaten für die Hackfleischsoße zugeben und ohne Deckel 30 Minuten bei mittlerer Hitze schmoren.
9. Hackfleischsoße auskühlen lassen. Je länger die Soße ruhen kann, desto besser entfaltet sich ihr Aroma. Am besten über Nacht in den Kühlschrank stellen.
10. Für die Béchamelsoße in einem Topf die Butter schmelzen lassen und bei geringer Hitze esslöffelweise das Mehl unterrühren und anschwitzen.
11. Unter ständigem Rühren langsam die Milch zugeben, bis eine dicke, sämige Soße entstanden ist. Den geriebenen *kaséri*-Käse, Zimt und Muskat unterrühren.
12. In einer Schüssel die Eier gut verquirlen und vorsichtig etwas von der heißen Soße unterrühren, damit die Eier leicht erwärmt werden.
13. Die Ei-Mischung unter ständigem Rühren in die Soße geben

und auf sehr kleiner Stufe einige Minuten erhitzen, bis die Soße sehr dickflüssig ist.
14. Nach Geschmack salzen und pfeffern, eventuell mit Zimt und Muskat nachwürzen. Beiseite stellen.
15. Backofen auf 180 °C vorheizen.
16. Eine ofenfeste Form (etwa 40 cm × 28 cm, gut 8 cm tief) mit Öl ausstreichen. Zuerst den Boden mit einer Schicht gebratener Auberginenscheiben bedecken, dann die restlichen Zutaten in folgender Reihenfolge einschichten: zuerst die Kartoffelscheiben, dann die Hackfleischsoße, mit 3 El geriebenem *kefalotíri*-Käse bestreut, dann die Zucchinischeiben.
17. Die heiße Béchamelsoße gleichmäßig auf den Zucchinischeiben verteilen und mit dem restlichen geriebenen Käse bestreuen.
18. Auflauf 45–60 Minuten im Backofen garen, bis die Béchamelsoße an der Oberfläche goldbraun ist.
19. Aus dem Ofen nehmen und mindestens 1 Stunde ruhen lassen, damit der Auflauf sich setzen und abkühlen kann, danach erst in Quadrate schneiden. Achtung! Wird das Gericht zu früh angeschnitten, bekommen Sie statt einer schön geschichteten Moussaka nur einen unansehnlichen Brei auf dem Teller.

Mit einem knackig frischen Salat aus in Streifen geschnittenem Romana-Salat und Frühlingszwiebeln servieren.

Wildgemüse
(Chórta)

Während des Zweiten Weltkriegs waren die Einwohner von Patmos gezwungen, die Hügel nach essbaren Kräutern abzusuchen, um nicht zu verhungern. Zum Glück ist dieses Wildgemüse reich an Vitamin A und C und enthält außerdem Kalzium, Eisen, Kalium und andere Mineralien.

Manche dieser wilden Kräuter sind ziemlich herb, ja fast bitter, während andere ein feines Aroma haben und absolut köstlich schmecken. Die Tavernen auf dem Land bieten oft beide Arten an, Sie müssen also einfach Glück haben. Am besten für meinen Geschmack sind wilder Radicchio (rathíkia), schwarzer Senf (vrúva) und wilder Rucola (róka). Wenn Sie diese Kräuter nicht oder nur zum Teil bekommen, greifen Sie als Ersatz auf Blattgemüse zurück, das Sie bei uns auf den Märkten finden, wie gezüchteter Löwenzahn, Mangold, Grünkohl und Rucola oder auch Radieschenblätter, Fenchelgrün sowie die Blätter von Roter Bete.

Zubereitung:
1. In einem großen Topf ungesalzenes Wasser zum Kochen bringen.
2. In der Zwischenzeit das Gemüse (etwa 250 g pro Person) verlesen und mehrmals gründlich waschen.
3. Gemüse knapp mit Wasser bedeckt je nach Sorte 20–40 Minuten weich kochen.
4. Gemüse abgießen, abtropfen und abkühlen lassen. Eventuell grob zerkleinern.
5. Gemüse mit Olivenöl und Zitronensaft oder Essig beträufeln und lauwarm oder kalt servieren. Mit einer Scheibe Feta-Käse als Beilage wird aus diesem einfachen Gericht eine köstliche griechische Frühjahrsmahlzeit.

Bouillabaisse mit einer Sorte Fisch

Trotz der beeindruckenden Zutatenliste ist diese Bouillabaisse sehr leicht nachzukochen. Die Idee zu dieser Fischsuppe kam mir in meinem Haus auf dem Hügel, wo ich sie häufig auf meinem kleinen zweiflammigen Elektrokocher zubereitete.

Der zweifellos beste Fisch, den Sie für diese Suppe verwenden können, ist der im Mittelmeer heimische Drachenkopf (bei den Franzosen heißt er rascasse rouge, *bei den Griechen* scorpína*). Dieser sehr teure Speisefisch hat ein ausgezeichnetes festes weißes Fleisch und, was fast noch wichtiger ist, einen hohen Gehalt an Gelatine, wodurch die Fischsuppe einen wunderbar runden, kräftigen Geschmack und eine angenehm sämige Konsistenz erhält. Doch wie ich bei meinen Kochexperimenten festgestellt habe, erzielen Sie auch mit jedem anderen Seefisch mit ähnlich festem weißem Fleisch wie Heilbutt oder Goldbarsch ein gutes Ergebnis.*

Sie können zu der Bouillabaisse mit Knoblauchbutter bestrichene Weißbrotscheiben reichen. Sie können aber auch, wenn Sie (wie ich) etwas ketzerisch veranlagt sind und von der echten Marseiller Bouillabaisse abweichen wollen, die Suppe außer mit den üblichen Tomaten, Gewürzen und Fischfond mit Kartoffeln anreichern, nachdem Sie Letztere geschält, in Achtel geschnitten und 10 Minuten in Salzwasser vorgekocht haben. Geben Sie die Kartoffeln kurz vor dem Fisch und dem Olivenöl in die Suppe und schalten Sie die Hitze höher.

Das Ergebnis ist dann eine Provenzalische Fischsuppe, die ja ebenfalls nicht schlecht schmeckt.

Die Zubereitung der Bouillabaisse erfolgt in zwei Phasen. Zuerst kochen Sie einen Fischfond (fumet)*, dann erst die eigentliche Bouillabaisse.*

Für 4 Personen

Für den Fischfond (*fumet*):

3 El Olivenöl
1 mittelgroße Zwiebel, gehackt
1 Karotte, gewürfelt
2 El gehackte Sellerieknolle
1/2 Tasse gehackte Petersilie
2 Tassen Wasser
1/2 Tasse trockener Weißwein
6 Pfefferkörner
1 Tl getrockneter Thymian
1/2 Lorbeerblatt
1 Stück Zitronenschale
Fischabfälle wie Köpfe, Schwänze, Flossen

Für die Bouillabaisse:

3/4 Tasse Olivenöl
1 große Zwiebel, gewürfelt
5 Knoblauchzehen, fein gehackt
3 große Tomaten, grob zerkleinert
2 El Tomatenmark
1 Lorbeerblatt, zerkrümelt
1 Tl Fenchelsamen, zerstoßen
1/4 Tasse gehackte Petersilie
1 Stück getrocknete Orangenschale
1 Messerspitze Kurkuma
6 mittelgroße Kartoffeln (nach Belieben), in 2–3 cm große Würfel geschnitten
Salz und frisch gemahlener schwarzer Pfeffer
2 kg Seefisch mit festem, weißem Fleisch (beispielsweise Heilbutt oder Goldbarsch), geschuppt, geputzt und in große Stücke zerteilt
3 Tassen Fischfond (wenn nötig Wasser zugeben, damit die angegebene Flüssigkeitsmenge erreicht wird)

1. Für den Fond in einem Topf Olivenöl erhitzen und Zwiebel, Karotte, Sellerie und Petersilie 5 Minuten glasig dünsten.
2. Wasser, Weißwein, Pfefferkörner, Thymian, Lorbeerblatt, Zitronenschale und die Fischabfälle zugeben. Zum Kochen bringen und 30 Minuten auf kleiner Stufe kochen lassen.
3. Anschließend sofort durch ein Sieb abseihen (der Fond kann sonst leicht bitter werden) und bis zur Weiterverwendung im Kühlschrank aufbewahren.
4. Für die Bouillabaisse in einem großen Schmortopf 1/2 Tasse des Olivenöls erhitzen und Zwiebel und Knoblauch bei mittlerer Hitze glasig dünsten.
5. Tomaten, Tomatenmark, Lorbeerblatt, Fenchelsamen, Petersilie, Orangenschale, Kurkuma, eventuell Kartoffeln, Salz und reichlich frisch gemahlenen schwarzen Pfeffer zugeben und alles gut verrühren.
6. Haben die verwendeten Fische sehr festes Fleisch, die Fischstücke auf die Gemüse-Gewürz-Mischung legen und mit dem restlichen Olivenöl beträufeln. Den Fischfond angießen, eventuell Wasser zugeben, damit die Menge von 3 Tassen erreicht wird, und rasch zum Kochen bringen. Suppe 15 Minuten so stark wie möglich kochen lassen (siehe Anmerkung unten).
7. Wenn der verwendete Fisch eher zartes Fleisch hat, das beim Kochen leicht zerfällt, die Fischstücke zu einem späteren Zeitpunkt in die kochende Suppe legen und rasch garen.

Anmerkung: Entscheidend für eine gute Bouillabaisse ist die Konsistenz ihrer Brühe, in der im Idealfall Olivenöl, Wein und Wasser eine homogene Verbindung eingehen. Diese sämige Konsistenz kann nur erreicht werden, wenn die Bouillabaisse während des gesamten Garvorgangs so stark wie möglich kocht, auf keinen Fall weniger als 15 Minuten und höchstens unwesentlich länger.

Elénis Kalbfleisch-Schmortopf
(Moschári stifádo)

Dieses Rezept ist meine Annäherung an das köstliche Schmorgericht, das Eléni zubereitete, solange sie in der Küche der Schönen Helena das Regiment führte.

Stifádo, *dessen charakteristische Zutat winzige, im Ganzen geschmorte Zwiebeln sind, findet man in allen Restaurants Griechenlands. Alle möglichen Fleischsorten, sogar Zunge oder Oktopus werden auf diese klassische Art zubereitet. Doch keine Sorge, ich werde mich hier auf Kalbfleisch beschränken.*

Für 4 Personen
1/4 Tasse Olivenöl
1 kg Kalbfleisch (Schulter oder Nacken, in knapp 3 cm große Würfel geschnitten)
500 g kleine weiße Zwiebeln, am besten Schalotten, geschält und im Ganzen
3/4 Tasse Tomatenmark
3 Tassen Wasser
1 Knoblauchzehe, gehackt
2 Karotten, in Scheiben geschnitten
2 Kartoffeln, geschält und in Würfel geschnitten
1 Tl gemahlener Zimt
Salz und frisch gemahlener schwarzer Pfeffer

1. In einem großen Schmortopf das Olivenöl erhitzen und die Fleischwürfel auf großer Stufe rundum gut anbräunen. Aus dem Topf nehmen und beiseite stellen.
2. Zwiebeln in den Schmortopf geben und unter ständigem Rühren auf mittlerer Stufe goldbraun braten. Aus dem Topf nehmen und beiseite stellen.
3. Tomatenmark in den Schmortopf geben und Wasser zufügen.

Aufkochen lassen und Fleischwürfel und Zwiebeln zurück in den Topf geben, Knoblauch dazugeben. Zugedeckt auf kleiner Stufe etwa 1 1/2 Stunden schmoren.
4. Karottenscheiben, gewürfelte Kartoffeln, Zimt und Salz und Pfeffer nach Geschmack zugeben.
5. Zugedeckt etwa weitere 30 Minuten schmoren, bis Fleisch und Gemüse gar sind.

Spaghetti schlafende Sara

Wie bereits im Buch erwähnt, möchte ich mit dem Namen dieses Gerichts jenen denkwürdigen Abend feiern, an dem unsere damals etwa zwei Monate alte Tochter Sara zum ersten Mal seit ihrer Geburt während des ganzen Abendessens Ruhe gab und durchschlief. Ich hatte damals alles, was ich an brauchbaren Zutaten in der Speisekammer gefunden hatte, einfach in einen Topf geworfen und dem Gericht erst im Nachhinein diesen Namen verliehen. An jenem Abend im Haus auf dem Hügel beschränkten sich unsere Vorräte im Wesentlichen auf ein paar Spaghetti, getrocknete Pilze, einen verschrumpelten Zucchino, Kondensmilch und unzählige Dosen Milchnahrung für Säuglinge (Letztere ist nicht im Rezept enthalten ...).

Für 4–6 Personen
2 mittelgroße Zucchini, in streichholzlange Stifte geschnitten
Salz
12 oder mehr getrocknete chinesische Pilze (etwa 2 Hand voll)
500 g Spaghetti, Linguine oder Fettucine
2 El Olivenöl oder anderes Pflanzenöl, nach Belieben mehr
2 El fein gehackte Zwiebeln
2 Knoblauchzehen
1/2 Tasse Weißwein
1/2 Tasse Hühnerbrühe
1/2 Tasse Butterflöckchen
1/2–3/4 Tasse Kondensmilch
1–1 1/2 Tassen frisch geriebener Parmesankäse
frisch gemahlener schwarzer Pfeffer

1. Zucchinistifte in einen Durchschlag geben, mit Salz bestreuen und beiseite stellen, bis das Salz Wasser zieht. Unter fließendem kaltem Wasser das Salz etwas abspülen und das Gemüse gut ausdrücken. Mit Küchenpapier trocken tupfen.

2. Die getrockneten Pilze in genügend warmem Wasser etwa 30 Minuten einweichen. Abgießen und grob zerkleinern.
3. In der Zwischenzeit in einem großen Topf reichlich Salzwasser für die Nudeln zum Kochen bringen.
4. In einer Pfanne das Öl erhitzen und die Zwiebeln unter ständigem Rühren bei mittlerer Hitze etwa 3 Minuten braten.
5. Zucchinistifte unterrühren, Knoblauch dazupressen, und unter Rühren 1 Minute braten. Aus der Pfanne nehmen und beiseite stellen.
6. In derselben Pfanne die zerkleinerten Pilze 2 Minuten braten, nach Bedarf etwas Öl hinzufügen.
7. Mit Wein und Hühnerbrühe ablöschen, aufkochen und die Flüssigkeit um etwa ein Viertel einkochen lassen. Die gebratenen Zucchini, Zwiebeln und Knoblauch in die reduzierte Brühe geben und die Pfanne von der Kochstelle ziehen.
8. Nudeln in dem kochenden Salzwasser nach Packungsanweisung *al dente* kochen.
9. Die Nudeln abgießen.
10. In der Zwischenzeit die Butterflöckchen in den heißen Topf geben, in dem die Nudeln gekocht wurden, und den Topf schwenken, damit die Butter schmilzt und sich am Boden verteilt. Die Nudeln zurück in den Topf geben und in der Butter schwenken.
11. Kondensmilch über die Nudeln gießen und auf kleiner Stufe etwa 3 Minuten ziehen lassen, dabei gelegentlich umrühren, bis die Nudeln die sich verdickende Milch völlig aufgenommen haben.
12. Unmittelbar vor dem Servieren den geriebenen Parmesankäse untermischen. Nach Geschmack schwarzen Pfeffer darüber mahlen.
13. Die Zucchini-Pilz-Mischung aus der Pfanne mit den Nudeln vermischen, alles erneut kurz erhitzen und sofort servieren. Als Beilage einen knackigen grünen Salat reichen.

Kóliva
(Ta kóliva)

Kóliva *wird traditionsgemäß bei Beerdigungen oder Totenmessen an die Trauergäste verteilt, wobei eine Portion dieser süßen Speise symbolisch dem Dahingeschiedenen auf seiner letzten Reise mitgegeben wird. Von dieser Tatsache einmal abgesehen, schmeckt* kóliva *einfach himmlisch und eignet sich hervorragend als Dessert, das den verschiedensten Geschmäckern gerecht wird. Dieses Rezept überließ mir freundlicherweise die* papadiá, *die Ehefrau des Popen von Livádi, und ich gebe es hier unverändert wieder. Die Mengenangaben reichen aus, um etwa fünfzig Kirchgänger mit Miniportionen zu versorgen.*

Traditionsgemäß wird diese Speise mit Granatapfelsamen dekoriert. Wenn Sie diese nicht bekommen können, verwenden Sie stattdessen einfach Liebesperlen.

1 kg Weizenkörner
1,5 kg Sesam
1 Tasse Mandelsplitter
1 El gemahlener Zimt
2 Tassen helle oder dunkle Rosinen, auch gemischt
750 g Puderzucker
Granatapfelsamen oder silberfarbene Liebesperlen (nach Belieben)

1. In einem großen Topf so viel leicht gesalzenes Wasser zum Kochen bringen, dass die Weizenkörner etwa 8–10 Zentimeter mit Flüssigkeit bedeckt garen können. Weizenkörner zugeben und ohne Deckel 2 Stunden auf kleiner Flamme kochen. Abgießen, abtropfen und auskühlen lassen.
2. In der Zwischenzeit den Sesam in einer Pfanne ohne Zugabe von Fett bei geringer Hitze hellgelb rösten. Auf keinen Fall braun werden lassen, sonst schmeckt er bitter.

3. Sesam abkühlen lassen, dann in einer Mandelmühle oder in der Küchenmaschine fein zermahlen.
4. Die abgekühlten Weizenkörner mit dem gemahlenen Sesam, Mandelsplittern, Zimt und Rosinen vermischen.
5. Die Mischung auf eine große Servierplatte geben und mit den Händen zu einem etwa 5 cm hohen Kuchen formen. Gleichmäßig mit dem Puderzucker bestreuen und mit einem Stück Wachspapier Unebenheiten glätten.
6. Aus einem Stück Pappe eine Schablone in der Form eines Kreuzes schneiden und in die Oberseite des Kuchens drücken. Mit einem scharfen spitzen Gegenstand, etwa einem Nagel, die Umrisse des Kreuzes in den Kuchen ritzen.
7. Pappschablone entfernen und die kreuzförmige Mulde mit den Granatapfelsamen oder Liebesperlen auffüllen. Nach Belieben auch den Rand des Kuchens damit verzieren.
8. Verstreuten Puderzucker vom Rand der Servierplatte wischen und den Kuchen servieren. In Griechenland verteilt man die einzelnen Portionen üblicherweise auf einer Papierserviette, in Athen reicht man sie auch gerne in einem mit einem Kreuz verzierten Papiertütchen.

In Griechenland findet der Trauergottesdienst erst vierzig Tage nach der Beerdigung des Verstorbenen statt. Manchmal feiert man nach sechs Monaten eine weitere Totenmesse, doch meistens erst wieder zum Jahrestag. Im dritten Jahr werden die Gebeine des Toten exhumiert und in ein Gebeinhaus (osteofilakiá) überführt, damit auf dem meist knapp bemessenen Friedhof Platz für die nachfolgenden Verstorbenen wird.

Interessant ist, dass die Nachkommen der sephardischen Juden in Griechenland kóliva nicht zum Gedenken der Toten überreichen, sondern um die Geburt eines neuen Erdenbürgers zu feiern. Die lebensspendende, erneuernde Symbolik von Weizenkörnern und Granatapfelsamen kommt in diesem Brauch besonders deutlich zum Ausdruck.

Kalí Óreksi!
(Guten Appetit!)

Alphabetisches Rezeptverzeichnis

Ägyptisches Huhn mit Spaghetti
(Ejiptiakó kotópoulo me makarónia) . . . . S. 262
Auberginenpaste *(Melitzánosaláta)* . . . . S. 245
Bouillabaisse mit einer Sorte Fisch . . . . S. 274
Chili con carne *(Meksikániko fasólia me kimá ke tomátes)* . . . S. 252
Chinesisches Huhn mit Gurken
(Kinésiko kotópoulo me angúri) . . . . S. 264
Elénis Kalbfleisch-Schmortopf *(Moschári stifádo)* . . . . S. 277
Fleischbällchen in Ei-Zitronen-Soße
(Juwarlákia avgolémono) . . . . S. 256
Griechische Fleischbällchen *(Keftédes)* . . . . S. 254
Hühner-Curry *(Kotópoulo kári)* . . . . S. 266
Joghurt mit Gurke und Knoblauch *(Tzatzíki)* . . . . S. 243
Kóliva *(Ta kóliva)* . . . . S. 281
Muschel-Paella *(Mídia me rísi)* . . . . S. 248
Pfeffersteak *(Bon filé me trímeno pipéri ke konják)* . . . . S. 258
Retsina-Huhn *(Kotópoulo retsináto me stafília)* . . . . S. 260
Spaghetti alla carbonara *(Makarónia me avgá ke báykon)* . . . S. 250
Spaghetti schlafende Sara . . . . S. 279
Toms Moussaka *(Moussaká Thomá)* . . . . S. 269
Tsatsiki-Omelett *(Omeléta me tzatzíki)* . . . . S. 247
Wildgemüse *(Chórta)* . . . . S. 273

Dank

Mein Dank gilt meiner Agentin Liza Dawson für ihre zahlreichen wertvollen Anregungen während meiner Arbeit an diesem Buch und für ihren unerschütterlichen Glauben daran, dass ich das, was ich mir vorgenommen hatte, zu einem guten Ende bringen würde. Ich danke meiner Verlegerin Sydny Miner, die mir ihr Vertrauen schenkte und die denkbar beste und einfühlsamste Arbeit leistete; Dick Wimmer, Mary Hurst und Maxine Nunes für so manchen Denkanstoß und Zuspruch; Armistead Maupin für Ermunterung und Unterstützung bei meinem Versuch, meine Vorstellungen in die Tat umzusetzen, obwohl sie – geboren am Zeitungskiosk eines Flughafens – nur auf einer vagen Idee beruhten; Joan Tewksbury, weil sie sich augenblicklich und ohne Vorbehalte in diese Idee verliebte.

Vor allem aber gebührt mein Dank Florence, Samantha und Oliver, aus vielerlei guten Gründen.

Über den Autor

Tom Stone ist ein sehr vielseitiger Autor, der Romane, Reiseberichte, historische Darstellungen, Dramen und Filmdrehbücher verfasst. Gleichzeitig ist er äußerst erfolgreich am Theater tätig, und zwar als Regisseur, Licht-Designer und Bühneninspizient.

Nach seinem Universitätsabschluss in Yale im Jahr 1958 arbeitete er zunächst zehn Jahre als Bühneninspizient und Regieassistent unter Jerome Robbins und Harold Prince bei den Originalproduktionen von *She Loves Me, Funny Girl, Fiddler On The Roof* und *Cabaret*. Darüber hinaus war er am American Theatre Laboratory tätig, der inzwischen legendären Theaterwerkstatt von Jerome Robbins.

Mit dem Ziel, seiner schriftstellerischen Karriere eine letzte Chance zu geben, reiste Tom Stone im darauf folgenden Sommer nach Griechenland, wo er schließlich zweiundzwanzig Jahre verbrachte, und zwar die meiste Zeit auf den Inseln Patmos und Kreta sowie auf dem Festland, in der Nähe der nordgriechischen Hauptstadt Thessaloniki, wo er am Anatolia College, einer amerikanischen Privatschule, unterrichtete.

In Griechenland schrieb und veröffentlichte er auch seinen ersten Roman, *Armstrong*, und verfasste daneben zahlreiche Bücher und Artikel über sein Leben im Ausland, unter anderem *The Essential Greek Handbook; Greece: An Illustrated History; Patmos;* und *Tom Stone's Greek Food & Drink Book*.

Derzeit lebt Mr. Stone in Südkalifornien, wo er an seinem zweiten Roman schreibt und geduldig auf die Verfilmung eines seiner inzwischen sechs Filmdrehbücher wartet. Er und »Danielle«, eine in Griechenland erfolgreiche Malerin, haben sich kürzlich getrennt, verkehren aber weiterhin sehr freundschaftlich miteinander. Ihre beiden Kinder sind inzwischen flügge geworden und leben ihr eigenes Leben an und außerhalb der Universität. Aber die vier sind immer noch eine richtige Familie, und das soll auch in Zukunft so bleiben.